ビジネス教養としての

家紋 名字

KAMON MYOJI

インデックス編集部

イースト・プレス

はじめに

日本特有の文化といえる家紋と名字には、歴史や地理だけではなく、自然科学、風俗文化、家柄・家系などを読み取ることができる。

家紋といえば、家の瓦や寺社仏閣、貨幣、冠婚葬祭に用いられるなど、日本人の生活に密接している文化であることはいうまでもない。家紋の優れたデザイン性は世界的にも注目され、有名ブランドがモチーフとして使用したり、日本の大手企業のロゴマークとして扱われたりすることも少なくない。

そんな家紋のルーツは平安時代末期までさかのぼる。衣服や持ち物につけられるようになった文様が、家ごとに特定の家紋に発展し、家柄を誇るシンボルマークになった。

聖徳太子の頃すでに旗に紋が描いてあったともいわれるが、貴族が自分の牛車に家紋をつけはじめたのが平安時代末期で、武家が本格的に家のシンボルマークとして家紋を用いたのは鎌倉時代初期とされている。

それぞれの家は源氏や平氏などに繋がりを持ち、さらには公家社会とも繋がっている。

また、名字の広まりも藤原氏や源氏、平氏にはじまる。それぞれの一族が増え、支流が各地に移住し、地名を名字として名乗った。さらに、その一族の支流がまた移住し……といった具合で、名字の種類は膨大に膨れ上がったのである。その数は10万〜30万ともいわれ、名字の分布に都道府県の個性が見られるのも、このためだ。

しかし、永い歴史を経て今なお生き続け、さまざまな形で個々の家や社会と繋がっている家紋・名字について、私たちは知っているようで意外と知らないことがほとんどではないだろうか。

本書では、グローバルに活躍するビジネスパーソンにこそ、日本人のルーツとして知っておいてもらいたい家紋と名字の基礎知識や由来をたくさんの図説を交えながらわかりやすく解説した。

この機会に、交流に役立つ広い教養を身につけ、日本の素晴らしい文化を再発見していただければ幸いである。

インデックス編集部

目次

第8章 家紋一覧

●家紋の名称・図柄についてのおことわり

家紋は、長い歴史を経て現在にいたっており、数多くの紋帳が編さんされています。しかし、名称や図柄に多少の違いがあるなど、必ずしも統一されているとはいえません。一部の家系については、本家から分家・子孫と続くなかで元の家紋に手が加えられている場合や、「替紋」といって同時にいくつもの家紋を使用している場合もあり、決定的な答えを見出すのが困難な場合が多く見受けられます。

本書では、名称や図柄について統一をとっております。しかしながら、線が太いか細いか、輪があるかないかといった細部について、他の出版物と相違があるかと思われます。その点をあらかじめお含み置きください。

第1章

家紋のはじまり

❖家紋は貴族で生まれ、武家で広まった

家紋は平安時代、貴族が装束や調度品につけていた文様がもとになっている。彼らの足である牛車にも描かれたことで、誰の牛車かが分かるようになった（車紋）。これがやがて、家を表わす「家紋」になったのである。

このようにして生まれた家紋を広めたのが武家である。

平安末期になって貴族の力が弱まると、代わって武家が台頭し始めた。これにより、皇位争いに端を発する「保元の乱」（１１５６年）や、平家が源氏勢力を押さえた「平治の乱」（１１５９年）など、戦が相次ぐようになる。

初期は戦闘が比較的小規模であったので、たとえば平家の赤旗、源氏の白旗のようなシンプルな識別で事足りた。しかし、「平治の乱」で敗れた後に諸国に流れていた源氏が一斉蜂起し、「源平の合戦」（１１８０〜85年）がはじまる頃から変化がみられる。

この合戦では、各地から大勢の武士が参加した。しかも、平氏を出自としながら源氏方につく者、逆に源氏を出自としながら平家方につくものがいた。さらに、一族の中で源氏方と平家方に分かれて戦う者もあった。戦も大規模になり、赤と白だけでは敵味方の区別がつかなくなってしまった。そこで、識別の必要性から使われ始めたのが家紋であった。

武士たちは、自分の一族や家の紋章をつくった。これを陣幕、旗、馬印などにつけるようになり、家紋は家柄を示すシンボルマークとなっていった。

MEMO

＊貴族では、平安時代に大きな勢力を持った藤原氏が有名だ。藤原氏は、娘を天皇に嫁がせることで血縁関係を強め、外戚（天皇の母方の親戚）として他氏を圧倒した。

＊武家では、源氏が経基・満仲のとき（平安中期）、摂関家（貴族の頂点にたつ家のこと）に接近してその武力を担うことで成長した。それに対し、平氏は正盛・忠盛のとき（平安末期）、院（上皇や法皇のこと）に接近してその武力を担うことで急速に成長した。

◆貴族の時代から武家の時代へ◆

1156	1159	1167	1180～85	1185
保元の乱	平治の乱	平氏政権	源平の争乱	鎌倉幕府の成立

❖天皇と関係の深い源平藤橘と、その家紋

奈良・平安時代に繁栄した源氏、平氏、藤原氏、橘氏をあわせて「源平藤橘《げんぺいとうきつ》」という。これらは有力氏族の代表だが、その理由には栄華を極めた一門であることのほか、天皇との関係が深いことも挙げられる。

4氏はいずれも、ときの天皇から氏を賜っている。源氏と平氏は天皇の子や孫などで家臣となった者（臣籍降下《しんせきこうか》）に与えられた氏だ。そして藤原氏と橘氏は天皇の家臣に与えられた氏で、藤原氏の祖は天皇の腹心、橘氏の祖は天皇の乳母である。

彼らはやがて、いくつもの家に分かれていったが、家が増えるにともなって家紋もまた数を増やしていった。

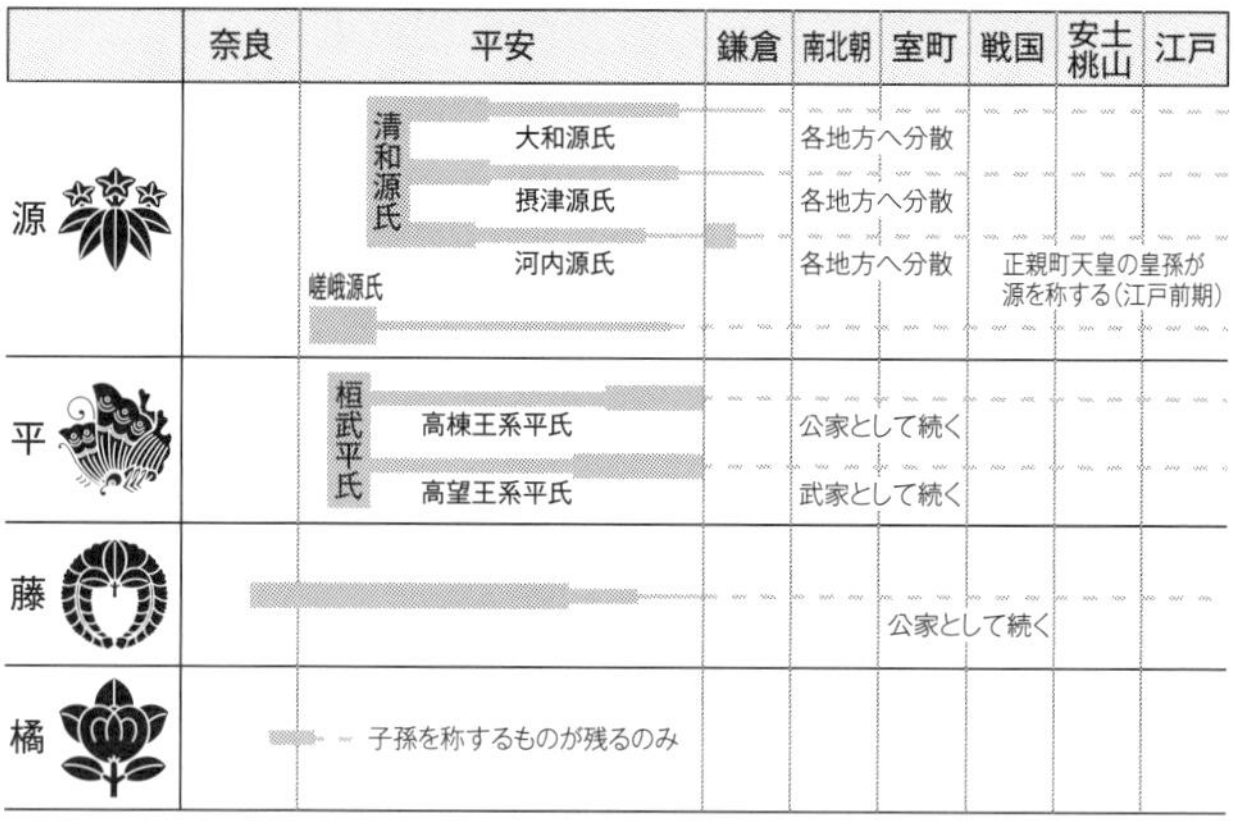

※それぞれの家はすっかり滅びたというわけではなく、流れを汲む家が今も残っている。藤原氏は様々な公家として残り、源氏や平氏については各地で多くの武家が子孫を称した。とりわけ東国では平将門の子孫を名乗る武家が多い。

源氏系の家紋

笹竜胆

源氏は、「源」を氏とする氏族で、皇族が家臣となる際に名乗る氏のひとつである。つまり天皇の血を引く一族なのだが、発生のきっかけは奈良時代。嵯峨天皇の子だくさんが原因で朝廷の財政がひっ迫したため、皇位を望めない者たちを家臣にしたのである。そのときに与えた氏が「源」であり、皇室と源を同じくする意味とされる。

後の世でも、清和天皇、宇多天皇、村上天皇など21人の天皇が、子孫や孫に源氏を与えている。このように流れが多様であるため、たとえば「嵯峨源氏」という風に出身の天皇名を冠して区別している。その代表といえるのが、清和天皇の孫に端を発する「清和源氏」だ。鎌倉幕府を開いた源頼朝も、清和源氏の支流・河内源氏の者である。

源氏の家紋は「笹竜胆」といわれるが、もとは村上源氏の代表家紋で、後に宇多源氏に広まったという。これが江戸時代になって、系統は関係なくすべての源氏の家紋と解釈されたようだ。

●清和源氏系の主な家紋

太田桔梗
太田氏
（摂津源氏）

桔梗
土岐氏
（摂津源氏）

丸に違い鷹の羽
浅野氏
（摂津源氏）

対い鶴
陸奥石川氏
（大和源氏）

丸に上の字
村上氏
（河内源氏）

大中黒
新田氏
（河内源氏）

足利二つ引両
足利氏
（河内源氏）

鶴の丸
森氏
（河内源氏）

笹竜胆
木曽氏
（河内源氏）

五本骨扇に月丸
佐竹氏
（河内源氏）

割り菱
武田氏
（河内源氏）

南部鶴
南部氏
（河内源氏）

MEMO

＊清和源氏は非常に多く、移住した地名を冠して区別される。ここでは、もっとも大まかな分類である「摂津」「大和」「河内」で記載した。ちなみに、一般に武士の源氏というと河内源氏を指す。

●嵯峨源氏系の主な家紋

三つ星に一文字

渡辺氏

三つ星

松浦氏

左三つ巴

蒲池氏

●宇多源氏系の主な家紋

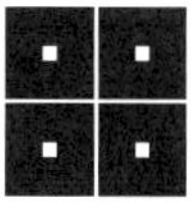

平四つ目結

京極氏

笹竜胆

庭田家（公家）

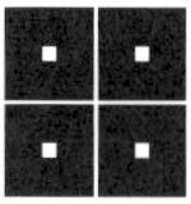

平四つ目結

尼子氏

笹竜胆

綾小路家（公家）

藤巴

黒田氏

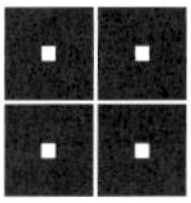

平四つ目結

佐々木氏

花輪違い

塩冶《えんや》氏

隅立て四つ目結

六角氏

●村上源氏系の主な家紋

久我竜胆
久我《こが》家（公家）

笹竜胆
北畠氏

二つ引両に右三つ巴
赤松氏

帆掛舟
名和氏

平氏系の家紋

揚羽蝶

平氏も皇族が家臣となったもので、平安遷都を行った桓武天皇をはじめ仁明・文徳・光孝の4系統になる。「平」のゆえんは、平安京から1字をとったためといわれる。

歴史に名を残している者のほとんどが桓武平氏だ。有名なのは、なんといっても平安末期に盛んとなった平清盛一族（いわゆる「平家」）であろう。平家は源氏とのし烈な戦いの後に壇ノ浦に沈むが、このとき源氏方についたのが坂東平氏（関東地方に下った桓武平氏）であった。同じ出自で敵味方に分かれ、明暗もまた分かれたのである。そして、こういったことが家紋の発展につながるのだ。

代表家紋は「揚羽蝶」となっているが、これには2つの説がある。ひとつは、公家平氏が使い始めたためという説。もうひとつは、清盛の嫡男・重盛が蝶紋の鎧をまとっていたためという説である。

九曜巴
長尾氏

九曜
上総氏

揚羽蝶
交野《かたの》家（公家）

三つ柏
葛西《かさい》氏

三つ引両
三浦氏

揚羽蝶
西洞院《にしのとういん》家（公家）

繋ぎ馬
相馬《そうま》氏

左三つ巴
土肥氏

丸に揚羽蝶
石井《いわい》家（公家）

三つ鱗
後北条氏

大三文字
大庭氏

月に星
千葉氏

藤原氏系の家紋

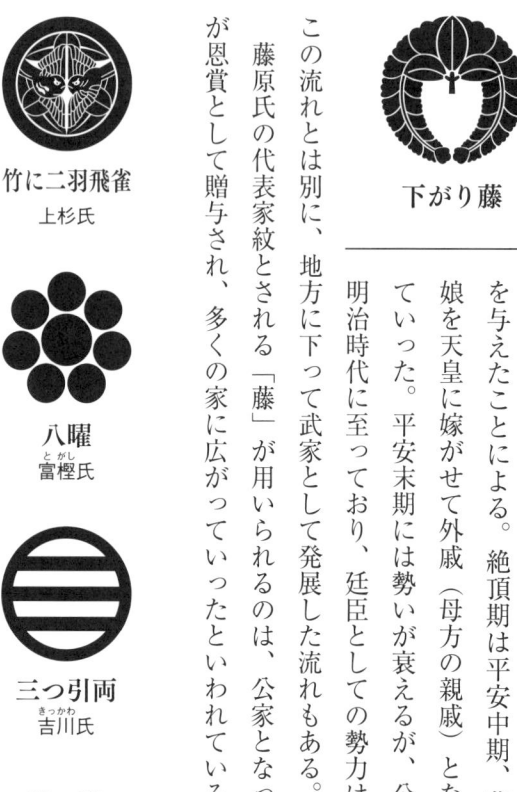

下がり藤

藤原氏の始まりは飛鳥時代、天智天皇が腹心・中臣鎌足に「藤原」を与えたことによる。絶頂期は平安中期、藤原道長の時代である。娘を天皇に嫁がせて外戚（母方の親戚）となることで、権力を広げていった。平安末期には勢いが衰えるが、公家として存続し続けて明治時代に至っており、廷臣としての勢力は随一といえよう。また、この流れとは別に、地方に下って武家として発展した流れもある。

藤原氏の代表家紋とされる「藤」が用いられるのは、公家となった鎌倉時代から。これが恩賞として贈与され、多くの家に広がっていったといわれている。

竹に二羽飛雀
上杉氏

八曜
富樫《とがし》氏

三つ引両
吉川《きっかわ》氏

並び鷹の羽
菊池氏

橘氏系の家紋

庵木瓜
工藤氏・伊東氏

隅立て四つ目結
少弐《しょうに》氏

左二つ巴
小山氏

左三つ巴
結城氏

橘

「橘」の氏は、奈良時代の女官・県犬養三千代《あがたいぬかいのみちよ》が、朝廷への長年の奉職と功績を称えられ元明天皇から賜ったという。実際に「橘」を名乗るのは子・諸兄《もろえ》からで、彼の時代が橘氏の最盛期でもあった。その勢力は次第に衰えて、16世紀には公家として残った家が断絶。ほかの3氏のような広がりを見せることはなかった。

家紋としては「橘」が挙げられる。これは、諸兄が橘文様を下賜された記録に由来するとみられている。しかし橘氏が衰えたこともあり、橘紋は他氏族で多く用いられるようになった。彦根藩主・井伊氏の「彦根橘（丸に橘）」や、黒田孝高（如水）を輩出した黒田氏の「黒田橘（三つ橘）」などが知られる。

❖平安時代の貴族の暮らし

家紋は前述の通り、平安時代の貴族が牛車に用いた「車紋」を前身に持つ。

家紋を語る上で欠かせない存在といえる貴族は当時、荘園（領地）からの年貢で暮らしていた。塀に囲まれた大きな屋敷に住み、優雅で情緒ある日々を送っていた。蹴鞠をしたり歌を送ったり、2組が互いに絵を出し合い優劣を競う「絵合わせ」や2羽のウグイスの鳴き声を競わせる「ウグイス合わせ」などが行われていた。『竹取物語』『源氏物語』『土佐日記』『枕草子』『古今和歌集』といった、よく知られる文学作品が登場したのも、この時代である。

また、貴族たちは唐文化をよく理解して、漢詩や書道に優れた作品を残している。書道では嵯峨天皇、空海、橘逸勢《はやなり》が特にすぐれ、「三筆」といわれる。

その暮らしは一見のどかなようにも見えるが、彼らも朝廷に仕える身。その昇進は、血筋はもちろん時流に乗れるか否かにかかっており、優雅で情緒ある日々にも別の目的があったことは容易に想像できよう。

その中で圧倒的優位に立っていた藤原氏が平安末期、源平の台頭に押されて勢力を弱めていった。その結果が、公家の誕生である。

●貴族の車紋が家紋になった例

左三つ巴

西園寺家

西園寺家は藤原氏の流れを汲む。なお、現在この形は「右三つ巴」と呼ばれている。

徳大寺木瓜

徳大寺家

徳大寺家は、西園寺家の兄弟筋にあたる。家紋の名称は「浮線綾木瓜」ともいう。

❖公家の家格と家紋

公家とは、朝廷に仕える貴族のことだ。武士として力をつけた源氏や平氏を「武家」と称したが、彼らもつきつめれば貴族なので、区別して「公家」と呼ぶようになった。平安末期に、勢力の衰えた藤原氏の嫡流から近衛家と九条家が興った。これにより「家格（文字通り、家の格のこと）」がつくようになる。

公家は源平藤橘の流れを汲む家がほとんどだが、家格の最下位にある半家は例外である。半家は文学や和歌、医道、神道、天文などの特別な技術をもって朝廷に仕える家であることから、源平藤橘以外の出自であっても公家に数えられた。

次に、半家以外の家格、主な家とその家紋を挙げる。

摂家（せっけ）

公家の最高位で、摂関・関白に昇任できる。5家あり、いずれも藤原氏の流れを汲む。平安末期に近衛家・九条家が成立し、後にそれぞれの家から3家が成立した。

近衛牡丹

近衛家

摂家の筆頭。藤原氏の嫡流にあたる。

二条下がり藤

二条家

九条家からの分家で、鷹司家・一条家とは同格である。

九条藤

九条家

近衛家に次ぐ古い歴史を持つ。両家の祖は兄弟。

一条下がり藤

一条家

二条家と同様、九条家からの分家。

鷹司牡丹

鷹司家

鎌倉中期に近衛家より分かれる。

清華家（せいがけ）

摂家に次ぐ家格で、太政大臣まで昇任できる。もとは7家だったが、後に醍醐家と広幡家が加わり9家となる。明治時代以前は別称を華族といった。

三つ楓

今出川家

藤原氏流。菊亭家ともいう。西園寺家の庶流にあたる。

徳大寺木瓜

徳大寺家

藤原氏流。祖は、三条家、西園寺家の弟。

久我竜胆

久我家

村上源氏流。

下がり藤

醍醐家

藤原氏流。江戸時代に、摂家の一条家から分かれて成立した。

杜若菱

花山院家

藤原氏流。以降の流れを花山院流という。祖は道長のひ孫。

唐菱花

三条家

藤原氏流。庶流との区別から「転法輪三条家」とも呼ばれる。

十六葉裏菊

広幡家

江戸時代に臣籍降下した正親町（おおぎまち）源氏の家系。

菱に片喰

大炊《おおい》御門《みかど》家

藤原氏流。祖は花山院家の弟。花山院家一門に数えられる。

左三つ巴

西園寺家

藤原氏流。祖は三条家の弟にあたる。

大臣家（だいじんけ）

家格は清華家に次ぐ。左右大臣まで昇任でき、太政大臣にも昇れるという。武官の最高峰である近衛大将にはなれないため、文官のイメージが強い。

連翹

正親町三条（嵯峨）家

藤原氏流。清華家の三条家からの分家。

八つ丁子

三条西家

藤原氏流。正親町三条家の分家。

六つ竜胆車

中院家

村上源氏流。清華家の久我家の庶流。

羽林家（うりんけ）

大臣家に次ぎ、名家（後述）と同列の家格を持つ。大納言まで昇進できる武官職の家である。ここでは家系別に分類した上で、知られている家を中心に家紋で分けた。

●藤原氏花山院流

杜若系
今城家・中山家・野宮家

落ち牡丹
難波家

●藤原氏流

六つ丁子
押小路家

連翹
姉小路家

割り菱
清水谷家

唐花系
阿野家・風早家・河鰭家・滋野井家・高松家・花園家・西四辻家・武者小路家・山本家・四辻家

杏葉系
高丘家・中園家・薮家

巴系
大宮家・小倉家・橋本家

●藤原氏中御門流

杏葉系

中御門家(松木家)・石野家・持明院家・高野家・東園家・六角家・園家

●藤原氏四条流

田字草系

四条家・油小路家・櫛笥家・西大路家・八条家

稲妻菱

山科家

●藤原氏御子左流

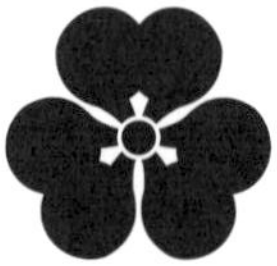

片喰系

入江家・藤谷家・上冷泉家

雪笹

下冷泉家

●藤原氏水無瀬流

菊系

水無瀬家・桜井家・七条家・町尻家・山井家

●藤原氏高倉流

笹竜胆

堀河家・樋口家

●村上源氏流

笹竜胆系

岩倉家・植松家・梅渓家・六条家・愛宕家・久世家・千種家・東久世家

●宇多源氏流

笹竜胆系

綾小路家・大原家・庭田家

名家（めいけ）

大納言まで昇任できるのは羽林家と同じだが、名家は文官を経て大納言に辿り着く。ここでは十三名家と呼ばれる家に絞り、家系と家紋で分けている。

●日野家流

鶴の丸系

日野家・烏丸家・柳原家・裏松家

対い鶴系

広橋家・竹屋家

●勧修寺家流

竹に雀系

勧修寺家・甘露寺家・万里小路家・坊城家・中御門家

竹の丸

清閑家

割り菱

葉室家

COLUMN 1

家紋デザイン―変型のパターン―

家紋の基本的な変形のパターンとルールをみてみよう。

1 付け加える

紋の周りを丸や正方形で囲ったり、剣や蔓などを付け加えたりしたもの

2 形を変える

陰～：紋を線で描き、黒く染めないもの

石《こく》持《も》ち～：紋を黒丸で囲み、反転させたもの

裏～：花紋や植物紋を裏側から描いたもの

鬼～：植物紋で、葉のふちをぎざぎざにしたもの

向《むこ》う～：紋を真正面（真上）から見たもの。花紋に多い

覗き～：紋が輪郭の下方から覗いているもの

捻じ～：紋をひねり、一部分を重ねたもの

3 組み合わせる

対《むか》い～：同じ紋が2つ向かい合っているもの

抱き～：同じ紋が2つ下方で交差したり繋がったりしているもの

違い～：同じ紋が2つ交差したもの

並び～：同じ紋が2つ以上並んでいるもの

盛り～：同じ紋を3つ以上盛ったもの

重ね～：同じ紋を2つ以上用いて、一部を重ねたもの

梅

丸に梅

陰梅

向う梅

捻じ梅

橘

菱に覗き橘

対い橘

抱き橘

三つ盛り橘

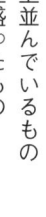

第2章

鎌倉・室町時代と家紋

❖武家社会の到来

武士団の台頭

藤原氏の支配が最盛期を迎えた平安時代後期、地方では政治の乱れから豪族や有力農民は自分の土地を守るために武装するようになった。武士団の出現である。

武士団は、血縁で結ばれた豪族の一族を中心に郎党、下人、所従を従えた武力集団で、近在の武力を集結してより大きな勢力へと成長した。その中で、天皇家の血を引く平氏と源氏はとくに大きな勢力であり、棟梁として大武士団をまとめていた。

武士は戦乱を通して力を蓄え、中央にも進出した。朝廷に召し出された者や、貴族

◆武士団の構成◆

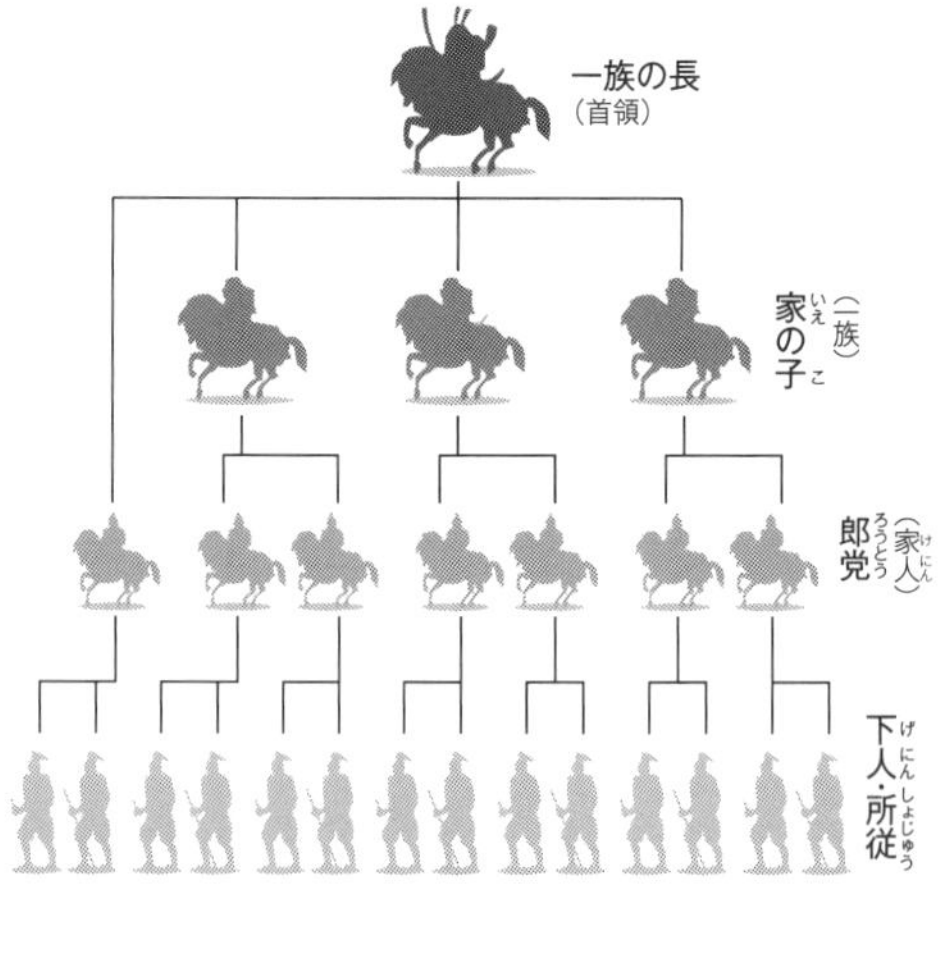

の護衛として仕える者もあった。身分の高い者に仕えることを「侍《さぶら》ふ」といい、彼らは「侍」と呼ばれた。武士の別名としての「侍」は、ここに由来がある。こうした中で、院（上皇や法皇のこと）に接近していた平氏がついに政権を握ることになる。

●平清盛

揚羽蝶

政権を握った平氏は、「保元の乱」「平治の乱」で頭角を現した平清盛の代に最盛期を迎える。いわゆる「平家」は、この清盛一門のことを指す。

清盛は婚姻政策を駆使して天皇家とのつながりを深めるが、貴族たちは武士出身の平家の栄華に反感を募らせていた。また保元の乱では手を取り合った後白河法皇とは、後に対立。その皇子である以仁《もちひと》王が打倒平家を掲げ、源頼朝らが呼応し、いわゆる「源平の合戦」が幕を開けた。しかし清盛はそのさなかに死去、平家の終えんに立ち会うことはなかった。

MAP 源平の合戦

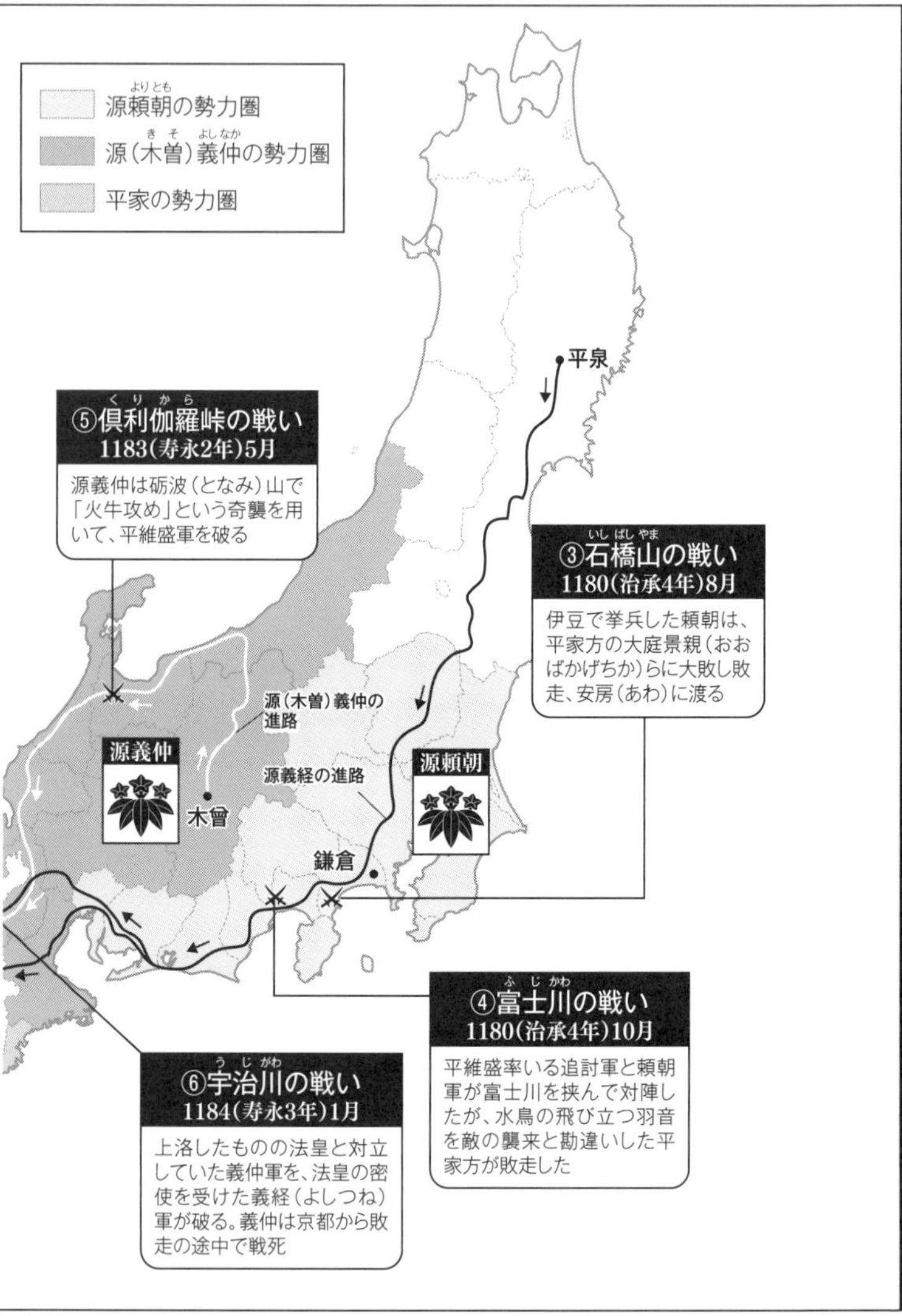

源頼朝《よりとも》の勢力圏
源(木曽《きそ》)義仲《よしなか》の勢力圏
平家の勢力圏
平泉
⑤倶利伽羅《くりから》峠の戦い
1183(寿永2年)5月
源義仲は砺波(となみ)山で「火牛攻め」という奇襲を用いて、平維盛軍を破る
③石橋山《いしばしやま》の戦い
1180(治承4年)8月
伊豆で挙兵した頼朝は、平家方の大庭景親(おおばかげちか)らに大敗し敗走、安房(あわ)に渡る
源(木曽)義仲の進路
源義仲
源義経の進路
源頼朝
木曽
鎌倉
④富士川《ふじかわ》の戦い
1180(治承4年)10月
平維盛率いる追討軍と頼朝軍が富士川を挟んで対陣したが、水鳥の飛び立つ羽音を敵の襲来と勘違いした平家方が敗走した
⑥宇治川《うじがわ》の戦い
1184(寿永3年)1月
上洛したものの法皇と対立していた義仲軍を、法皇の密使を受けた義経(よしつね)軍が破る。義仲は京都から敗走の途中で戦死

1177
鹿ケ谷の陰謀
1179
平清盛、後白河法皇を幽閉
1180
以仁王、平家追討の令旨
源頼政の挙兵
源頼朝の挙兵
源義仲の挙兵
石橋山の戦い
富士川の戦い
1181
平清盛没
1183
倶利伽羅峠の戦い
平家の都落ち
源義仲入洛
1184
宇治川の戦い
一の谷の戦い
1185
屋島の戦い
壇ノ浦の戦い
②源頼政《よりまさ》の挙兵
1180(治承4年)5月
以仁王を奉じて挙兵したが、平知盛（とももり）・維盛（これもり）に敗れ、以仁王・頼政は敗死
①鹿ケ谷《ししがたに》の陰謀
1177(安元2年)6月
密告によって平家打倒の陰謀が発覚し、後白河法皇の近臣や僧らが捕らえられ処罰された
⑨壇ノ浦《だんのうら》の戦い
1185(文治1年)3月
この戦いに敗れて平家は滅亡した。安徳（あんとく）天皇は入水し、総大将の平宗盛（むねもり）は捕らえられた
⑦一の谷《いちたに》の戦い
1184(元暦1年)2月
福原に集結した平家軍を、源範頼（のりより）、義経軍が破る。この時、義経は「鵯越（ひよどりごえ）の逆落（さかお）とし」という大奇襲策を用いた
⑧屋島《やしま》の戦い
1185(文治1年)2月
一の谷の戦いに敗れ屋島に逃れた平家軍を、義経ら源氏軍が急襲して敗走させた
源範頼の進路
宇治
福原
京都
一の谷
屋島
壇ノ浦
太宰府
平宗盛

❖鎌倉幕府の成立と家紋

1180年の以仁王を奉じた源頼政に始まり、1185年の壇ノ浦での平家滅亡に至る「源平の合戦」は、源頼朝による鎌倉幕府創設の過程と重なっている。伊豆の流人であった頼朝は、代々の家臣であった関東各地の武士団を組織して、弟・範頼、義経らを京都から西国へ派遣し、源（木曽）義仲や平家との戦いに勝利を収めている。

そして、後白河法皇ら朝廷との政治的交渉によって1185年、守護・地頭の設置を認めさせた（文治の勅許）。これにより、諸国におかれた守護は軍事や警察権を掌握したが、やがて行政権にもかかわるようになった。また、地頭は荘園からの徴税を管理して、農民と土地の支配を強化していった。

なお、頼朝は後白河法皇の没後、1192年に征夷大将軍になっている。以前は、これをもって鎌倉幕府成立としていたが、現在は「文治の勅許」により実質的な支配権を得た1185年を成立年としている。

恩賞として与えられ、広まった家紋

この時期の家紋に目を向けると、前章で触れた戦いの際の見分けとしての役割のほか、恩賞としての役割が見いだせる。頼朝は「源平の合戦」で功労のあった御家人に対して、恩賞として頻繁に家紋を与えたという。

こうしたことから、この頃の一連の動きは、紋の使用が広がるひとつのポイントだったともいえるだろう。

恩賞となった家紋の例～熊谷直実

ほやに鳩

熊谷《くまがい》直実《なおざね》は平家に仕えていた武士で、「石橋山の戦い」を契機に源氏方についた人物だ。その家紋「ほやに鳩」には、次のような逸話がある。

平家方に与していた頃の直実は、石橋山の戦いに敗れ山中に身をひそめていた頼朝を見つけると、洞窟に潜ませほや（ヤドリギ）で穴を隠した。そこに平家方の兵士が頼朝を探しにきたが、ほやの隙間から鳩が2羽飛び出してくるのを見て、「人がいるわけがない」と去って行った。これに感謝した頼朝は、後に仕えた直実に「ほやに鳩」の紋を贈ったのだった。

●源頼朝

笹竜胆

源頼朝は「平治の乱」で父・義朝に従い参戦、平家方に敗れ伊豆に配流される。このとき13歳という若さであった。

後に東国武士の棟梁となり、鎌倉殿と呼ばれるようになった頼朝は、従来の慎重さに加え周到な政治的駆け引きを後白河法皇と応酬するようになる。弟・義経や従兄弟・義仲など、一度は手を結んだ相手でも、利害が衝突すれば切り捨てる非情な面も持つ。

一方で、武士たちの要望をくみ取り、有力豪族間の力関係を調整するなど、政治家としての才能は抜群であった。彼なくしては東国武士団がまとまり、平家に勝利することはあり得なかったといえるだろう。

●主な源氏方の家紋

三つ引両
三浦氏

左三つ巴
土肥氏

月星
千葉氏

左二つ巴
小山氏

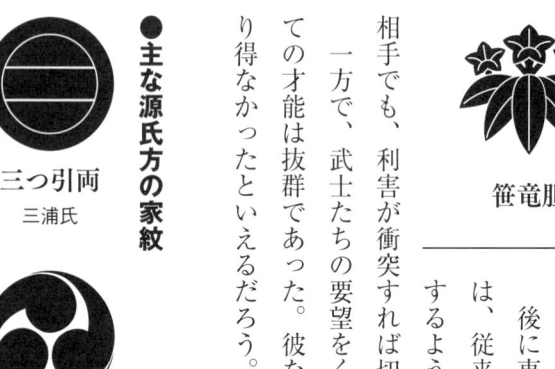

❖執権・北条氏の台頭

頼朝が1199年に死去すると、嫡男・頼家が将軍の座に就いた。しかし彼は、「源平の合戦」の頃から頼朝に仕えてきた御家人たちの信望を得ることができなかった。その結果、彼らに実権を握られてしまう。その中心的存在が、初代執権となる北条時政だ。

時政は頼家の外祖父（母方の祖父）、つまり頼朝の正室・政子の父である。その立場から、頼朝時代から幕府内で重きをなしていた。

しかし、頼家の代になるとにわかに風向きが変わる。比企能員《よしかず》の重用だ。比企氏は武蔵国比企郡（埼玉県）を本拠とする豪族で、藤原氏の末裔といわれる。その能員の娘が頼家の妻となったのだ。こうなると、頼家にとって比企氏は重要な存在となる。必然的に、北条氏と比企氏は対立し、危機感を募らせた時政は1203年、能員をはじめとする比企氏を滅ぼした（比企能員の変）。

そして、頼朝の血が3代将軍・実朝（頼家の弟）で途絶えると、北条氏は京都の藤原氏や皇族から将軍を迎えた。2代執権・北条義時（時政の次男）はほかの御家人をおさえて、形だけの将軍に代わって幕府政治の実権を握った。

執権とは、政所《まんどころ》（一般政務・財政を担う）の長官の意味であったが、義時が侍所（軍事・

警察を担う）の長官も兼ねて以来、事実上の幕府の最高職となった。また、ここから戦国武将の北条氏（後北条氏）と区別して、執権北条氏と呼ぶこともある。

北条氏の家紋「三つ鱗」には、次のような逸話がある。時政が江の島（神奈川県藤沢市）の弁財天に一族の繁栄を祈願していたときのこと。ある夜、女性の姿をした大蛇が家の繁栄を告げると、3枚の鱗を残して消え去った。喜んだ時政は、これを家紋にしたという。

三つ鱗
北条氏

丸に割り菱
比企氏

❖元寇（蒙古襲来）と幕府への不信

1316年、北条高時が14代執権になったが、14歳という若年であり政治的な能力もなく、家臣に実権を握られていた。さらに、「悪党」と呼ばれる新興勢力が台頭して世の中が乱れ、幕府の権威は次第に失われていった。

一方、大陸では元の皇帝フビライが高麗を征服すると、日本にも1274年と1281

年の2度にわたって襲来した（元寇あるいは蒙古襲来）。この戦いで幕府の財政状況が悪くなった。参陣した御家人の生活も苦しくなり、幕府に対する不満が高まっていった。

このような情勢下、幕府は天皇の継承問題に干渉、これが後醍醐天皇の反感を招く。そして、朝廷の権威と公家政治の復活を目指し、討幕運動が行われるのであった。

『蒙古襲来絵詞』にみる家紋

『蒙古《もうこ》襲来《しゅうらい》絵詞《えことば》』は鎌倉後期の絵巻物である。御家人のひとり竹崎季長《すえなが》が、元寇での自身の戦功を描かせたとされる。そこには、元寇で活躍した武士の家紋が描かれており、この時期には西国の武士にも家紋が広まっていたことが分かる。

●蒙古軍と戦った主な武将の家紋

隅立て四つ目結
宗助国《そうすけくに》

並び鷹の羽
菊池武房

三つ目結に吉文字
竹崎季長

寄掛目結
少弐景資

MAP 鎌倉幕府の滅亡

①正中《しょうちゅう》の変
1324年(正中1)9月

鎌倉幕府の存在に不満を持つ後醍醐天皇が、天皇による全国支配を目指し側近の日野資朝(すけとも)らと討幕を密かに計画。企ては事前に発覚、後醍醐天皇は赦されたものの資朝は佐渡島へ流罪、密議に参加した武将は討伐される

⑥鎌倉幕府の滅亡
1333年(元弘3)5月

上野(こうずけ)で挙兵した新田義貞が武蔵一帯で幕府軍を破り、さらに稲村ヶ崎より幕府の背後を突いて鎌倉へ攻め入る。14代執権高時以下、北条一族を自害へ追い込み、鎌倉幕府を滅亡させる

③赤坂城の戦い
1331年(元弘1)9月

笠置山で挙兵した後醍醐天皇に河内の豪族楠木正成(まさしげ)が呼応。赤坂城に立てこもり数万の幕府軍を相手にゲリラ戦を展開。このときは幕府軍に敗れるが、翌年には金剛山の千早城で再度挙兵

●楠木正成の戦法

楠木正成は戦闘においては奇策を駆使する知略に長けた武将として知られる。

縄で吊った外塀に敵が取りつくと同時に縄を切って塀ごと堀に転落させる、熱湯を浴びせかける、橋を渡って攻めてくる敵を橋ごと焼き落とす…などの戦法で、圧倒的な兵数で攻めてくる幕府軍を悩ませた。

正成は笠置山へ後醍醐天皇を訪ねた折に、「戦いは兵の数ではなく、武略と知略だ」と語ったと伝えられている。

1321
後醍醐天皇の親政開始
※親政…天皇自身が政治を行うこと

1324
正中の変

1331
元弘の変
赤坂城の戦い
持明院統の光厳天皇即位

1332
後醍醐天皇の隠岐配流
楠木正成が千早城で挙兵

1333
後醍醐天皇の隠岐脱出
足利尊氏の六波羅攻め
鎌倉幕府の滅亡

■ 朝廷方
■ 幕府方

②元弘《こうげん》の変
1331年(元弘1)5月

後醍醐天皇が再び討幕運動を計画するがこれも事前に発覚。幕府は京都の笠置山で挙兵を試みた後醍醐天皇を捕らえる。翌年隠岐への流罪に処し、後醍醐天皇(大覚寺統)とは別系統(持明院統)の光厳天皇(北朝初代天皇)を即位させる

④後醍醐天皇の隠岐《おき》脱出
1333年(元弘3)2月

各地で反幕活動が相次ぐ中、伯耆国(ほうきのくに)の豪族名和長年らの働きにより後醍醐天皇が隠岐から脱出、船上山で挙兵する

菊池氏の挙兵
1333年(元弘3)

肥後の豪族菊池武時が討幕運動に賛同して挙兵。九州における北条氏の勢力である鎮西探題を攻めるが、少弐氏や大友氏により討たれる

⑤足利尊氏の六波羅《ろくはら》攻め
1333年(元弘3)5月

船上山で挙兵した後醍醐天皇を討伐するため幕府から派遣された足利尊氏が天皇方に寝返り、播磨で挙兵した赤松則村らと北条政権の京都出張所である六波羅探題を攻め滅ぼす

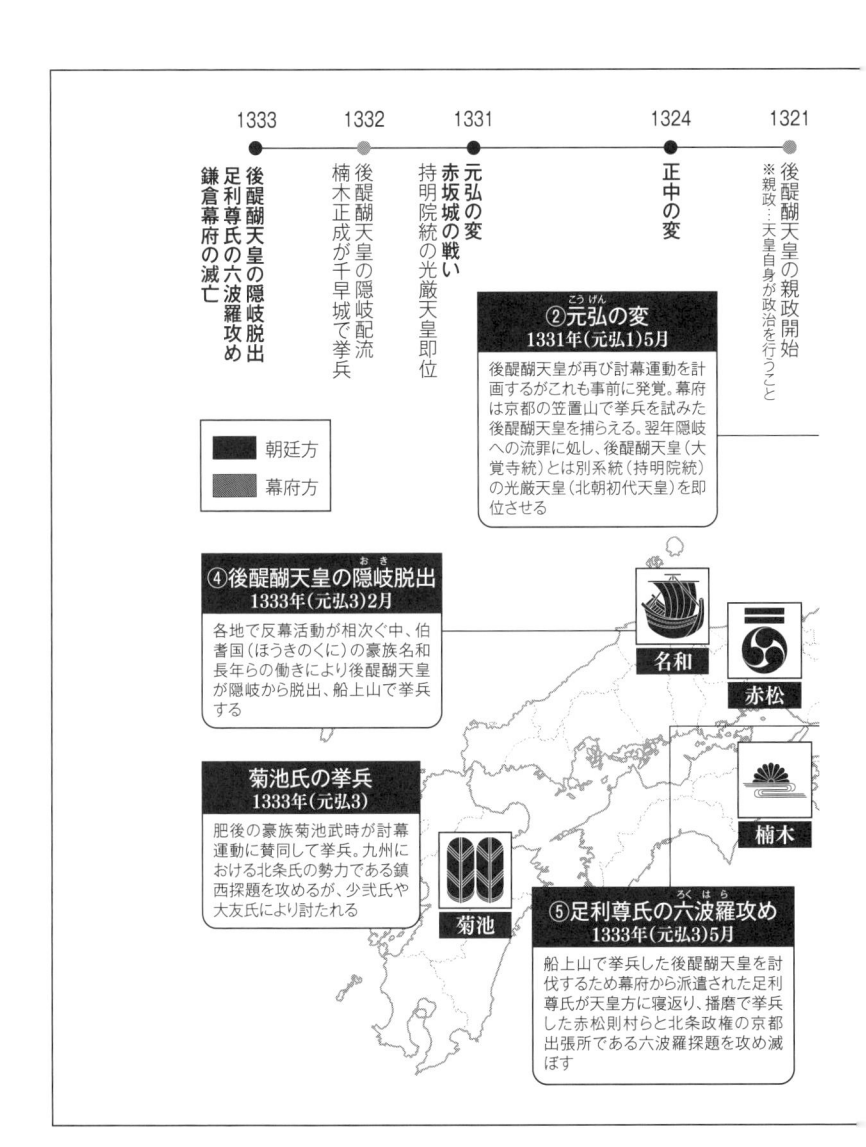

❖鎌倉幕府討幕と建武の新政

討幕を決意した後醍醐天皇であったが、「正中の変（1324年）」および「元弘の変（1331年）」はともに失敗に終わった。敗れた天皇は隠岐に流罪となるが、その間にも討幕の志を曲げず、各地の支持者と連絡を取りながら再起の機会をうかがっていた。

そして1333年、ついに後醍醐天皇は隠岐を脱出する。そして、幕府方から寝返った足利尊氏や有力御家人だった新田義貞らが幕府を攻め、同年、鎌倉幕府は滅亡した。

後醍醐天皇は、京都に戻り年号を建武と改めると、さっそく自分の理想とする天皇中心の政治を復活させた（建武の新政）。そして、功績のあった武士に土地や位を与えた。

まず、その活躍がめざましかった尊氏は武蔵のほかに常陸、下総の国司と守護の地位と、高い官位に任ぜられた。義貞には上野と播磨が、楠木正成には摂津と河内の国司や守護の役が与えられた。

しかし、恩賞の不公平、土地をめぐる武士の争い、増税で、財源を確保しての大内裏の建設計画などから、武士は天皇の政治に失望する。そして、武家政治の復活を望むようになっていった。

足利氏と新田氏の家紋

足利氏は清和源氏の流れで、下野国足利に住み「足利」を名乗った。家紋の「足利二つ引両」は、源平の合戦の頃に源氏の白旗と区別するために2本の線を引いたことに由来するという説がある。

新田氏も清和源氏の流れで、上野国新田に住み「新田」を名乗った。家紋も源氏の白旗と区別するためとされる。こちらは1本線であり、この頃は「一つ引両」であったようだ。

両氏の家紋「引両」の線（両）は竜を表わしているとされている。そこから新田氏の「大中黒」について次のような説が見られる。

新田氏8代・義貞と足利尊氏の争いについて、「足利の2匹竜に新田の1匹竜が挟まれ敗れた」といわれるようになった。そのため新田氏は家紋を、一つ引両を太く強くした「大中黒」に変更した。

足利二つ引両
足利尊氏

大中黒
新田義貞

後醍醐天皇を支えた武将たちの家紋

「元弘の変」で後醍醐天皇を支えた武将の筆頭は、楠木正成であろう。

正成は河内出身で、橘諸兄《たちばなのもろえ》の子孫を称している。知略に長けた武将として知られ、さまざまな奇計をめぐらせては圧倒的な兵力の幕府軍を悩ませた。家紋は「菊水」で、後醍醐天皇が彼の功をたたえ、菊の花を杯に浮かべて「菊は千年の後まで香るという。おまえの紋にせよ」といって下賜されたという逸話が残る。

そのほか天皇方の忠臣として、村上義光が知られる。彼は、村上源氏が信濃に土着した流れで、家紋は「丸に上の字」である。

さらに、隠岐から脱出した後醍醐天皇を出迎えた名和長年がいる。名和氏は村上源氏の後裔を称し、家紋は「帆掛舟」。天皇から下賜されたという。

菊水
楠木正成

丸に上の字
村上義光

帆掛舟
名和長年

MEMO
＊後醍醐天皇は隠岐を脱出する際、供をひとりだけ連れ、商人船（あきんどぶね）の干し魚の俵の下に隠れていたという。また海上では、たびたび追手の船の目をくらまさなければならなかった。

南北朝とは

後醍醐天皇は１３３３年、建武の新政を開始した。足利尊氏は、建武の新政に参加したが、やがて天皇と対立して動乱へともつれこむ。入洛を果たした尊氏は、光明天皇を擁して京都に室町幕府を開いた（北朝）。一方、京都を追われた後醍醐天皇は１３３６年、吉野へ移り自らの正当性を主張して朝廷を開いた（南朝）。
天皇中心の公家政治に戻したい南朝と、武家政治を推し進めたい北朝の争いは、その後60年近くにわたって続くことになる。

MEMO
＊建武の新政の失敗→足利尊氏が兵を挙げて京都を占拠
光明天皇の京都朝廷（北朝）
京都占領後の、後醍醐天皇の吉野朝廷（南朝）
｝南北朝の動乱（１３３６～92年）

❖室町幕府と南北朝の合一

南朝と北朝が対立している間、世の中も混乱が続いた。

北朝では、足利尊氏が1335年に光明天皇から征夷大将軍に任命され、京都に幕府を開いた。この頃の幕府の基礎はまだ弱く、全国の武士も南朝方と北朝方に分かれて戦っていた。

南朝は、3代将軍・足利義満による有力守護大名の勢力削減政策などによって、徐々に衰退。そして1392年、ついに義満の斡旋により南北朝が合一した（明徳の和約）。

1369年に征夷大将軍となっていた義満は、1394年には太政大臣となる。これにより公家も支配下に置き、幕府は全盛期を迎えた。

●北朝方の主な武家の家紋

繋ぎ馬
相馬氏

五本骨扇に月丸
佐竹氏

丸に二羽飛雀
上杉氏

桔梗
土岐氏

●南朝方の主な武家の家紋

菊水
楠木氏

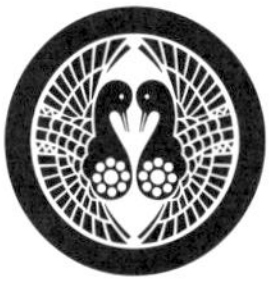

南部鶴
南部氏

二つ引両に
右三つ巴
赤松氏

並び鷹の羽
菊池氏

庵木瓜
工藤氏

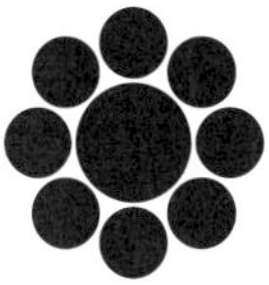

九曜
細川氏

左三つ巴
蒲池氏

大中黒
新田氏

大内菱
大内氏

違い鷹の羽
阿蘇氏

丸に橘
井伊氏

抱き杏葉
大友氏

MAP 南北朝の争乱

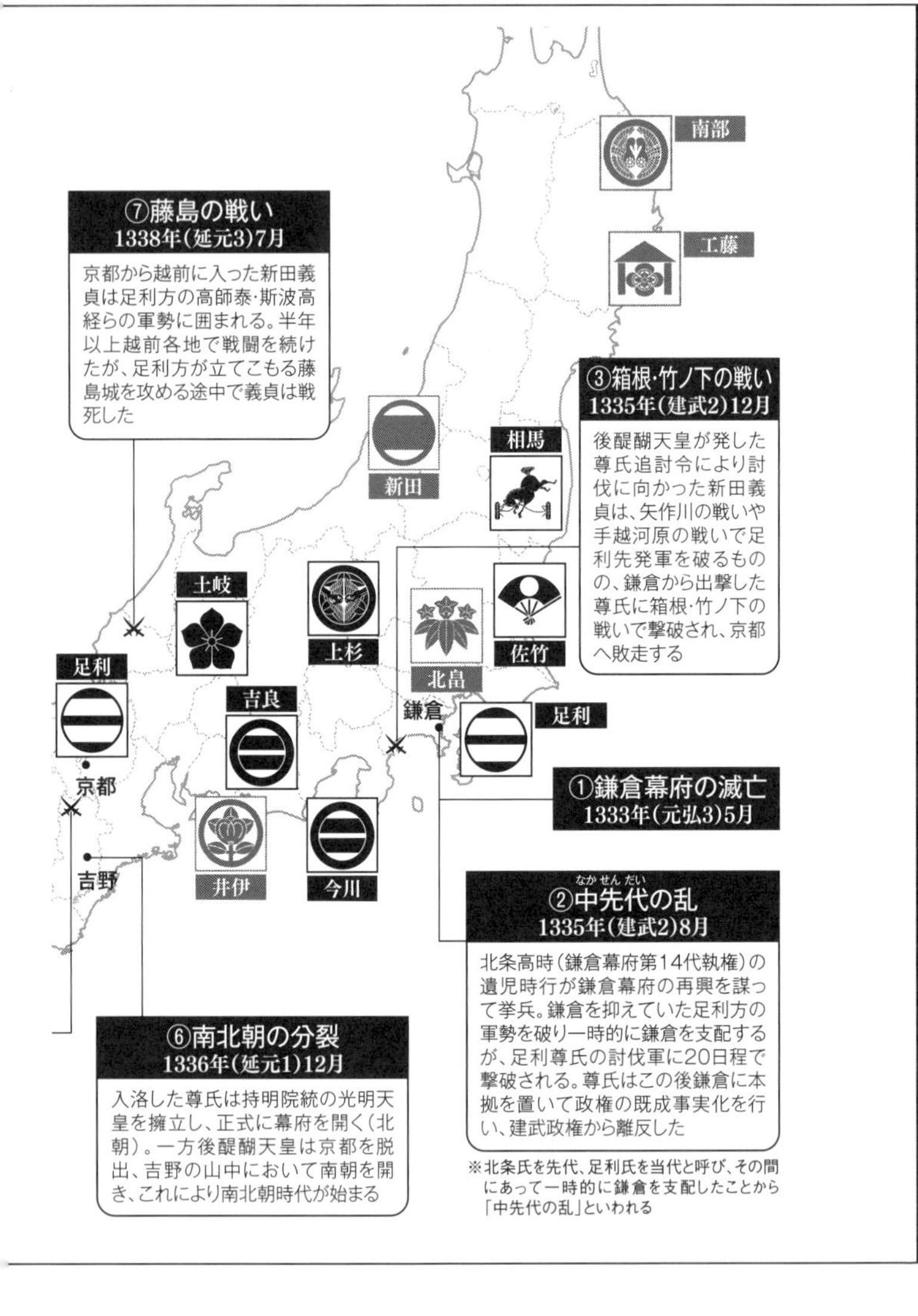
南部
工藤
⑦藤島の戦い
1338年(延元3)7月
京都から越前に入った新田義貞は足利方の高師泰·斯波高経らの軍勢に囲まれる。半年以上越前各地で戦闘を続けたが、足利方が立てこもる藤島城を攻める途中で義貞は戦死した
③箱根·竹ノ下の戦い
1335年(建武2)12月
後醍醐天皇が発した尊氏追討令により討伐に向かった新田義貞は、矢作川の戦いや手越河原の戦いで足利先発軍を破るものの、鎌倉から出撃した尊氏に箱根·竹ノ下の戦いで撃破され、京都へ敗走する
新田
相馬
土岐
上杉
北畠
佐竹
足利
吉良
鎌倉
足利
京都
①鎌倉幕府の滅亡
1333年(元弘3)5月
井伊
今川
吉野
②中先代《なかせんだい》の乱
1335年(建武2)8月
北条高時(鎌倉幕府第14代執権)の遺児時行が鎌倉幕府の再興を謀って挙兵。鎌倉を抑えていた足利方の軍勢を破り一時的に鎌倉を支配するが、足利尊氏の討伐軍に20日程で撃破される。尊氏はこの後鎌倉に本拠を置いて政権の既成事実化を行い、建武政権から離反した
※北条氏を先代、足利氏を当代と呼び、その間にあって一時的に鎌倉を支配したことから「中先代の乱」といわれる
⑥南北朝の分裂
1336年(延元1)12月
入洛した尊氏は持明院統の光明天皇を擁立し、正式に幕府を開く(北朝)。一方後醍醐天皇は京都を脱出、吉野の山中において南朝を開き、これにより南北朝時代が始まる

- 1334　元号を「建武」に改元
- 1335　**中先代の乱**　**箱根・竹ノ下の戦い**
- 1336　**多々良浜の戦い**　**湊川の戦い**　持明院統の光明天皇即位　建武式目の制定　**南北朝の分裂**
- 1338　**藤島の戦い**　足利尊氏が征夷大将軍になる
- 1339　後醍醐天皇没
- 1348　**四条畷の戦い**
- 1350　観応の擾乱（～１３５２）
- 1358　足利尊氏没

■ 足利尊氏方（北朝）
■ 後醍醐天皇方（南朝）

⑤湊川の戦い
1336年（延元1）5月

九州から京都を目指す尊氏軍に対し、後醍醐天皇は新田義貞・楠木正成らに討伐を命じる。両軍は摂津国の湊川で激突するが、退路を絶たれる危険を感じた新田軍は京都へ退却、楠木軍は奮闘するも敗れ、正成は一族とともに自刃した

④多々良浜《たたらはま》の戦い
1336年（延元1）3月

入洛を目指した尊氏は京都近郊で後醍醐天皇側の軍勢に敗れ、九州へ逃れた。九州で少弐氏らの支援を受けた尊氏は後醍醐天皇側の菊池氏、阿蘇氏らの軍勢を筑前の多々良浜で破り九州全土をほぼ掌握、態勢を立て直して再び上洛する

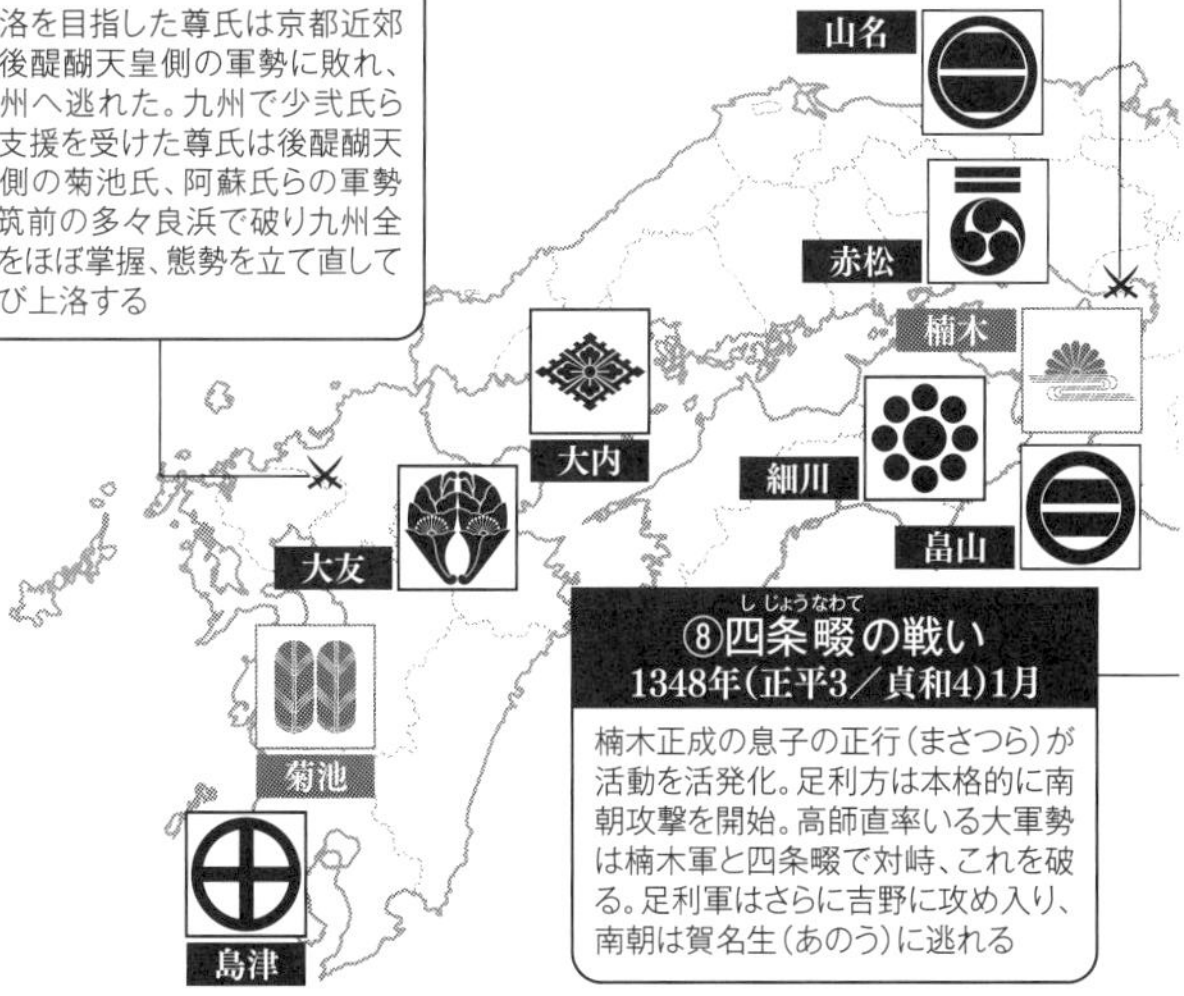

⑧四条畷《しじょうなわて》の戦い
1348年（正平3／貞和4）1月

楠木正成の息子の正行（まさつら）が活動を活発化。足利方は本格的に南朝攻撃を開始。高師直率いる大軍勢は楠木軍と四条畷で対峙、これを破る。足利軍はさらに吉野に攻め入り、南朝は賀名生（あのう）に逃れる

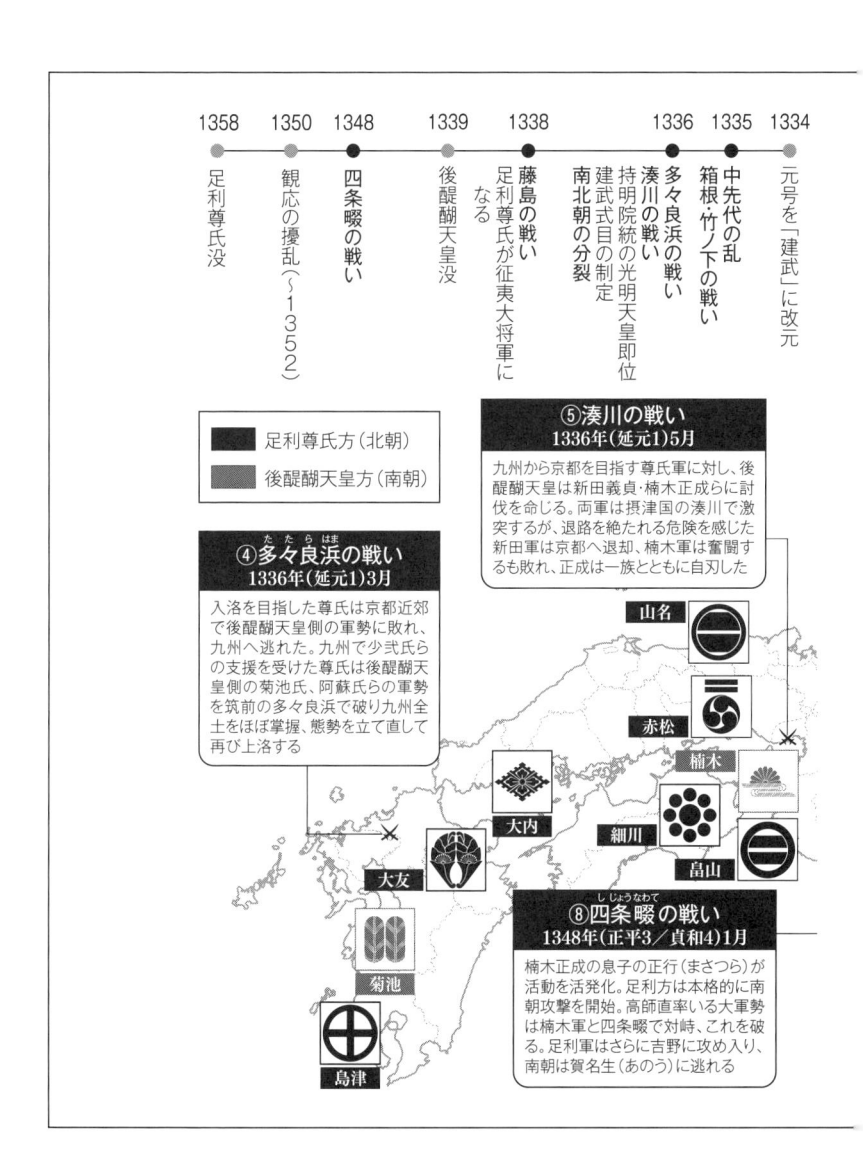

平《たいらの》清《きよ》盛《もり》（1118～1181）

揚羽蝶

伊勢平氏の出自で、平家政権全盛期の家長。婚姻政策を駆使して天皇家とのつながりを深め、その地位を確固たるものとしたが、源頼朝が平家打倒の兵を挙げたわずか1年後に熱病にかかり呆気《あっけ》なく死去してしまう。

源《みなもとの》（木曽《きそ》）義《よし》仲《なか》（1154～1184）

笹竜胆

平家打倒を掲げた以仁王に呼応して挙兵し、倶利伽羅峠の戦いで平家軍を破る。上洛するものの治安回復に失敗し、後白河法皇と不和になる。その後、頼朝と対立し、宇治川の戦いで討たれた。頼朝の従兄弟にあたる。

源《みなもとの》頼《より》朝《とも》（1147～1199）

笹竜胆

鎌倉幕府の創設者。１１８０年に挙兵し、鎌倉を本拠に戦った。幕府を開いてからは優れた政治手腕を発揮する一方、利害が衝突すれば討伐する冷徹な面も見せた。それは、義経や義仲などの血族も例外ではない。

土《ど》肥《い》実《さね》平《ひら》（?～?）

左三つ巴

桓武平氏の流れを汲む豪族中村氏を出自とする。頼朝の挙兵に際し一族を率いて参加し、石橋山の戦いに臨むも頼朝とともに敗走する。その後は、富士川の戦いや常陸国平定で戦功を挙げ、頼朝の信頼を得た。

千《ち》葉《ば》常《つね》胤《たね》（1118～1201）

月に星

桓武平氏の流れを汲む、下総国の豪族。平家打倒を掲げて挙兵した頼朝が、石橋山の戦いに敗れて安房国に逃れるとこれに加勢、一族とともに頼朝を助ける。鎌倉幕府の世には各地に領土を持つ大豪族となった。

梶《かじ》原《わら》景《かげ》時《とき》（1140?〜1200）

並び矢

合戦当時は平家方であったが、石橋山の戦いで敗れ洞窟に隠れていた頼朝を見逃したことで、後に重用される。平家討伐では義経を補佐したが、後に対立。頼朝の死後は北条氏、三浦氏などとも対立し、排斥された。

熊《くま》谷《がい》直《なお》実《ざね》（1141〜1208）

ほやに鳩

頼朝に仕えて活躍し御家人となるが、もとは平家方の武将であった。石橋山の戦いで敗れ山中に身を潜めていた頼朝を見つけるが、洞窟にひそませほや（ヤドリギ）で入口を隠し、彼をかくまったという逸話が残る。

小《お》山《やま》朝《とも》政《まさ》（1155?〜1238）

左二つ巴

頼朝の挙兵に呼応し早々に参戦、一貫して源氏方に立って戦功を挙げてきた。その後、下野国の守護に任命される。父・政光の後妻は頼朝の乳母で、頼朝の平家打倒の書状に応え、実子・朝光を伴い参じている。

結《ゆう》城《き》朝《とも》光《みつ》（?〜?）

左三つ巴

小山朝政の異母弟で、頼朝の乳母を母に持つ。頼朝から下野国結城の地を与えられ、結城と名乗る。若い頃から念仏に傾倒しており、晩年は出家して信仰に生きた。それゆえ、幕府の内紛には巻き込まれることがなかった。

北条《ほうじょう》義《よし》時《とき》（1163〜1224）

三つ鱗

鎌倉幕府の2代目執権。武力と謀略で北条氏の権力強化と武士政権の確立を図った。後鳥羽上皇が起こした承久の乱を鎮めると、朝廷の監視機関である六波羅探題を設置して、朝廷と幕府の力関係を逆転させた。

比《ひ》企《き》能《よし》員《かず》
（?～1203）

丸に割り菱

2代将軍・頼家に娘を嫁がせ外戚として権力を持ち、それを快く思わない北条時政・義時と対立を深める。これが「比企能員の変」につながり比企氏は滅亡するが、実際には北条氏が一方的に攻め込んだものである。

畠《はたけ》山《やま》重《しげ》忠《ただ》
（1164～1205）

村濃

頼朝の忠勇の士として知られる。当初は平家方に属したが、後に頼朝に臣従。知勇を備えた武将であり、幕府創設の功臣となる。頼朝の没後、頼家の後見人を任されるが、初代執権の北条時政によって謀殺された。

三《み》浦《うら》義《よし》村《むら》
（?～1239）

三つ引両

源氏方として挙兵し、鎌倉幕府成立後には北条氏に並ぶ力を持つ重臣となる。権力争いへの介入に積極的で、梶原氏、畠山氏、和田氏ら有力御家人の排斥に関わった。北条氏とも水面下で火花を散らしている。

和《わ》田《だ》義《よし》盛《もり》
（1147～1213）

七曜

三浦氏の一族で、頼朝の挙兵に参加。初代侍所別当を務め、頼朝の信頼も厚かった。頼朝の死後、有力御家人の失脚・追放で北条氏に荷担するものの、自身も北条義時によって挙兵に追い込まれ、討ち死にする。

大《おお》江《え》広《ひろ》元《もと》
（1148～1225）

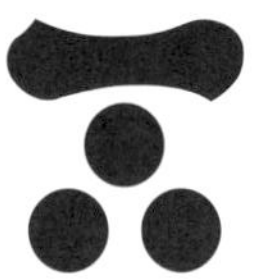

一文字に三つ星

鎌倉幕府の創設に貢献し、初代政所別当となって守護・地頭の設置などを行った。その後、大江氏は１２４７年の宝治合戦で三浦氏に加勢したためほぼ壊滅状態となったが、生き残った子孫が毛利氏などに成長した。

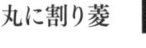

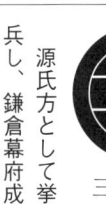

佐《さ》々《さ》木《き》信《のぶ》綱《つな》
（1181?～1242）

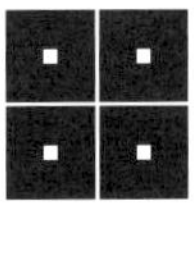

平四つ目結

源平の合戦で頼朝を助けた佐々木定綱の子で、宇治川の戦いの先陣争いで知られる佐々木高綱の甥《おい》。承久の乱に幕府軍として参加し宇治川で武功を挙げ、朝廷側についた長兄に代わって近江《おうみ》地方の地頭職を得る。

竹《たけ》崎《さき》季《すえ》長《なが》
（1246～1314?）

三つ目結に吉文字

肥《ひ》後《ご》国の御家人で、阿蘇氏の一族。元寇における戦功の恩賞がないことを不服として鎌倉に出向き、幕府へ直訴。その結果、肥後国海東《かいとう》の地頭に任命された。元寇での自らの戦功を描かせた『蒙古襲来絵詞』でも知られる。

菊《きく》池《ち》武《たけ》房《ふさ》
（1245～1285）

並び鷹の羽

肥後国に本拠を置く菊池氏の10代当主。元寇での武勇が知られ、１戦目となる１２７４年の文永の役では、弟とともに出陣し、活躍を見せる。また、１２８１年の弘安の役でも一族を率いて戦い、武功を挙げている。

少《しょう》弐《に》景《かげ》資《すけ》
（1246～1286）

寄掛目結

筑《ち》後《くご》国の豪族。父や兄とともに、文永の役を戦う。この中で、敵将の劉復亭《りゅうふくこう》を矢で射止める武功を挙げた。これが認められ北九州に勢力を拡大したが、後に兄との家督争いに敗れ、命を落とす。

宗《むな》像《かた》長《なが》氏《うじ》
（?～?）

丸に一つ柏

宗像氏は筑前国の名族で、古くは玄界灘《げんかいなだ》付近の海域を支配した海洋豪族である。また、宗像大社の大宮司家という役もあった。48代の長氏は弘安の役での奮戦により、幕府から肥前国神埼《かんざき》郡を与えられている。

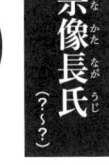

足利尊氏《あしかがたかうじ》
（1305～1358）

足利二つ引両

室町幕府の創設者。後醍醐天皇の挙兵の際、鎌倉幕府側として軍を率いて上洛したが、途中で反幕府を掲げて六波羅探題を攻略し、幕府に大打撃を与えた。後に後醍醐天皇と対立、征夷大将軍となり後の室町幕府を開いた。

高師直《こうのもろなお》
（?～1351）

花輪違い

高氏は、代々足利氏の家臣を務めており、師直も尊氏の側近として室町幕府成立後は執事を務めた。だが、幕府の主導権をめぐり尊氏の弟・直《ただ》義《よし》と対立。クーデターを起こして実権を握るが、反撃され誅殺されてしまう。

楠木正成《くすのきまさしげ》
（1294?～1336）

菊水

尊氏らとともに、建武の新政の立役者として活躍。後醍醐天皇に忠誠を誓い、新政より離反した尊氏と激戦を繰り広げた。新政側の軍事の主力ともいえる武将だったが、湊川の戦いで敗れた後、一族と共に自刃した。

名和長年《なわながとし》
（?～1336）

帆掛舟

南朝方の武将で、伯耆国の豪族。隠岐から脱出した後醍醐天皇を船上山に迎えて以来、忠誠を尽くした。北朝を立てた尊氏とも刃を交えたが、湊川の戦いの後に入洛した尊氏に敗れ、三条猪隈《いのくま》で討ち死にする。

新田義貞《にったよしさだ》
（1301～1338）

大中黒

後醍醐天皇の忠臣として知られる上野国の武者。建武の新政後、征夷大将軍となった尊氏の討伐を天皇より命じられる。弟と共に足利軍を撃破するが、箱根・竹ノ下の戦いで敗れて以降、激戦実らず越前藤島で戦死した。

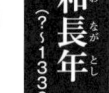

村《むら》上《かみ》義《よし》光《てる》（?~1333）

丸に上の字

信濃《しなの》国の武将。元弘の変で討幕の計画が露見し、高野山へと逃れた護《もり》良《なが》親王を守り各地を転戦する。親王への忠誠は厚く、吉野から逃走する折には自らを親王と偽り、身代わりとなって腹をかき切ったという。

赤《あか》松《まつ》則《のり》村《むら》（円《えん》心《しん》）（1277~1350）

二つ引両に右三つ巴

元弘の変で反幕府軍として戦うも、則村が属した派閥が朝廷内での権力争いに敗れた影響から、建武の新政で領地を没収されてしまう。ここから尊氏と共に再び反旗を翻し、室町幕府成立後には播磨国の守護となった。

北《きた》畠《ばたけ》親《ちか》房《ふさ》（1293~1354）

笹竜胆

後醍醐天皇を補佐した公家。後醍醐天皇が吉野に南朝を立てた際には南朝に従い、その牽引役として活躍した。後醍醐天皇の死後は後村上天皇を補佐。南朝の正統性を主張する『神《じん》皇《のう》正《しょう》統《とう》記《き》』を記した人物でもある。

第3章

戦国時代と家紋

❖応仁の乱からはじまる下剋上の時代と家紋

この時代は同門・同族間での争いが多くなり、一族の紋だけでは区別がつかなくなる恐れがあったことから、家紋の種類が増えた時代でもある。また戦を離れた日常においても、武士の間で直垂《ひたたれ》に家紋を入れた「大紋」が広まった。

こうして見ると、家紋は武家社会ゆえに大きな意味を持つようになったといえる。もし公家の世が続いていたら、家紋がここまで広まることはなかったかもしれない。

応仁の乱の経緯

8代将軍・足利義政は、幕府の財政難やたびたび起こる土一揆に悩まされていた。わずか8歳で将軍となった義政は長じてからも政治には目を向けず、そちらは正室の日野富子、有力大名の細川勝元や山名持豊（宗全）らにゆだねていた。

将軍職に嫌気がさしていた義政は、子ができないことを理由に、出家していた弟・義視に将軍の座を譲って出家しようとした。義視は再三拒んだが、義政の「男児が生まれても後継ぎにはしない」という内容の起請文を受け、勝元を後見人として京都に戻った。

しかし、1466年に富子に男児・義尚が生まれてしまう。富子は持豊を義尚の後見人にして、将軍の座が義視にいかないよう画策した。この将軍家の後継者争いが勝元と持豊の対立につながり、さらに大名が勝元派と持豊派に分かれていく。

同じ頃、管領《かんれい》家の畠山氏と斯波氏でも相続争いが起こり、2派はこちらにも絡んだ。そして、畠山氏の衝突から京都を戦場にした「応仁の乱」が始まったのである。

しかし戦いは長引き、参戦した多くの大名たちは自分の利を求めて離合集散を繰り返した。やがて戦況はこう着、戦は惰性になっていき、両軍の総大将である勝元と持豊の死後も決着がつかず、終結に11年の年月を要した。

◆応仁の乱の対立関係◆

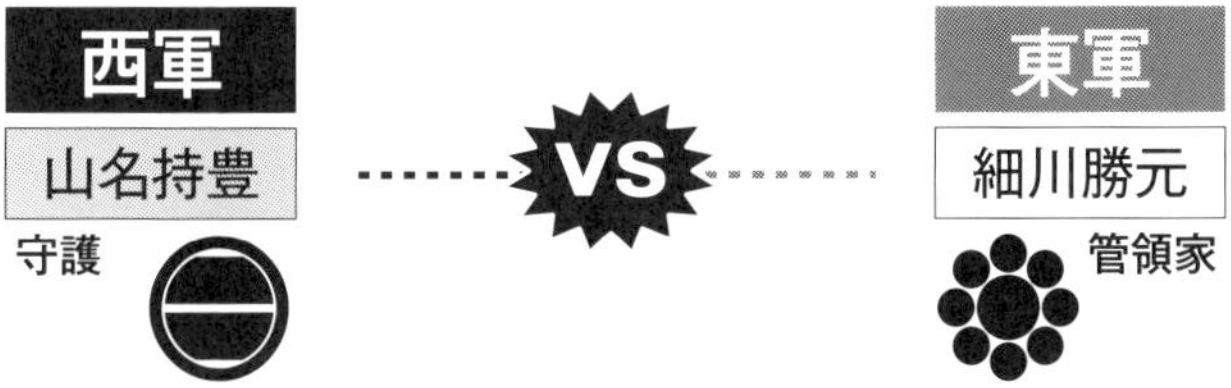

足利義尚（実子）……・【将軍家】……（養子）足利義視

畠山義就（実子）……・【管領家】……（養子）畠山政長

斯波義廉《しばよしかど》（養子）……・【管領家】……（養子）斯波義敏《しばよしとし》

※応仁の乱の本陣は、東軍が幕府、西軍が山名の邸宅であった。京都で現在「西陣」と呼ばれる地域は、この「西軍の本陣」に由来する。また応仁の乱後に、この地で再開された織物が有名な「西陣織」である。

MEMO

*管領とは、室町幕府における将軍に次ぐ役職である。将軍を補佐して、幕政を統轄した。代々、細川氏・畠山氏・斯波氏のみが任ぜられている。3氏はいずれも足利氏の支流である。

*政治に無関心の足利義政は、もっぱら茶や能楽を愛した文化人であった。銀閣寺（京都）や枯山水庭園などの「東山文化」を築いている。都の文化であったが「応仁の乱」のさなか、多くの公家や文化人、知識人が戦火から逃れるために地方へ移ったことから、これら文化も伝播していった。

●応仁の乱に関係する主な人物の家紋

足利二つ引両
足利義視、義尚

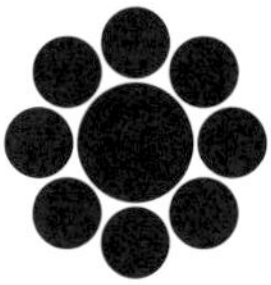

九曜
細川勝元

二つ引両
山名持豊（宗全）

二つ引両
斯波氏・畠山氏

下剋上の時代とは

「応仁の乱」の間、戦に出ていた大名の国元では留守を預かる家臣や国人《こくじん》（土着の武士のこと）が力を伸ばしていた。やがて、大名を打ち負かして地位を得る「下剋上」が起こるようになった。下の者が上の者を倒してのし上がり、また全国各地で独立した戦国大名が争い合う時代となったのである。

この頃は、下剋上の代名詞的存在である美濃の戦国大名・斎藤道三や、戦国武将の先駆けといわれる相模の北条早雲などが知られる。

●下剋上で有名な大名の家紋

三つ鱗
北条早雲

撫子
斎藤道三

三階菱
三好長慶

蔦
松永久秀

MEMO

＊三好氏は、菱紋で知られる武田氏の流れを汲む小笠原氏（家紋は「三階菱」）の支流である。そのため、小笠原氏と同じ家紋を用いている。その三好氏を乗っ取った松永久秀は、当初「三階菱」を使用していたが、後に「地を這って繁栄する」蔦に変えたという。

MAP 戦国武将の勢力分布

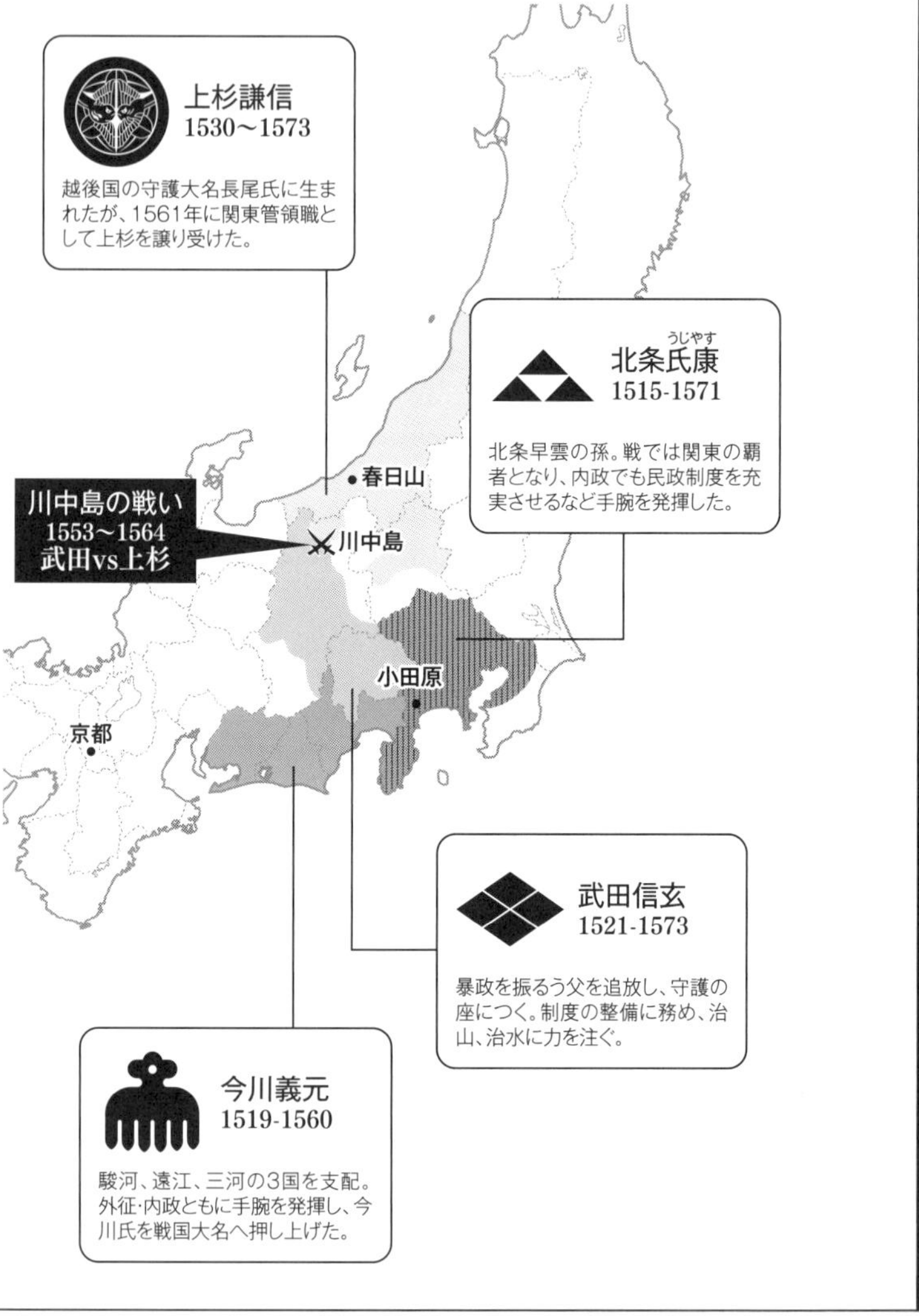
上杉謙信
1530～1573
越後国の守護大名長尾氏に生まれたが、1561年に関東管領職として上杉を譲り受けた。
北条氏康《うじやす》
1515-1571
北条早雲の孫。戦では関東の覇者となり、内政でも民政制度を充実させるなど手腕を発揮した。
春日山
川中島の戦い
1553～1564
武田vs上杉
川中島
小田原
京都
武田信玄
1521-1573
暴政を振るう父を追放し、守護の座につく。制度の整備に務め、治山、治水に力を注ぐ。
今川義元
1519-1560
駿河、遠江、三河の3国を支配。外征･内政ともに手腕を発揮し、今川氏を戦国大名へ押し上げた。

●戦国大名

「戦国大名」という名称は後の世になって付けられたものであり、当時は特にそういう呼び方はされていなかった。

P63にもあるが、守護大名がさらに力をつけて戦国大名になった例もあれば、守護大名よりも身分の低い者が「下剋上」によって守護大名を追い落とし、その領国を支配するようなった例もある。

守護から転化した例 → 武田氏、今川氏、島津氏、佐竹氏など

守護代から転化した例 → 織田氏、朝倉氏、長尾氏など

国人から転化した例 → 毛利氏、結城氏、龍造寺氏など

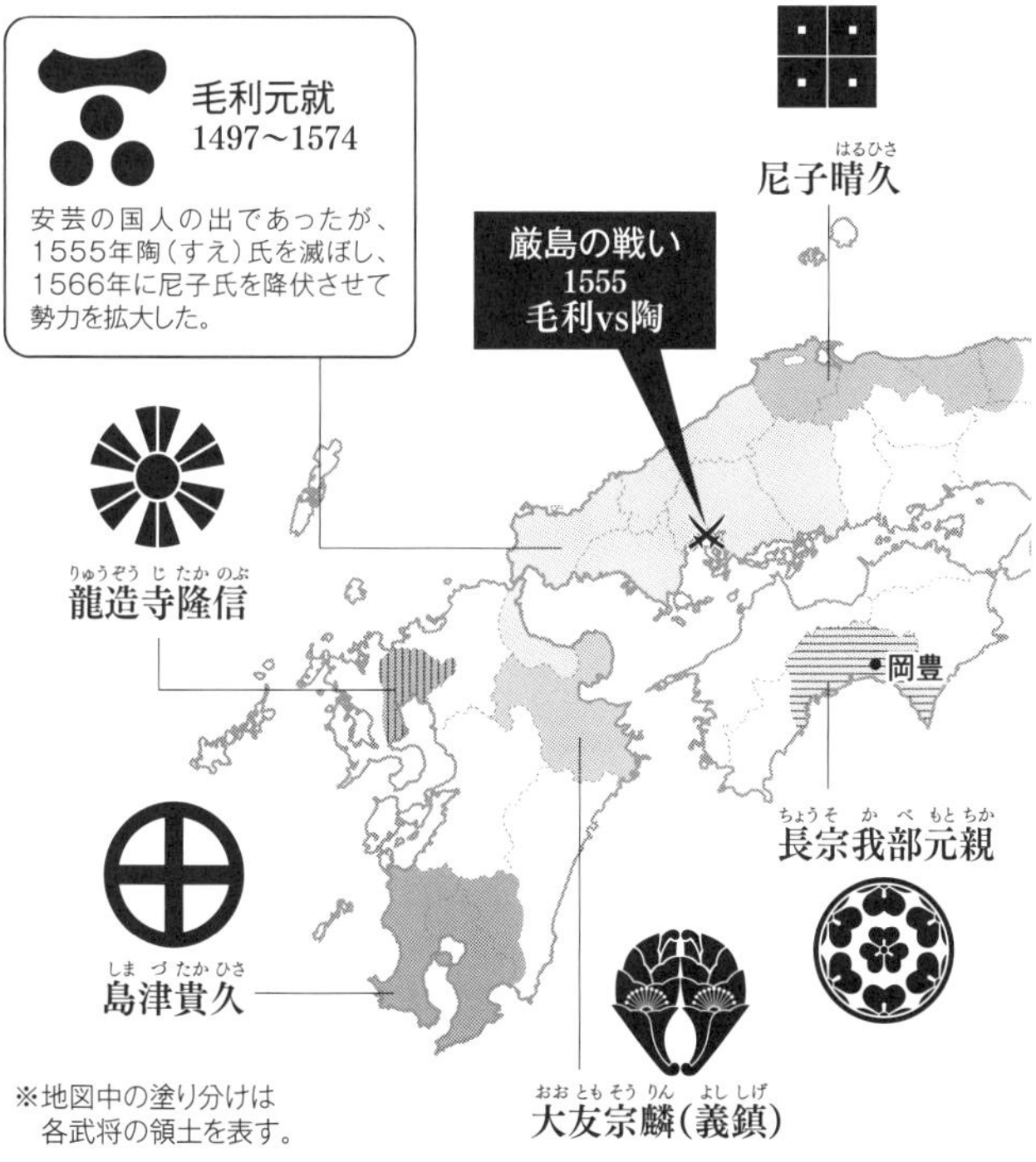

※地図中の塗り分けは
各武将の領土を表す。

❖群雄割拠の戦国時代

室町幕府は支配力が弱く、応仁の乱のあとは各地に戦国大名が独立して約百年の戦乱の時代が続いた。なぜ、そのように戦争が多発したのであろうか。鎌倉時代から、家来は主君のために功を挙げることで土地をもらって、一族や家来を養っていた。しかし、この御恩と奉公による主従関係には限界があって、次第に武士や農民の不満が高まっていった。

そして、無能な主君ではいつ侵略されるか分からないから、家臣が主君を倒してとって代わる、いわゆる「下剋上」の風潮が生まれた。また、農民が団結して村の自治が発達すると、名主を中心にして領主に反抗する「土一揆」も多発している。

こうして生まれた戦国大名は農民を直接支配し、家臣を取り締まった。また、領地の富を求めて商工業を盛んにし、武力を得るためにヨーロッパから伝来した鉄砲を採用した。

●戦国の流れ

将軍の無力化
将軍の相続争い
守護大名の争い
↓
1467~77
応仁の乱
（細川勝元・山名持豊）
↓
下剋上
↓
幕府の衰え
荘園制のくずれ
公家の没落 ↓ 地方文化

守護大名と戦国大名の違い

守護大名は、鎌倉時代に始まる役職「守護」が前身である。守護は、幕府からの命で領国へ配置され、荘園領主の年貢を請け負い荘園経営を行うほか、治安維持や警備にあたった。この中で、室町時代に強い力を持った者が、領国内の豪族などを従えて支配を強め「守護大名」となった。

一方、戦国大名は幕府から独立し、領国を支配した。身分無関係の実力勝負であるため、毛利氏や長宗我部氏のように、家臣など身分の低い者が下剋上によって守護大名を倒して領国を得、戦国大名となった例も多い。また、今川氏や武田氏のように、守護大名がさらに力をつけた例もある。

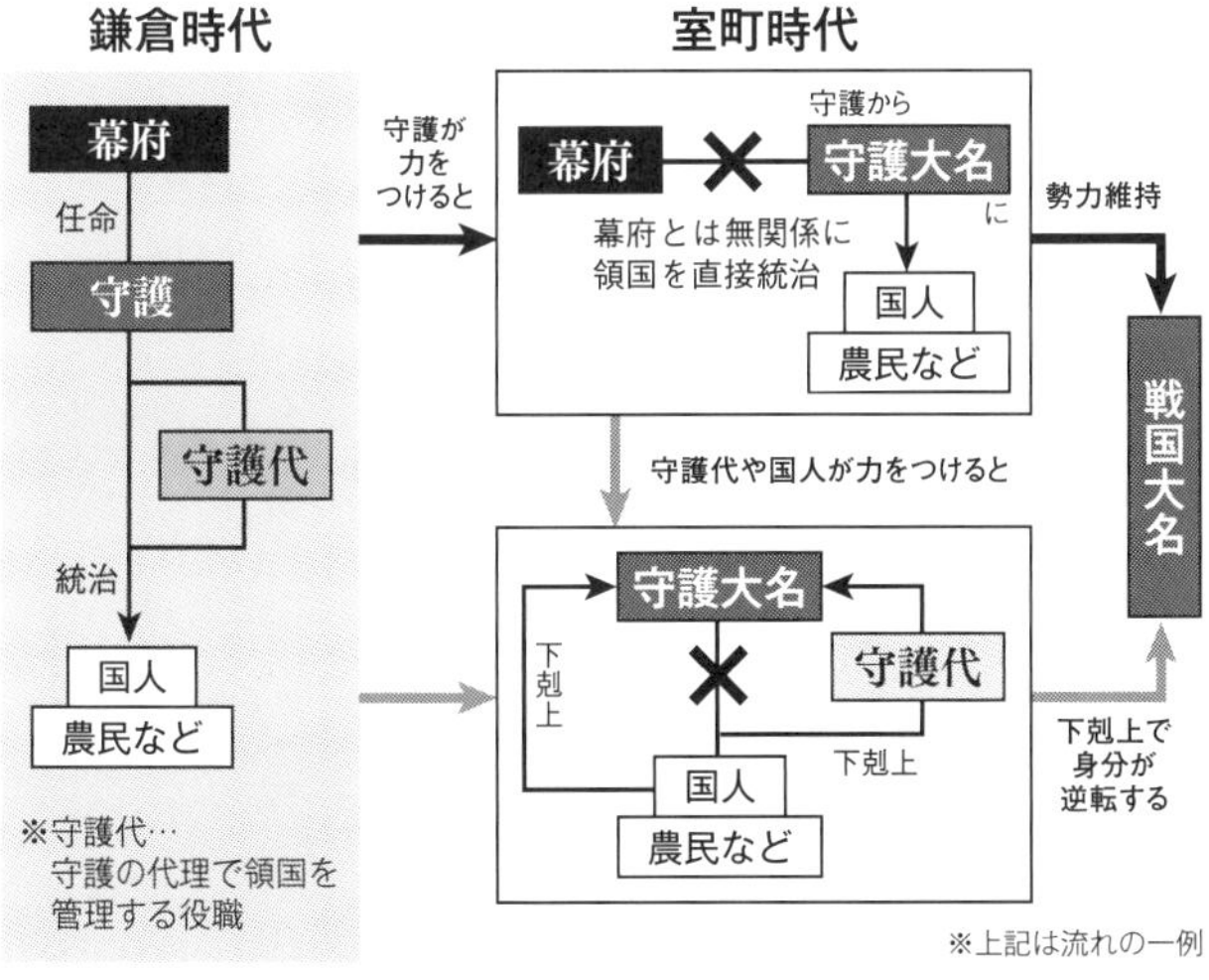

❖東北地方の戦国大名

東北地方北部では、多くの国人が勢力を蓄え、武力による侵攻や政略結婚などの駆け引きが行われていた。国人から戦国大名に成長した群雄のひとつ・南部氏は、家臣の津軽為信に任せていた津軽地方を奪われている。

東北地方南部では、戦国時代に大きく成長した勢力に伊達氏、蘆名《あしな》氏、最上氏がある。これに常陸国の佐竹氏が加わり、東北の覇を競った。1589年には、伊達政宗が「摺上原の戦い」で蘆名義広・佐竹義重の軍勢に勝利し、関東に軍を進めた。

●南部氏と津軽氏

南部鶴
南部氏

南部氏は、甲斐国南部郷を本拠としていた。源頼朝とともに平泉平定に従軍した南部三行が、陸奥国糠部《ぬかのぶ》郡（現在の青森県東部から岩手県北部）の管理を任された。

第26代当主・南部信直のとき、家臣・石川政信が津軽郡代を務めていた。政信の死後、家老・大浦為信（後の津軽為信）は津軽郡を乗っ取ると、いち早く京都に赴き豊臣秀吉から所領の所有権を得た。

このとき、公家・近衛家の家紋（近衛牡丹）の使用を許可され「津軽牡丹」が誕生したという。

なお、為信の主筋にあたる南部信直は、為信が自分の所領を横領したと訴えたが認められず、以来南部氏と津軽氏の対立が続いた。

津軽牡丹
津軽氏

●伊達政宗

竹に雀

伊達氏は、平安期の貴族・藤原山陰《やまかげ》の流れであるという。その子孫・朝宗《ともむね》が常陸（現在の茨城県）真壁郡中村に住み、「中村」を称した。その長男・為宗と次男・宗村が源頼朝の平泉平定に参戦し、その功績で陸奥国伊達郡（現在の福島県）を与えられている。伊達に移ったのは次男の方で、このときから「伊達」を称した。

17代・政宗は幼い頃に疱瘡《ほうそう》を患って片目を失明していたが、その勇猛果敢な行動から後世「独眼竜」の異名を持った。領地を次々に拡大し、1585年には二本松城の畠山義継を降伏させている。

家紋の「竹に雀」は、14代・稙宗の次男・実元が上杉家の養子となる話が出た（実現しなかった）ときに、上杉家から贈られたものである。

●東北地方の主な武将の家紋

二つ引両

最上義光

三つ引両

蘆名盛氏

◆関東地方の戦国大名

関東地方では、戦国武将の先駆け・北条早雲によって早くも戦国時代の幕開けを迎えていた。

北関東には下野国の宇都宮氏、小山氏、常陸国の佐竹氏などが、南関東には安房国の里見氏といった有力大名がいた。これに、鎌倉公方《くぼう》（将軍の代理で関東を支配する職のこと）を追われ「古河《こが》公方」を名乗っていた足利氏と、その分家である堀越公方、さらに関東管領家（鎌倉公方を補佐する役職。上杉氏が世襲した）の山内・扇谷《おうぎがやつ》両上杉家といった旧勢力が加わり、新興勢力の後北条氏と勢力争いを繰り広げた。その後、関東をほぼ制圧した後北条氏は、周辺諸地域へ進出を果たした。

●北条氏康

三つ鱗

戦国大名の先駆けである北条早雲の孫で、後北条氏の関東支配を不動のものとした名将。祖父の奪った小田原城を根拠地に、その知勇を駆使して勢力を広げている。関東管領家の山内・扇谷両上杉家、古河公方らの連合軍を破り、武田信玄・上杉謙信とも渡り合った。内政においても、領民の負担軽減などに尽力し善政を敷いた。

父・氏綱のときに鎌倉幕府執権の北条氏の後裔を称して「北条」を名乗り、家紋も「三つ鱗」を用いている。執権の北条氏と区別して、後北条氏ともいう。

◆北条氏を取り巻く情勢◆

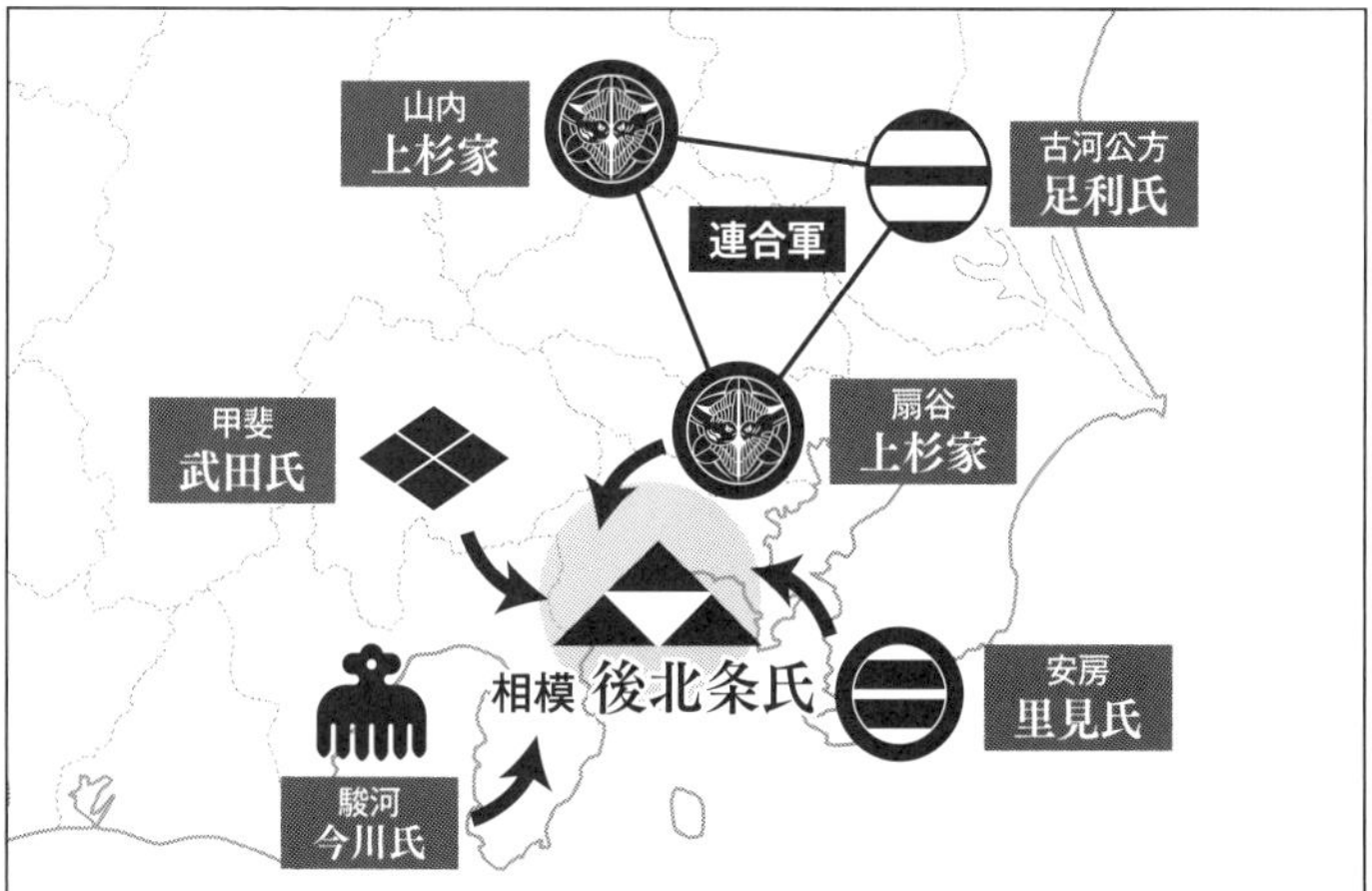

山内・扇谷両上杉家

竹に雀

室町幕府を開いた足利尊氏は、4男・基氏を鎌倉公方として関東10か国を支配させた。そのとき執事として働いたのが上杉氏で、上杉氏は藤原氏勧修寺《かじゅうじ》流である。

鎌倉時代中期に、この勧修寺流の公家・藤原重房が丹波国上杉荘を与えられて、「上杉」を称したのが始まりという。家紋は、公家・勧修寺家の「勧修寺笹」に由来するものだ。そして1252年、この重房が鎌倉幕府6代将軍・宗尊に従って鎌倉に下った。

重房の子孫は代々鎌倉に住み、それぞれの地名によって「扇谷」「詫間」「犬懸」「山内」の4家に分かれた。最終的に残ったのが、関東管領家の山内上杉家と、扇谷上杉家である。

関東地方の主な武将の家紋

右に三つ巴
宇都宮広継

五本骨扇に月丸
佐竹義重

二つ引両
里見義弘

太田桔梗
太田道灌

MEMO
＊太田氏は、清和源氏の子孫で源広綱を祖とし、3代・資国が丹波国太田郷に住んで「太田」を称した。

❖甲信越地方の戦国大名

甲信越地方は、何といっても武田信玄と上杉謙信の勝負に代表される。

武田氏は、根拠地の甲斐から信濃国へ侵攻し、縁戚である諏訪氏を滅亡させた。信濃の猛将といわれた村上義清や高梨政頼らも信玄を阻止できず、隣国越後の謙信を頼った。救援の要請を受けた謙信は、川中島で信玄と戦いを繰り広げている（川中島の戦い／1553〜64年）。5度にわたる戦いの中で最大の激戦が、1561年になされた4度目の合戦で、信玄と謙信の一騎打ちがあったと伝えられている。

龍虎と称された信玄と謙信が死去した後の両氏は、残念ながらふるわなかった。武田氏では、信玄の後を継いだ勝頼が家臣の離心をとめられず、「長篠の戦い（1575年）」で織田・徳川軍に敗れた。また上杉氏では、相続争いと織田軍の攻撃により、領土を大幅に減らすなどしている。

●武田信玄

割り菱
(武田菱)

武田氏は清和源氏の流れを汲む。その発祥は、甲斐国北巨摩郡武田村といわれているが、常陸国の武田郷とする説もある。武田氏初代当主・武田信義の時代に、以仁王の令旨に応えて挙兵、源義仲および源頼朝に兵を送って戦功をあげた。

武田信玄は、その武田氏19代当主である。戦国最強と謳われた武田騎馬軍団を率い、後世「甲斐の虎」の異名を持つ。父・信虎と不仲で、１５４１年に彼を追放して家督を継いだ。１５４７年には分国法「甲州法度之次第」を制定している。

信玄は近隣諸国への侵攻を企て、信濃国をはじめとして上野・飛騨、そして今川義元亡き後の駿河・遠江へと、その野望を広げていった。１５７１年、悲願の上洛を果たす途中で病に倒れ、信州駒場で死去したが、信玄が行った周辺諸豪との謀略や合戦は、まさに甲信越戦国史そのものであった。

MEMO

*分国法とは、戦国大名がその領国を支配統制するために公布した法令である。信玄の制定した「甲州法度之次第」は喧嘩両成敗、宗教問答の禁止など55条からなり、後に2条追加された。

割り菱（武田菱）のアレンジ

武田菱の由来は、前九年の役（1051〜62年）の頃にさかのぼる。武田氏の源流にあたる源頼義・義家父子が奥羽に遠征するとき、住吉大社に戦勝を祈願したところ、神託によって鎧を授けられた。その袖には菱を4等分した「割り菱」の紋があったという。そして、これが「武田菱」として継承されたということだ。

武田氏初代当主・武田信義の甥にあたる長清は、甲斐国小笠原に住んで「小笠原」を名乗った。この小笠原氏は礼法の家として知られることになる。その家紋は「割り菱（武田菱）」をアレンジしたもので、菱を3段重ねた「三階菱」を用いている。

さらに、長清の弟・光行は中巨摩郡南部に住んで、「南部」を名乗った。その家紋は現在「南部鶴」がよく知られるが、ほかに「割り菱（武田菱）」や「花菱」などが見られる。「花菱」は「割り菱（武田菱）」をアレンジしたものである。

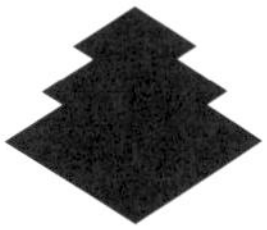

三階菱
小笠原氏

花菱
南部氏

●上杉謙信

竹に二羽飛雀

卓抜した軍才とカリスマ性を持ちながら天下統一とは縁遠く、それよりも義を重んじた「越後の龍」。上杉謙信は越後の守護代・長尾家に生まれ、城下の寺院で禅や学問を学び、19歳で当主となる。2年後に越後を平定している。

謙信の数多い合戦の中で、もっとも有名なのはやはり武田信玄との「川中島の戦い」だろう。謙信は、信玄に国を追われた村上氏、高梨氏など信濃の武将の求めに応じて出陣することになる。その経緯は、領土の拡大を目論む信玄とはまったく異なっている。ほかにも、後北条氏に敗れた山内上杉家の上杉憲政に忠義立てし、関東にも進撃している。

このように隣国の武将との戦いに明け暮れた謙信は、足利義昭から織田信長追討の令を受けたときもなかなか動くことができず、上洛の準備が整った矢先に急死した。

謙信が名乗る「上杉」は、山内上杉家のものである。上杉憲政の求めに応じた後、憲政から上杉家の家督と関東管領職を受け継いだのだ。家紋の「竹の二羽飛雀」も、このときに譲られたものだという。

◆川中島の戦い◆

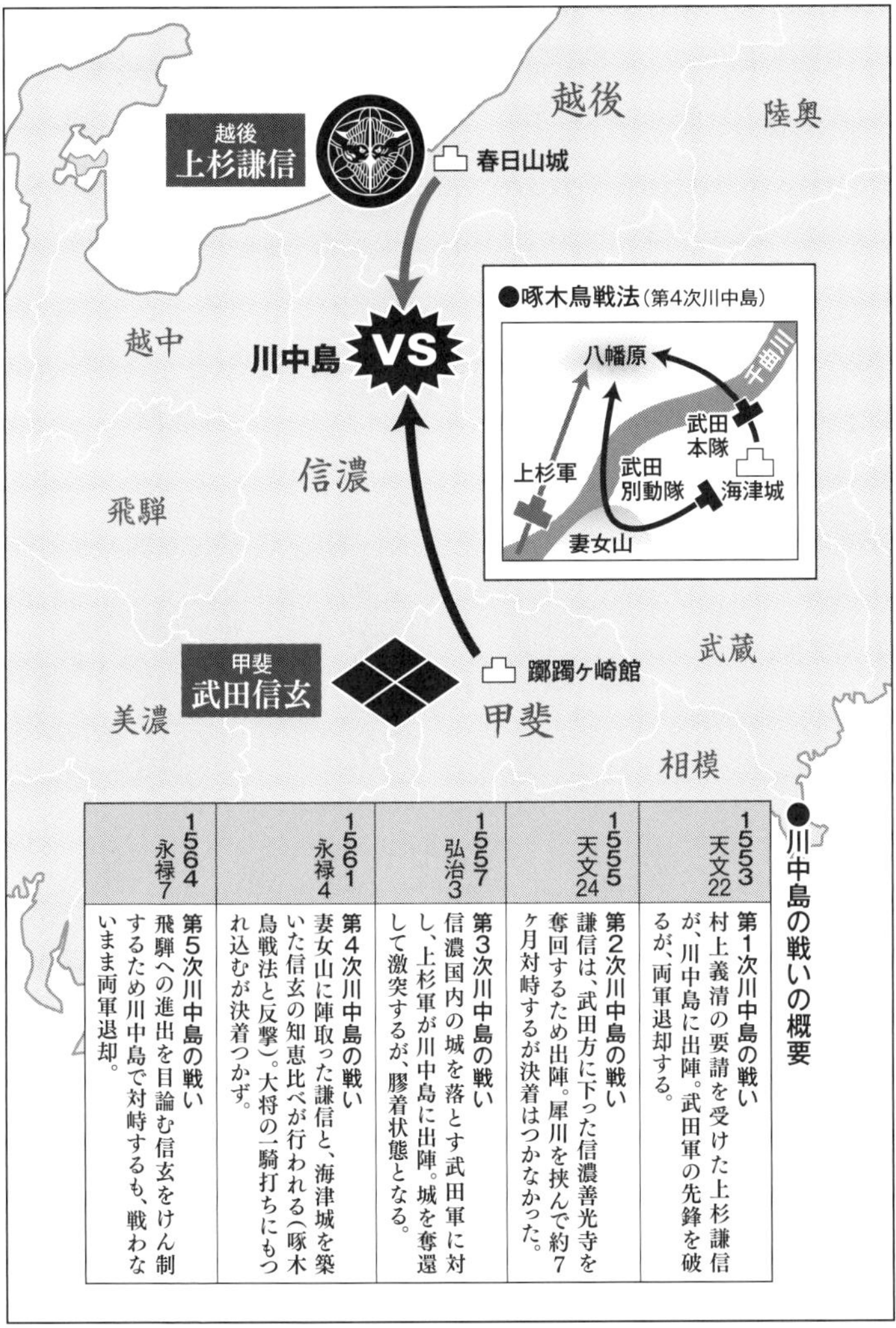

●川中島の戦いの概要

1553 天文22	第1次川中島の戦い　村上義清の要請を受けた上杉謙信が、川中島に出陣。武田軍の先鋒を破るが、両軍退却する。
1555 天文24	第2次川中島の戦い　謙信は、武田方に下った信濃善光寺を奪回するため出陣。犀川を挟んで約7ヶ月対峙するが決着はつかなかった。
1557 弘治3	第3次川中島の戦い　信濃国内の城を落とす武田軍に対し、上杉軍が川中島に出陣。城を奪還して激突するが、膠着状態となる。
1561 永禄4	第4次川中島の戦い　妻女山に陣取った謙信と、海津城を築いた信玄の知恵比べが行われる（啄木鳥戦法と反撃）。大将の一騎打ちにもつれ込むが決着つかず。
1564 永禄7	第5次川中島の戦い　飛騨への進出を目論む信玄をけん制するため川中島で対峙するも、戦わないまま両軍退却。

●甲信越地方の主な武将の家紋

三つ葉根あり
梶の葉
諏訪頼満

丸に上の字
村上義清

石畳
高梨政頼

九曜巴
長尾為景
（上杉謙信の父）

❖中国・四国地方の戦国大名

中国地方では、出雲国の尼子氏と周防国の大内氏の勢力が抜きんでていた。両者はたびたび激突し、ほかの諸侯はそれぞれの陣営について争った。度重なる戦で両者が消耗する中で力をつけてきたのが、安芸国の毛利氏である。土地の国人を取り込んで勢力を拡大し、主君の大内氏を討った陶晴賢《すえはるかた》を破り（厳島の戦い／１５５５年）、一躍世に名を知らしめた。さらに１５６６年には尼子氏を「月山富田城の戦い」で破り、中国地方を制覇した。

四国では、三好氏が主君の細川氏を討ち台頭する。ほかの勢力を押さえて讃岐・阿波国を支配したが、後に土佐国から侵攻してきた長宗我部氏に制圧された。ちなみにこの三好氏は、主君であった細川晴元を討ち、室町幕府13代将軍・足利義輝を傀儡として権勢をふるった三好長慶の一族である。

●毛利元就

一文字に
三つ星

毛利氏の祖は、鎌倉幕府初期の重臣・大江広元の第４子・季光で、相模国毛利荘に住んで「毛利」を名乗った。

元就が毛利氏当主となった１５２３年頃の中国地方は、山陰の尼子氏と山陽の大内氏が勢力を競っていて、毛利氏は弱小国人に過ぎなかった。そんな中で元就は、大内氏に服属しながら近郊土豪たちを徐々に支配下に入れ、勢力を伸ばしていった。

さらに次男・元春を吉川氏に、３男・隆景を小早川氏に養子として送り込み、勢力拡大に役立てた。そして「厳島の戦い」や「月山富田城の戦い」などに勝利し、大友氏や尼子氏に代わって中国地方の覇権を制した。戦国時代の中国地方は、毛利氏を中心に動いていたといってよい。

毛利氏の家紋は「一文字に三つ星」で、ここから有名な「三本の矢」の逸話が出たとも考えられている。なお、このほかに10個近い家紋を使用しており、正親町天皇から賜った「十六葉菊」や「抱き沢瀉」などが見られる。

◆厳島の戦い◆

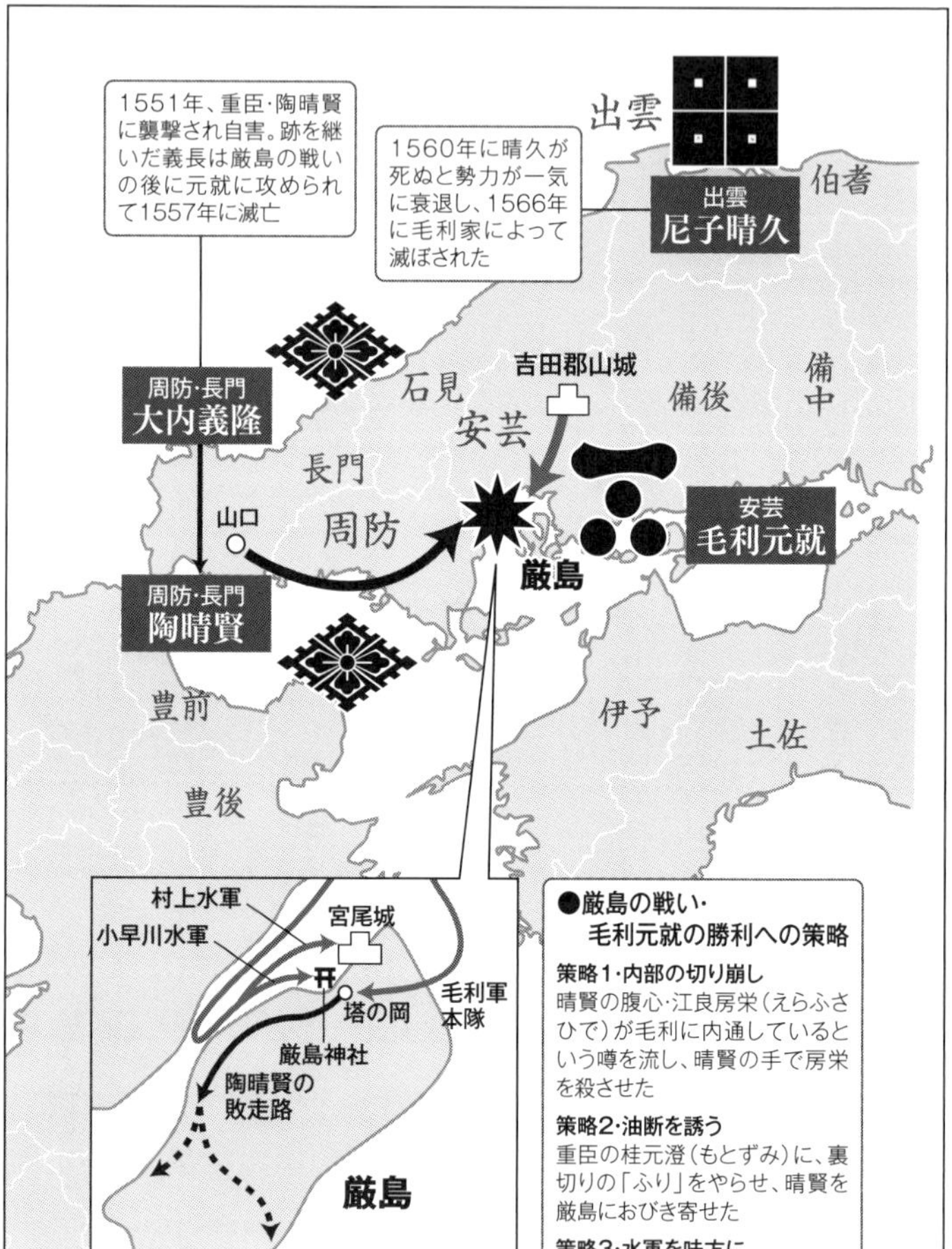

●厳島の戦い・
毛利元就の勝利への策略

策略1・内部の切り崩し
晴賢の腹心・江良房栄（えらふさひで）が毛利に内通しているという噂を流し、晴賢の手で房栄を殺させた

策略2・油断を誘う
重臣の桂元澄（もとずみ）に、裏切りの「ふり」をやらせ、晴賢を厳島におびき寄せた

策略3・水軍を味方に
厳島を包囲するため、伊予の村上水軍らの協力を取りつけた

●毛利元就をめぐる武将の家紋

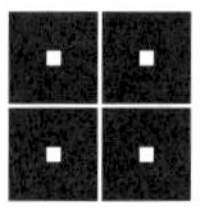

平四つ目結
尼子経久

大内菱
大内義隆・陶晴賢

三つ引両
吉川元春

左三つ巴
小早川隆景

MEMO

＊毛利氏が服属していた大内義隆は、中国4か国、九州2か国の守護を兼ね、本拠である周防（山口）は「西の京」と呼ばれるほど繁栄していた。陶晴賢は大内氏の一族で、一時は義隆と蜜月であったが後に折り合いが悪くなり、謀反を起こして義隆を殺してしまう。

●長宗我部元親

七つ片喰

長宗我部氏の祖先は、遠く秦の始皇帝を祖とする秦氏であると伝わる。秦氏の子孫・秦能俊《はたよしとし》が土佐国長岡郡の宗我部に住み、「長宗我部」を名乗ったという。家紋は「七つ片喰」で、土佐の役人として赴任する際、別れの盃に片喰の葉が浮いていたためとされている。

戦国時代の四国の主役である長宗我部元親は、若い頃は柔弱で「姫若子」と称されるほどであったが、やがて父・国親ゆずりの武者ぶりを発揮するようになる。岡豊《おこう》城を本拠に勢力を拡大し、土佐国を平定した。豊臣秀吉の四国征伐までは阿波、伊予、讃岐まで勢力を伸ばしていた。

その子・盛親は、「関ヶ原の戦い」で西軍に属して敗れ、さらに大坂の陣では豊臣方に参陣して討ち死にしている。

海戦に欠かせない水軍の家紋

海を挟んで攻防する地域の大名にとって、水軍は重要な兵力である。大内氏は肥前国の松浦党、毛利氏は瀬戸内海の村上水軍を味方につけていた。毛利元就の3男・隆景が家督を継いだ小早川氏も強力な水軍を有し「厳島の戦い」などで活躍している。そのほか、信長・秀吉お抱えの志摩国の九鬼水軍なども有名だ。

三つ星（松浦星）
松浦党

丸に上の字
村上氏（村上水軍）

折敷に縮み三文字
来島氏（村上水軍）

七曜
九鬼水軍

❖九州地方の戦国大名

九州地方には少弐氏、菊池氏、伊東氏、宗像氏など古くから勢力をふるった国人衆がいたが、戦国時代に入ると豊後国の大友氏、肥前国の龍造寺氏、薩摩国の島津氏が、旧勢力をしのいで覇を競った。

3氏の中から頭ひとつ抜きんでたのが島津氏で、「耳川の戦い」で大友氏を、「沖田畷の戦い」で龍造寺氏を破った。これにより、島津氏が九州を制圧したかにみえたが、豊臣秀吉の大軍勢の前に降伏することとなる。

抱き杏葉
大友氏

十二日足
龍造寺氏

丸に十字
島津氏

MEMO

＊大友氏は丹生島《にうじま》城（大分県臼杵市）を築いて本拠とし、南蛮船の入港を許しキリシタンを保護していた。この頃の当主・義鎮（宗麟）はキリシタン大名でもある。龍造寺氏は藤原氏の末裔とされる。島津氏は薩摩および大隈全域を支配していた。

❖信長の統一事業

戦乱の世に残った諸大名は、みな京都進出を狙っていた。中でも後北条氏（関東）、武田氏（中部）、上杉氏（北陸）、今川氏（東海）、毛利氏（中国）、長宗我部氏（四国）、島津氏（九州）などが有力であった。

織田信長は尾張の小大名だったが、豊かな濃尾《のうび》平野を根拠地にして、京都に近いという有利な条件と、他に先駆けて鉄砲隊を組織したことにより、全国統一の先陣を切ることが可能となった。そして１５６８年に足利義昭を奉じて、入洛一番のりを果たした。これは信長にとって天下制覇のための一行程であった。

また、旧来から強大な力を持っていた延暦寺、興福寺、一向宗《いっこうしゅう》などの仏教勢力に対しては厳しく弾圧し、徹底的に叩く姿勢を貫いた。

MEMO

＊信長がいち早く取り入れた鉄砲は、１５４３年に難破したポルトガル船から種子島に伝えられたのが最初である。その登場が戦を大きく変えた。戦国大名は、鉄砲の所有の多少によって勝敗が決まることが分かると、競ってこれを増やすようになった。

●織田信長

織田木瓜

織田氏は藤原氏流を称しており、これによれば織田氏の祖は、室町時代の武将・藤原信昌である。彼は越前国（福井県）守護の斯波氏に仕えた。しかし、斯波氏が尾張国の守護も兼ねていたので、信昌の子孫は尾張守護代として移住している。

尾張守護代の織田氏は、清州織田家と岩倉織田家に分かれた。清州織田家の3家老の1人である織田信秀の嫡男が信長である。

若い頃から奇矯な行動が多く、「尾張の大うつけ」と呼ばれた。しかし長じてから頭角を現し、桶狭間で今川義元を破って名を挙げて天下統一に乗り出す。家臣や敵対勢力などに冷酷な仕打ちをすることが多く、神仏をも恐れぬ非道ぶりであったという。その一方で、新規の商工業者に自由に営業させる政策「楽市楽座」による、経済の活性化を図っている。

なお、織田氏には桓武平氏の流れという説もある。こちらの場合は、平安末期の武将・平資盛《すけもり》の子・親真《ちかざね》が、越前国（福井県）織田荘にある劔《つるぎ》神社の神官の養子になり、越前織田氏につながるというものだ。

織田氏の家紋は木瓜で、とくに「織田木瓜」と呼ばれている。これは、織田氏が越前にいた頃、朝倉氏（家紋は「三つ盛り木瓜」）から妻を迎えた折に与えられたとされる。

MAP 信長の統一事業

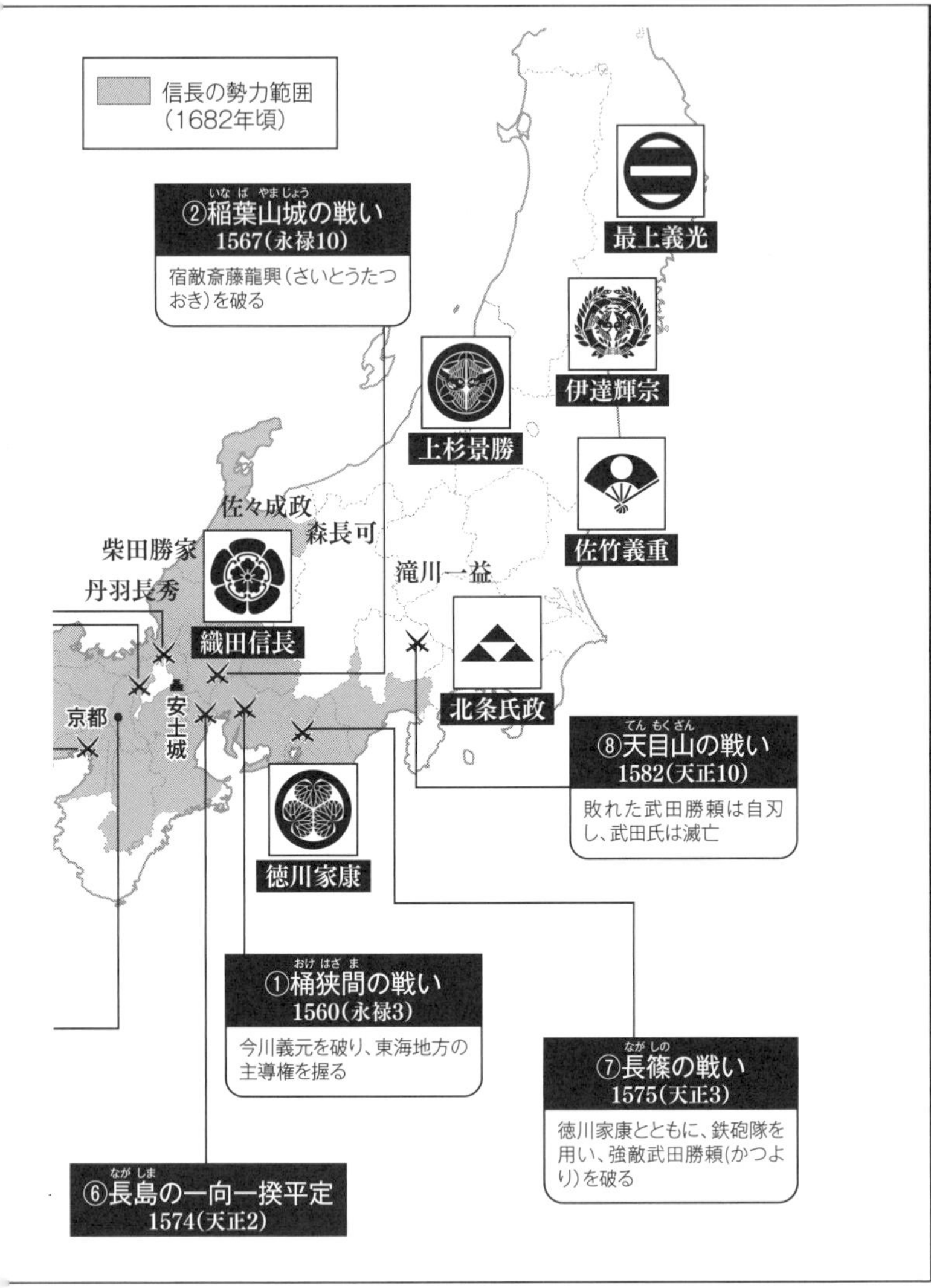

信長の勢力範囲
(1682年頃)
②稲葉《いなば》山城《やまじょう》の戦い
1567(永禄10)
宿敵斎藤龍興(さいとうたつおき)を破る
最上義光
伊達輝宗
上杉景勝
佐竹義重
佐々成政
森長可
柴田勝家
丹羽長秀
織田信長
滝川一益
北条氏政
京都
安土城
⑧天《てん》目山《もくざん》の戦い
1582(天正10)
敗れた武田勝頼は自刃し、武田氏は滅亡
徳川家康
①桶《おけ》狭《はざ》間《ま》の戦い
1560(永禄3)
今川義元を破り、東海地方の主導権を握る
⑦長篠《ながしの》の戦い
1575(天正3)
徳川家康とともに、鉄砲隊を用い、強敵武田勝頼(かつより)を破る
⑥長島《ながしま》の一向一揆平定
1574(天正2)

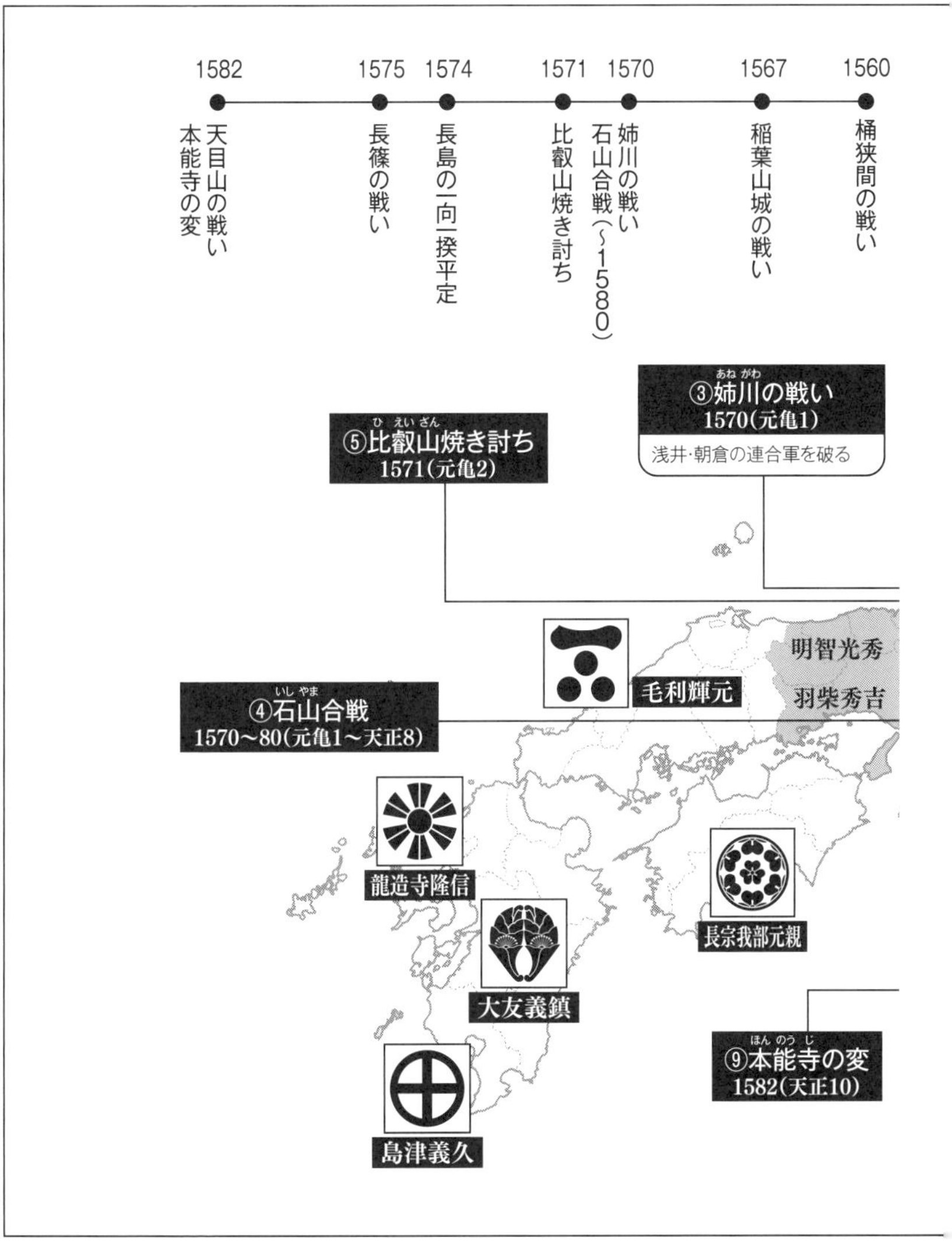
1560
桶狭間の戦い
1567
稲葉山城の戦い
1570
姉川の戦い
石山合戦（～1580）
1571
比叡山焼き討ち
1574
長島の一向一揆平定
1575
長篠の戦い
1582
天目山の戦い
本能寺の変
③姉川《あねがわ》の戦い
1570(元亀1)
浅井･朝倉の連合軍を破る
⑤比叡山《ひえいざん》焼き討ち
1571(元亀2)
明智光秀
羽柴秀吉
毛利輝元
④石山《いしやま》合戦
1570～80(元亀1～天正8)
龍造寺隆信
長宗我部元親
大友義鎮
⑨本能寺《ほんのうじ》の変
1582(天正10)
島津義久

●織田家の主な家臣の家紋

MEMO

＊信長の次男・北畠信雄《のぶかつ》は、「五三の桐」、3男の神戸信孝は「揚羽蝶」を使っている。両者とも政略的な意味もあり、名門の養子に入っている。

信長の覇業

１５４９年信長は、父・信秀の死を受けて家督を継いだ。「大うつけ」が当主となったことで、家臣の中には同母弟・信行を擁立する者も現れた。

信長は伯父の信光《のぶみつ》と結んで、信行を支持していた織田信友《のぶとも》が拠る清洲城を奪取した。ついで、挙兵した信行と戦って勝利を収め（稲生の戦い）、その後またしても謀反を企てた彼を誘殺《ゆうさつ》した。異母兄・信広《のぶひろ》も美濃の斎藤義龍と結んで信長を攻撃してきたが、これを降服させた。同じく義龍と結んでいた岩倉城の織田信安《のぶやす》も討ち、ようやく織田一族の統率を終え、尾張をほぼ統一することに成功した。

こうした合戦の間に、強力な家臣団が編成され、鍛えられていった。１５６０年の「桶《おけ》狭間《はざま》の戦い」が岩倉落城の翌年であったことと、これに勝利したことが、その後の信長の飛躍への大きな第一歩となったのだった。

●斎藤道三

撫子

道三は長《なが》井《い》新《しん》左《ざ》衛《え》門尉《もんのじょう》の子で京都山崎の油屋だったが、美濃にやってきて国盗りを成し遂げた人物とされる。

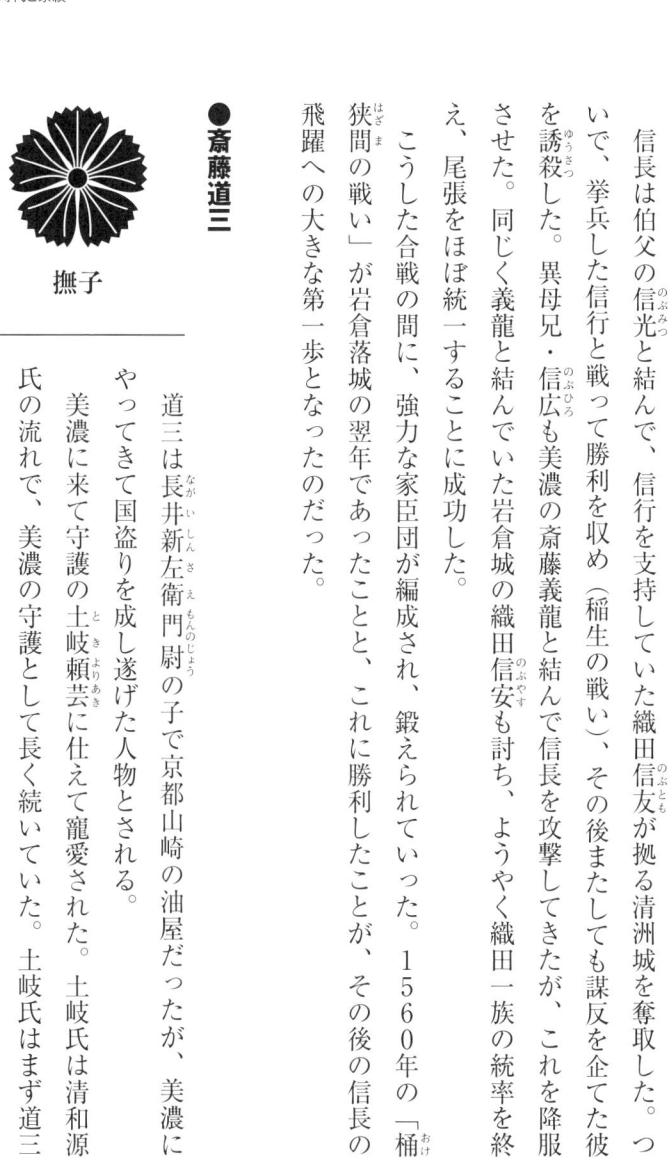

美濃に来て守護の土岐《とき》頼芸《よりあき》に仕えて寵愛された。土岐氏は清和源氏の流れで、美濃の守護として長く続いていた。土岐氏はまず道三に名家の長井家を相続させ、守護代・斎藤氏の名跡を継がせた。

しかし道三は次第に勢力を貯え、ついに土岐氏を追放して美濃一国を手中にしてしまった。そのやり口から「マムシ」と呼ばれ恐れられた道三であったが、最後は息子の義龍と争って敗れることになってしまった。

道三は、「尾張の大うつけ」と呼ばれた信長を見込んで後押しをしていた。娘（濃姫）を彼に嫁がせたほどである。信長がのし上がるまでに道三の力が大いに役立ったのはいうまでもない。

●今川義元

赤鳥

今川氏は、足利将軍家に連なる名門で、駿河を本拠とし遠江、三河を合わせた3国を領有する東海地方最大の実力者であった。

義元は駿河・甲斐・相模の三国同盟を締結し外憂を除き、商工業の自由化や金山開発など領内経営にも手腕を見せた。

こうして自領の東側が安定すると、今度は西側に照準を合わせる。そして1560年、尾張国への侵攻を開始した。しかし桶狭間で休息中に織田信長の奇襲に遭い、討ち取られてしまった（桶狭間の戦い）。

血筋・実力共に圧倒的なものを持ちながら、当時小大名にすぎなかった信長に敗れた義元。その後、戦国大名としての今川氏は滅亡し、本拠地・駿河は武田氏に渡っている。

家紋「赤鳥」は、「赤き鳥とともに軍を進めれば勝ち続ける」という神託に由来している。この図柄は馬の毛をすく垢取りで、漢字は当て字である。

●朝倉義景

三つ盛り木瓜

越前の戦国大名・朝倉氏は、平安末期には但馬《たじま》国（兵庫県）養父郡の豪族で、後に出石《いずし》郡朝倉に住み「朝倉」を称した。その子孫は越前の守護・斯波氏に仕えたが、「応仁の乱」後の下剋上の風潮に乗り、孝景《たかかげ》が斯波氏を押さえて越前一国を支配する戦国大名としての朝倉氏初代となった。

以後、朝倉氏は繁栄の一途をたどる。本拠の一乗谷城（福井県）には公家や文化人などが訪れて京文化の花を咲かせ、義景の頃には一乗谷文化と称された。

しかし、義景は台頭してきた織田信長と対立。やがて信長は一乗谷に侵攻する。だが、既に求心力を失っていた義景は、家臣たちに背かれ敗走。最後は付き従っていた従兄弟の朝倉景鏡《かげあきら》の裏切りに遭い自害した。

●浅井長政

三つ盛り亀甲

浅井《あざい》氏は、公家の正親町《おおぎまち》三条家の者が近江に流されたときの落《らく》胤《いん》・重政《しげまさ》が浅井郡に住んで、浅井氏を称したということになっている。浅井氏は北近江の守護・京極氏の家臣であったが、長政の祖父が下剋上を起こし、これを追い落としている。しかし長政の父の代になって南近江の守護・六角氏に敗れて以降、その傘下に入っていた。

これを不服とした長政はクーデターを実行。父を強制的に隠居させ家督を継ぎ、北近江支配を盤石のものとした。さらに、信長の妹・市をめとり、織田氏との同盟関係を結んだ。

しかし、越前朝倉氏との祖父の代からの同盟関係から信長に背き対立。「姉川の戦い」では信長軍に敗れ、1573年に本拠地の小谷城を攻め落とされ自害した。

長篠の戦い

駿河《するが》から遠江《とおとうみ》へ領国拡張をねらう武田信玄と、遠江の経営を目指して三河の岡崎から浜松へ移住してきた徳川家康《とくがわいえやす》の関係は急速に悪化していた。武田軍は徳川領への侵入を開始したが、そんな中、信玄が疫病《えきびょう》にかかって病死、子の勝頼《かつより》が家督《かとく》を継いだ。

家康は、武田方であった作手《つくで》城の奥平氏を味方につけ、武田、徳川の勢力の境にある長篠城も奪う。これが「長篠の戦い」の直接的な引金となった。

「長篠の戦い」は、徳川とその同盟相手・織田の連合軍が、三段構えの鉄砲一斉射撃で武田騎馬隊を破ったことで知られる。当時の鉄砲は先込めといって装填《そうてん》するのに時間がかかった。そこで、3千梃《ちょう》の鉄砲を3隊に分け交互に射撃する方法で、無敵といわれた武田の騎馬軍団を破った。武田軍の犠牲は大きく、山県昌景《やまがたまさかげ》、真田信綱《さなだのぶつな》、内藤昌豊《ないとうまさとよ》ら主力武将がつぎつぎに討死した。

軍配団扇
奥平信昌
（織田・徳川側）

三階笠
佐々成政
（織田・徳川側）

六文銭
真田信綱
（武田側）

丸に花菱
内藤昌豊
（武田側）

MEMO

＊押し太鼓の音に乗って殺到した武田軍の騎馬隊が、まさに馬防柵《ばぼうさく》を乗り越えようとしたとき、織田・徳川軍の鉄砲が一斉に火を噴く。一番手が弾込めに下ると、二番手の撃ち手が銃弾をあびせる。次いで三番手が撃つという手順で攻める。武田軍の騎馬隊が後退すると、織田・徳川軍の足軽《あしがる》隊が柵外に出て攻撃を仕掛けるという作戦であった。

本能寺の変

1582年、信長は中国筋に出陣して毛利氏を討つべく安土《あづち》を出立。わずかな手勢で本能寺に泊まるが、丹波から中国筋に向かうべき明智《あけち》光秀《みつひで》が、一転して本能寺を襲った。

信長は、光秀の「水色桔梗」の旗印に取り囲まれていることを知り、防戦したものの収めきれず、火を放ち自害した。

光秀が謀反を起こした理由については、数々の辱めを受けたから、朝廷とつながっていたからなど諸説ある。また、平氏の流れを汲む信長に征夷大将軍就任の働きかけがあり、源氏の流れを汲む光秀にとっては許しがたいことだったためともいわれる。

◆本能寺の変の際における主な武将の所在◆

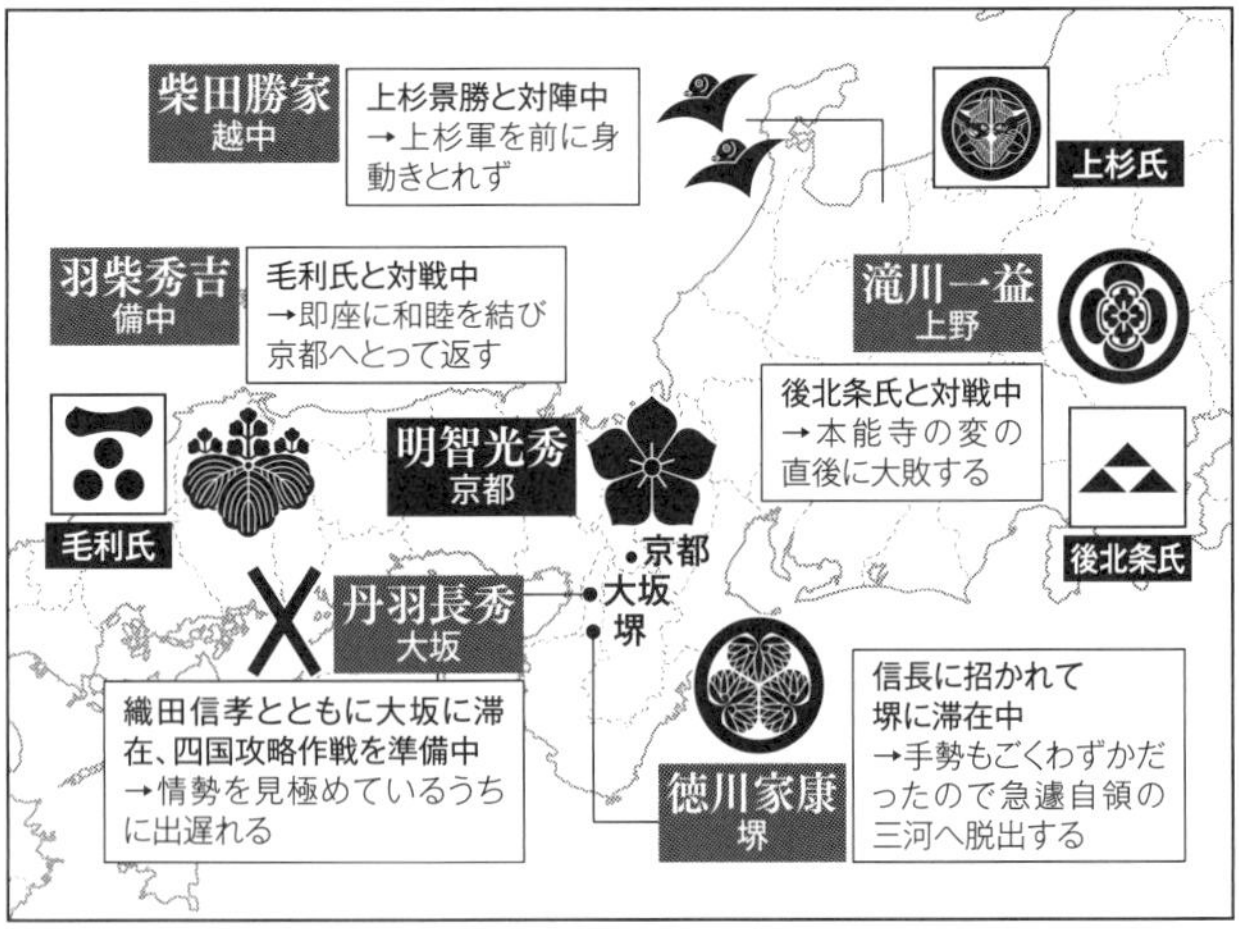

柴田勝家
越中
上杉景勝と対陣中
→上杉軍を前に身動きとれず
上杉氏
羽柴秀吉
備中
毛利氏と対戦中
→即座に和睦を結び京都へとって返す
滝川一益
上野
後北条氏と対戦中
→本能寺の変の直後に大敗する
後北条氏
毛利氏
明智光秀
京都
京都
大坂
堺
丹羽長秀
大坂
織田信孝とともに大坂に滞在、四国攻略作戦を準備中
→情勢を見極めているうちに出遅れる
信長に招かれて堺に滞在中
→手勢もごくわずかだったので急遽自領の三河へ脱出する
徳川家康
堺

●明智光秀

桔梗

明智氏は、美濃国に移住した源氏である土岐氏の支流である。

光秀が越前朝倉氏に仕えていたとき、足利義輝の弟・足利義昭、細川藤孝《ふじたか》（幽斎）と出会った。藤孝は織田信長の力を借りて、義昭を将軍の座につけることを考えていた。このとき信長への使者となったのが光秀で、信長に才能を見込まれ家臣になった。

中途採用ながら光秀はめきめきと頭角を現し、重臣の列に加わった。しかし１５８２年、本能寺の変を起こす。そして、変事を知り中国地方から引き返してきた秀吉に討たれた。

明智氏の家紋は、土岐氏ゆかりの桔梗である。これは「水色桔梗」といって、家紋としては珍しく色のついたものである。

●細川藤孝（幽斎）

幽斎《ゆうさい》の雅号でも知られる。父は三淵晴員《みつぶちはるかず》だが、７歳のときに父の兄である細川常元《つねもと》の養子となり、足利将軍家に仕える。将軍義輝が松永久秀らに暗殺された際、その弟・義昭を救出し近江へ逃れた。

やがて義昭を将軍に擁立した織田信長の勢力下に入り、明智光秀とともに丹波・丹後の

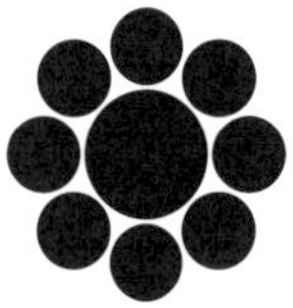

九曜

攻略などに参加。これらの功により、信長から丹後を与えられた。光秀とは大変親しく縁戚関係にもあったが、「本能寺の変」に際しては光秀に加勢せず、剃髪して信長への追悼の意を表した。その後、豊臣秀吉に迎えられ、武将として小田原征伐などに従う一方、千利休《せんのりきゅう》らとともに文人として寵遇された。

❖豊臣秀吉の天下統一

本能寺の変と、それに続く明智光秀の討伐（山崎の戦い）の後、清洲城で織田重臣が列席して、遺領の分配と織田家の後継者を決める会議が開かれた（清洲会議）。

織田家の筆頭家臣で、大きな発言力を持っていた柴田勝家は、信長の庶子である神戸信孝を推し、秀吉は信長の長男の子・秀信を推した。秀吉は、これまで織田家の一家臣にすぎなかったが、本能寺の変後の迅速な対応により、家臣の支持を集めるようになっていた。その秀吉が推挙したということと、庶子より血統が優れているということで秀信を次期当主とすることが決定した。

これにより秀吉は、信長の実質的な後継者となり、統一事業を継ぐこととなった。

●豊臣秀吉

五三桐

太閤桐

秀吉は尾張国（愛知県）中村郷の農民、木下弥右衛門《きのしたやえもん》の子として生まれたとされる。母は弥右衛門と死別したあと再婚したが、秀吉はこの継父と折り合いが悪く、家出して各地を放浪していた。

信長に仕えてからの秀吉は、持ち前の才覚でとんとん拍子に出世していった。そのきっかけは、一夜にして築いたという墨俣《すのまた》城の築城であったとされる。

1582年、中国地方で毛利氏を攻めていた秀吉は、本能寺の変の知らせを受けるとすぐさま京都へ取って返し（中国大返し）、京都に近い山崎で明智光秀を討っている。

その後は織田家臣内での勢力争いで勝ちあがり、信長の実質的な後継者の地位を確立する。越前の柴田勝家、四国の長宗我部氏、九州の島津氏、小田原の後北条氏を討ち、伊達政宗らも従えて、1590年に豊臣秀吉の全国統一が完成する。

秀吉の家紋は桐が有名だが、これは羽柴時代に信長から「五三桐」を与えられたことによる。「太閤桐」は、天下を統一してから創作したものだという。

MAP 秀吉の統一事業

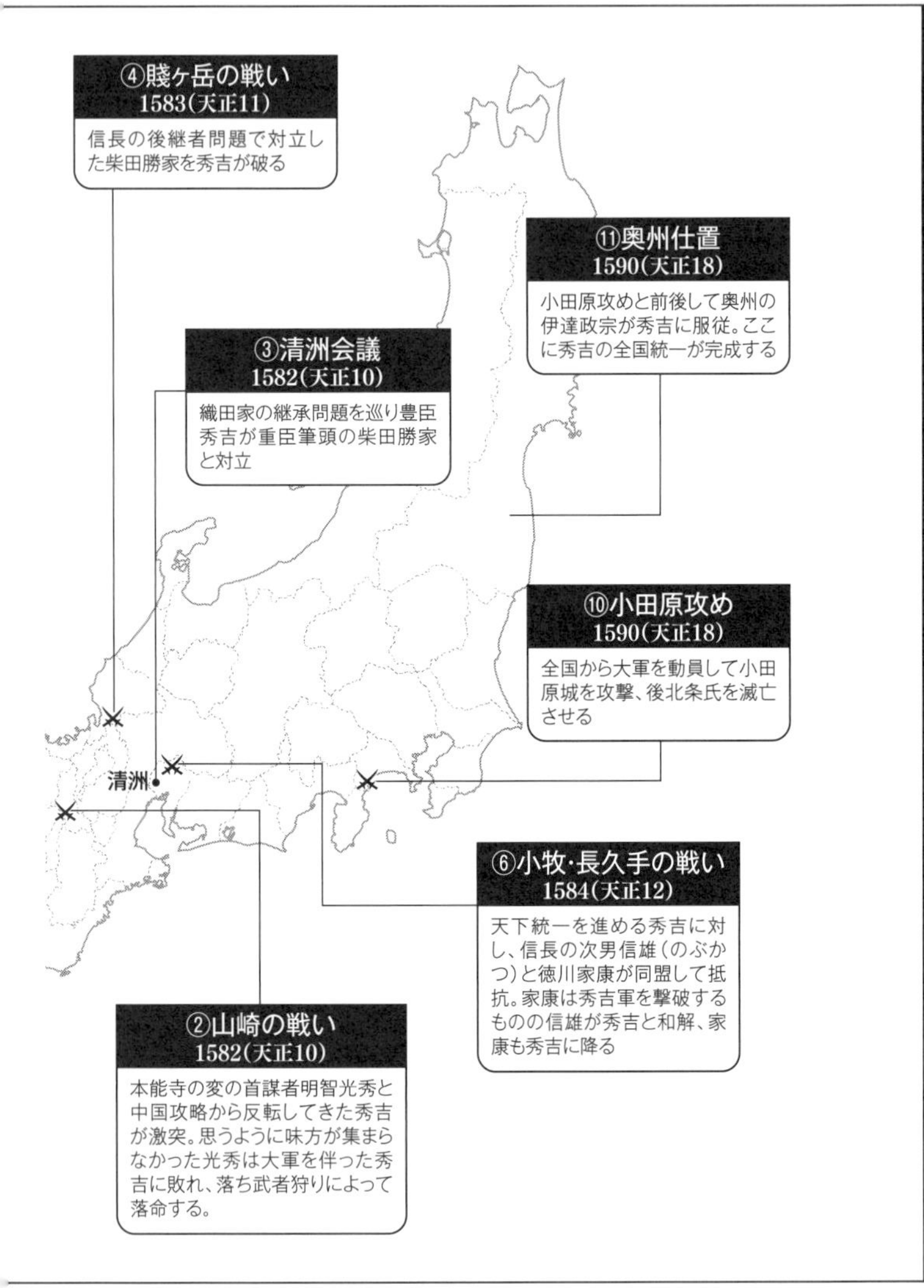

④賤ヶ岳の戦い
1583(天正11)
信長の後継者問題で対立した柴田勝家を秀吉が破る
⑪奥州仕置
1590(天正18)
小田原攻めと前後して奥州の伊達政宗が秀吉に服従。ここに秀吉の全国統一が完成する
③清洲会議
1582(天正10)
織田家の継承問題を巡り豊臣秀吉が重臣筆頭の柴田勝家と対立
⑩小田原攻め
1590(天正18)
全国から大軍を動員して小田原城を攻撃、後北条氏を滅亡させる
清洲
⑥小牧・長久手の戦い
1584(天正12)
天下統一を進める秀吉に対し、信長の次男信雄(のぶかつ)と徳川家康が同盟して抵抗。家康は秀吉軍を撃破するものの信雄が秀吉と和解、家康も秀吉に降る
②山崎の戦い
1582(天正10)
本能寺の変の首謀者明智光秀と中国攻略から反転してきた秀吉が激突。思うように味方が集まらなかった光秀は大軍を伴った秀吉に敗れ、落ち武者狩りによって落命する。

- 1582　本能寺の変／中国平定／山崎の戦い／清洲会議
- 1583　賤ヶ岳の戦い／大坂城築城（～1585）
- 1584　小牧・長久手の戦い
- 1585　紀伊平定／四国平定／関白に任命
- 1586　太政大臣に任命／豊臣姓を賜る
- 1587　九州平定
- 1588　刀狩令
- 1590　小田原攻め／奥州仕置（全国統一完成）
- 1591　検地帳の提出を命ずる

①中国平定
1582（天正10）

高松城攻撃中に本能寺の変が起こる。秀吉はただちに高松城主清水宗治の切腹を条件に毛利方と講和、京都に引き返す。これがいわゆる「中国大返し」である

⑤大坂城築城
1583～85（天正11～13）

石山本願寺の跡地に築城する

⑦紀伊平定
1585（天正13）

大軍をもって根来寺・雑賀に攻め入り、紀伊半島南端までを制圧する

⑨九州平定
1587（天正15）

急激に勢力を拡張した薩摩の島津氏に圧迫された大友宗麟が秀吉に援助を要請。秀吉は島津義久に降伏勧告をするが拒絶されたため、九州に本格的に侵攻。20万の軍勢で圧倒し、義久を降伏させる

⑧四国平定
1585（天正13）

四国を平定した長宗我部元親に所領の一部の返上を命令し、拒絶されると10万以上もの大軍で攻め入り、元親を降伏させる

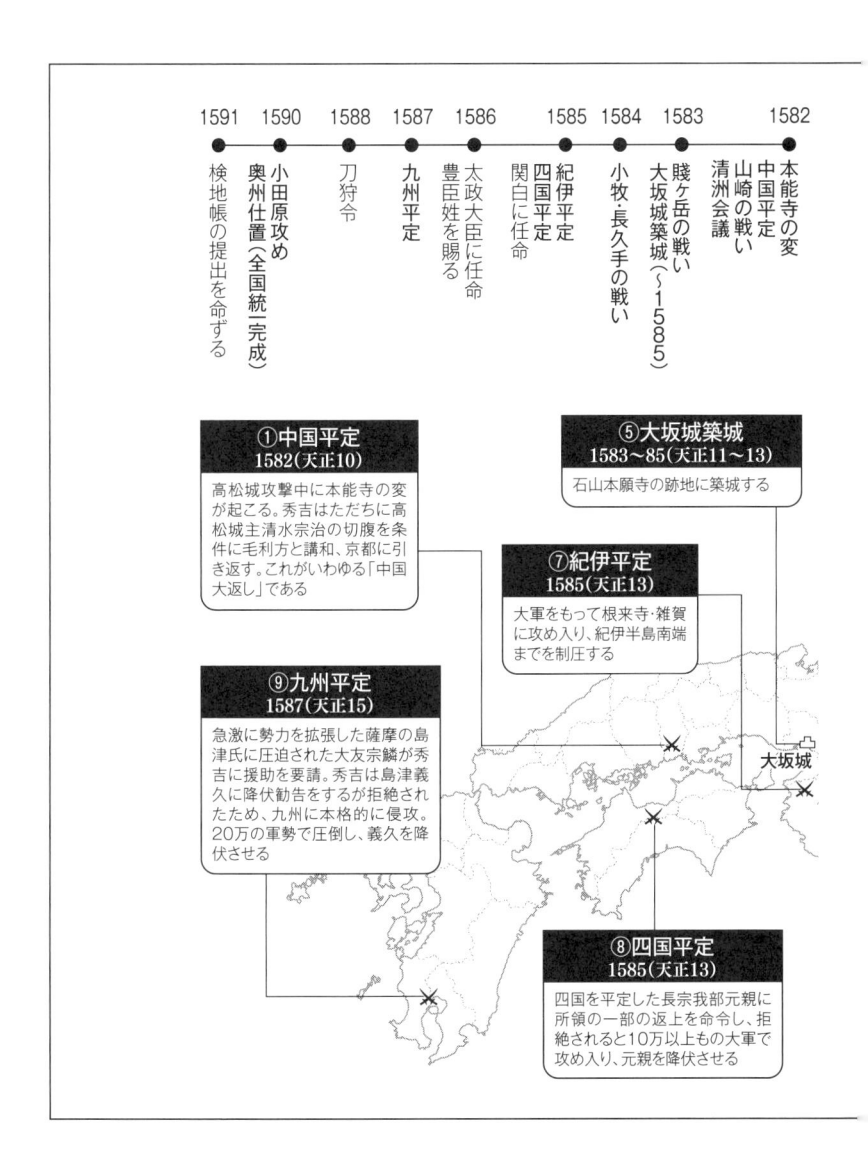

●柴田勝家

二つ雁金

信長の父・信秀の代から織田家に仕える重鎮。信秀死後の家督争いでは、信長の弟・信行(信勝)方につくが、後に見限り信長に臣従する。その経緯から当初は用いられなかったが、やがて重用された。しかし信長の死後、権勢を強めた秀吉と清洲会議で対立し、「賤ヶ岳の戦い」(1583年)で敗北する。

勝家は、信長の妹で浅井長政の妻であった市をめとっていた。敗戦後、本拠の北ノ庄城(福井市)で市に逃げるよう諭したが彼女は聞き入れず、勝家とともに自害した。北ノ庄では、家紋の「二つ雁金」は勝家と市の魂だといわれている。

●蜂須賀正勝(小六)

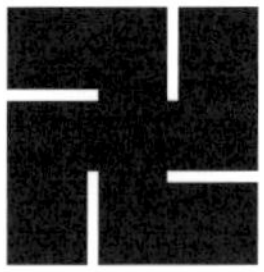

万字

蜂須賀氏は、足利氏の流れが尾張国蜂須賀村に住んで「蜂須賀」を称したとするなど、諸説ある。

正勝については、『太閤記』などに野盗の出と書かれたり、木曽川流域の土豪を束ねて水運業を営む川並衆の頭目とされたり、こちらも諸説ある。

木下藤吉郎時代の秀吉の出世のきっかけである墨俣城築城の際は、正勝の協力が大きな力になっている。独立勢力として存在していた正勝は、以来信長に属することになり、やがて秀吉に従って軍功を挙げ、秀吉と共に出世している。この頃は、槍働きよりもむしろ参謀として手腕を発揮した人物とされている。

後には阿波17万５千石の大名になり、子孫は明治維新まで続いた。

●石田三成

大一大万大吉

石田氏は近江国坂田郡石田の土豪であった。

三成は幼少時に観音寺（滋賀県米原市）に預けられ、そこでの応対及び気配りが秀吉の目にとまり、仕官のきっかけを得たといわれている。

三成は、軍事面よりもむしろ文官としての面に能吏ぶりを発揮し、九州征伐の兵站奉行《へいたんぶぎょう》、朝鮮出兵の舟奉行、さらに太閤検地《たいこうけんち》などでその手腕《しゅわん》は高く評価された。秀吉の五奉行の一人として秀吉の内政面の実質的な担当者であった。

秀吉の死後は徳川家康の脅威に対抗し、豊臣政権を守るために挙兵。「関ヶ原の戦い」では西軍を実質的に支配する。しかし格上の大名たちを統率できず、多くの内通・裏切りに遭い敗北した。

家紋の「大一大万大吉」は、「一人が万民のために、万民が一人のために尽くせば天下大吉となる」という意味がある。勝利の念願、縁起のよさから家紋として用いられるようになったと考えられる。

●黒田孝高（如水）

藤巴

「官兵衛」の通称で知られる黒田孝高は、信長の全盛時代に秀吉の配下となる。秀吉が毛利氏攻めの総大将に任じられたときも、軍師としてその才能をいかんなく発揮した。
孝高は、秀吉が「官兵衛こそ秀吉死後に天下を取る者」といったと聞くと、彼が自分を警戒していると察知。ただちに剃髪して如水と号し、隠居を願い出て、家督を嫡子・長政に譲った。しかしその後も秀吉の希望により、軍師として活躍し続けた。
黒田氏の家紋「藤巴」は、孝高の父・職隆《もとたか》が主家・小寺氏から小寺姓とともに賜ったとされる。

●安国寺恵瓊

割り菱

恵瓊《えけい》は安芸《あき》安国寺の僧で安芸守護・武田信重《のぶしげ》の遺児とされる。教養と学識が高く、毛利氏の外交官的役割を果たしていた。

毛利氏と豊後《ぶんご》国の大友氏や羽柴秀吉との和睦を成立させるなど活躍していたが、秀吉の九州征伐の後に伊予6万石を与えられ、僧侶でありながら大名という身分になった。


豊臣氏と毛利氏を取り持つ間に石田三成と懇意になった恵瓊は、「関ヶ原の戦い」の際には三成に請われ、西軍大将に毛利輝元を担ぎ出すことに成功する。そして自らも毛利方の将として一軍を率いたが敗北、捕らえられて京都で斬首された。

恵瓊は信長が全国統一を進めていた頃に、彼の横死と秀吉の躍進を予見していたといわれるが、真偽の程は定かではない。

●加藤清正

清正《きよまさ》は秀吉と親戚関係にあり、その縁で秀吉に仕えた。親類縁者の少ない秀吉は清正を快く迎えかわいがったという。

秀吉の恩義に報いるかのように活躍する清正は、やがて「賤ヶ岳の戦い」で手柄を立て、その後の合戦にも武勇を示している。所領の肥後では新田開発や治水工事、南蛮貿易などを行い善政を敷いた。また、築城の名手でもあり、名城・熊本城を築いたのも彼である。

朝鮮の役の際に石田三成や小西行長ら文治派と衝突し、このときのこじれがもとで後の「関ヶ原の戦い」では東軍につくことになる。結果的に豊臣家を裏切る形になった清正だが、家康と豊臣秀頼との会見を取り持ち和解を斡旋するなど、豊臣家には終生忠誠を尽くした。

蛇の目

●福島正則

福島沢瀉

正則《まさのり》の父・正信《まさのぶ》は、尾張国海東郡（愛知県あま市）に住み、秀吉に仕えた。母は秀吉の叔母とされている。

そのような環境のもと、正則は秀吉の子飼いとして育ち、徐々に頭角《とうかく》を現す。「賤ケ岳の戦い」では一番槍の功名をあげ、秀吉から5千石を与えられている。その後各地で戦功をあげ、やがて尾張国清洲城24万石を得る。

秀吉亡き後は、不仲だった石田三成らと対立。そのため「関ヶ原の戦い」では、心情的には豊臣方であったにもかかわらず三成憎しで東軍に属した。

戦後は安芸広島42万６千石を領して広島藩主となったが、後に城の無断修築のかどで改易された。これは、親豊臣系の大名である正則に対する幕府の警戒が、真の理由であったとされている。

秀吉の全国統一

「賤ヶ岳の戦い」で柴田勝家、神戸信孝を破った秀吉は畿内を掌握し、１５８５年に権威の象徴ともいえる名城・大坂城を築いた。石垣には大名家の家紋が多数刻印されており、多くの大名が寄進していたことが分かる。

その後、朝廷から豊臣姓と関白・太政大臣の位を得た秀吉は、各地に残る敵対勢力の制圧に乗り出した。紀伊に独自の体制を築き、秀吉の全国統一に反発していた根来寺《ねごろじ》と雑賀《さいが》衆のせん滅を皮切りに、四国の覇者・長宗我部元親、前田利家と対立していた織田家旧臣の佐々《さっさ》成政、九州の島津義弘らを、大軍を送り込んで次々と降伏させた。

ついで最後の大敵・後北条氏を平らげると、東北の雄・伊達政宗を臣従させて、ついに全国統一を成し遂げた。

秀吉は進軍の手を中国大陸まで伸ばすべく、1592年に朝鮮半島へ出兵する（文禄・慶長の役）。しかし、長引く戦況に実際に戦う加藤清正ら武断派と、官僚である石田三成ら文治派が対立。秀吉の死によって撤退することとなったが、この怨恨が「関ヶ原の戦い」にもつながっていくことになる。

●前田利家

加賀梅鉢

前田氏は菅原道真《すがわらみちざね》の後裔を称している。そのため、家紋も道真ゆかりの梅を用いている。

利家《としいえ》は織田信長に仕え、1569年に信長の命によって病弱な兄・利久《としひさ》に代わって家督を継いだ。

「賤ヶ岳の戦い」では、柴田勝家の与力であったが秀吉方に寝返り勝利を演出。その後、秀吉政権下で着々と勢力を伸ばし、五大老の一人になった。秀吉から金沢城を与えられた利家は、加賀百万石の大大名として北陸に君臨することとなる。

秀吉亡き後、増長する徳川家康をけん制し、石田三成と反三成派との対立を抑えた。さしもの家康も利家を敵に回すことはできなかったが、利家が亡くなると歴史は一気に「関ヶ原」へとなだれ込むことになる。

関ヶ原の戦い

秀吉が１５９８年に死去すると、次期政権を狙う徳川家康と、秀吉の子・秀頼および豊臣政権を守ろうとする石田三成らが衝突した（関ヶ原の戦い／１６００年）。

この戦いは、各国の大名のほとんどが徳川方の東軍、石田（豊臣）方の西軍に分かれて争い、終戦後に豊臣氏の権力がほぼ家康のものになったことから「天下分け目の戦い」といわれている。

全国各地で両陣営に分かれた大名同士がぶつかり合い、徳川と石田（豊臣）の「代理戦争」の様相を呈した。なお、秀吉の家臣であった者たちのうち加藤清正や福島正則などの武断派は、三成への強い反感から東軍へ属している。

関ヶ原に布陣した東軍と西軍は、しばらくにらみあっていたが、やがて東軍の発砲を合図に一斉に攻撃が始まった。優勢にあった西軍が、参戦していない毛利軍や島津軍などに向けて援軍ののろしをあげたが、彼らは動かなかった。毛利軍の武将・吉川広家は、西軍の総大将である毛利家の存続を家康に約束されていたため東軍に寝返り、島津軍は出陣拒否、さらに小早川秀秋軍の裏切りによって形勢は逆転、合戦は１日で決着がついた。

そして１６０３年、勝利と実権を手にした家康は江戸に幕府を開いたのであった。

MAP 関ヶ原の戦い

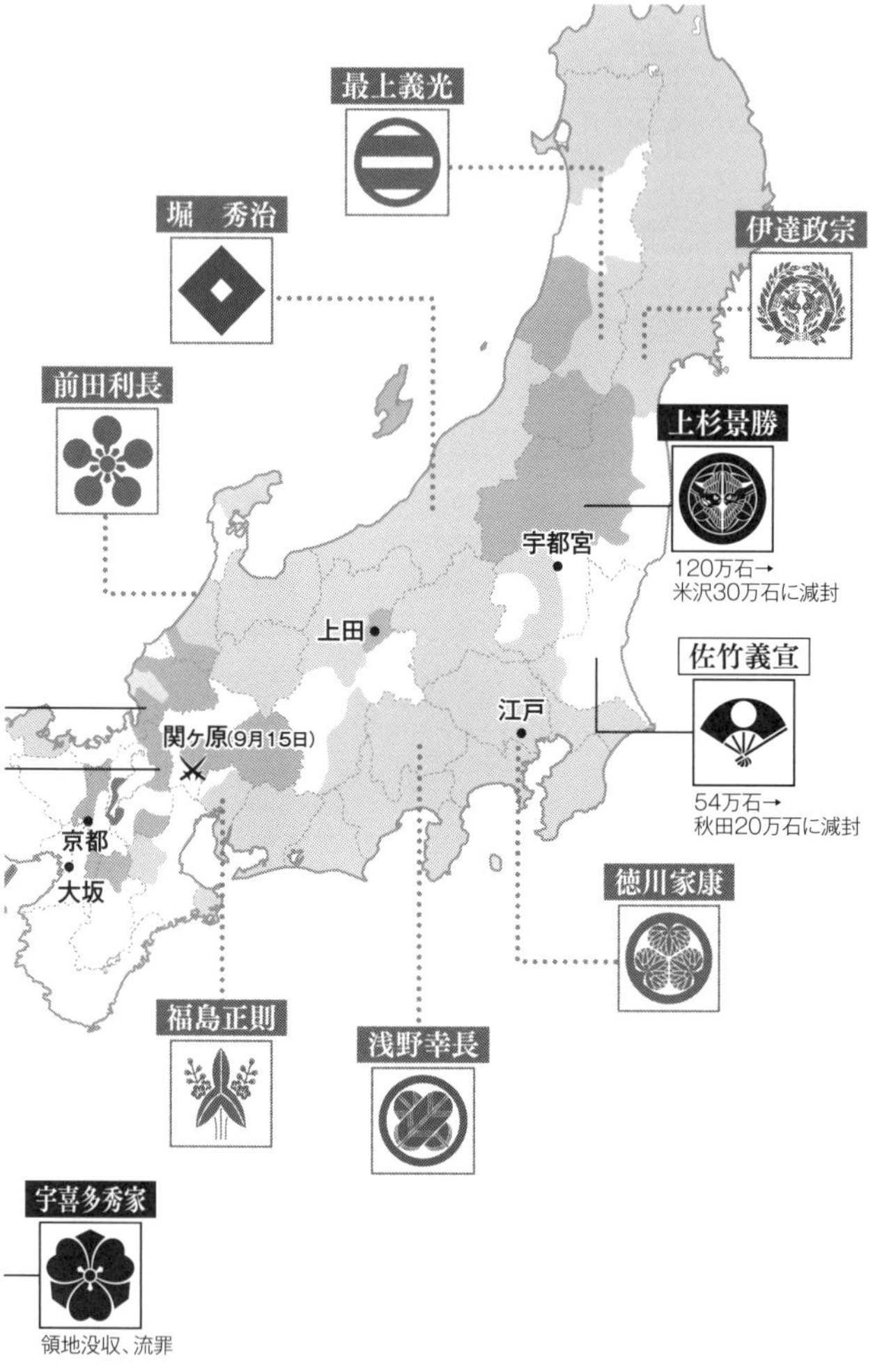

最上義光
堀　秀治
伊達政宗
前田利長
上杉景勝
宇都宮
120万石→
米沢30万石に減封
上田
佐竹義宣
江戸
関ヶ原(9月15日)
54万石→
秋田20万石に減封
京都
大坂
徳川家康
福島正則
浅野幸長
宇喜多秀家
領地没収、流罪

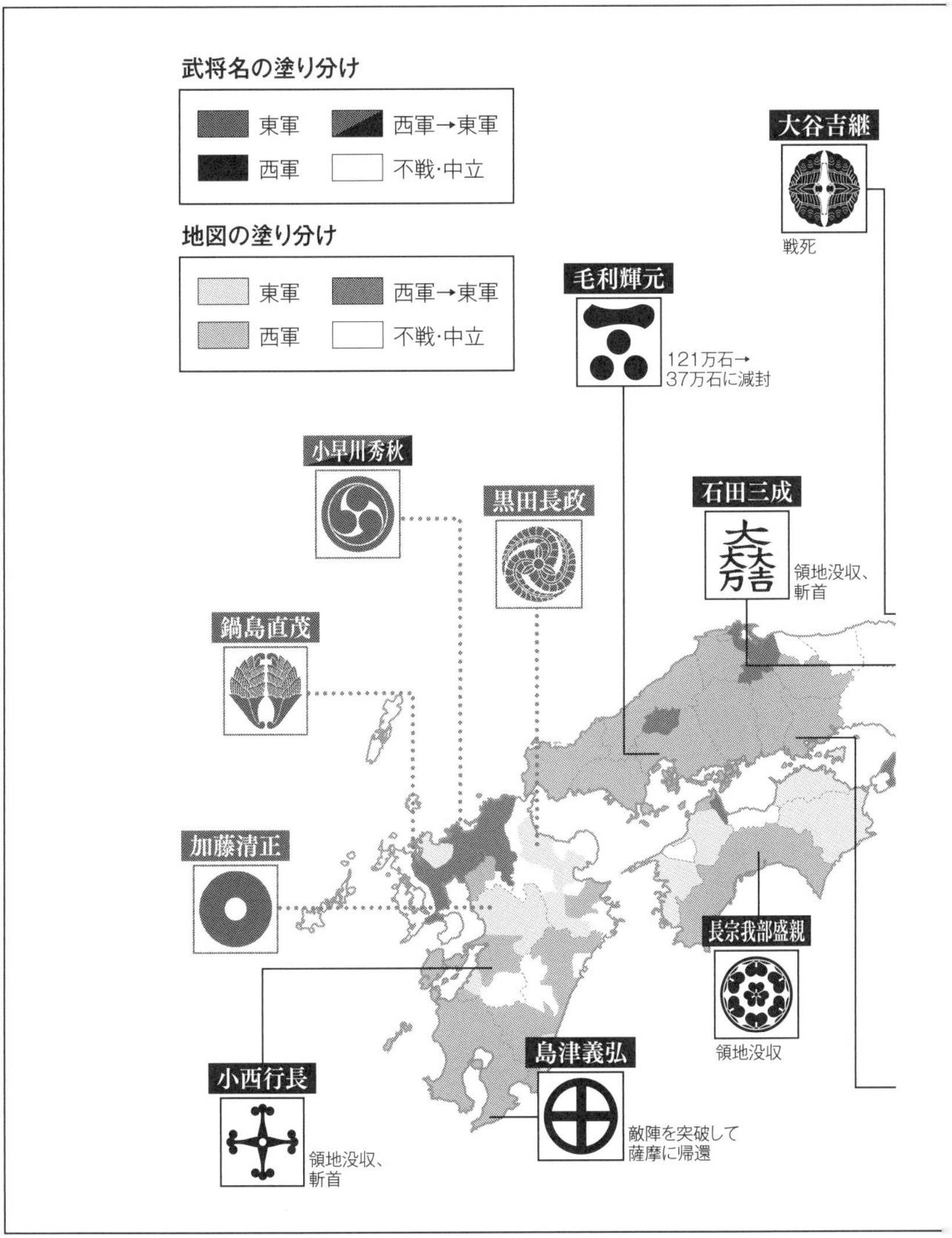
武将名の塗り分け
東軍
西軍→東軍
西軍
不戦・中立
地図の塗り分け
東軍
西軍→東軍
西軍
不戦・中立
大谷吉継
戦死
毛利輝元
121万石→
37万石に減封
小早川秀秋
黒田長政
石田三成
領地没収、
斬首
鍋島直茂
加藤清正
長宗我部盛親
領地没収
島津義弘
敵陣を突破して
薩摩に帰還
小西行長
領地没収、
斬首

武将家紋便覧❷ 戦国編

細川勝元《ほそかわかつもと》（1430〜1473）

九曜

16歳で管領に任命されて以降、生涯その座にあった。実力者の山名持豊の娘を娶《めと》りその座を揺るぎないものにしたが、やがて持豊と対立。このこじれが、応仁の乱の遠因となった。和歌・絵画にも優れる文化人。

山名持豊《やまなもちとよ》（宗全《そうぜん》）（1404〜1473）

二つ引両

没落していた山名氏を嘉吉《かきつ》の乱の手柄で復興させた。娘婿の細川勝元と幕政をめぐって対立し、応仁の乱の一方の大将となる。赤ら顔だったことから「赤入道」とも呼ばれたが、風流を解する文化人でもあった。

斯波義敏《しばよしとし》（1435〜1508）

二つ引両

越前国・尾張国・遠江《とおとうみ》国の守護。家督を継いだものの、父の養子である義廉《よしかど》にその座を奪われる。このいきさつには、将軍や管領の細川勝元らが複雑に絡んでおり、応仁の乱へ至る一因にもなった。

畠山政長《はたけやままさなが》（1442〜1493）

二つ引両

管領・畠山持国の甥で、持国の実子である義就《よしなり》と家督を争った。結果、管領に任命されたものの、山名持豊らが義就を擁立したため、罷免される。これを不服として挙兵し、応仁の乱の直接の原因をつくった。

北条早雲《ほうじょうそううん》（1432〜1519）

三つ鱗

伊勢新九郎長氏を名乗る戦国大名で、後北条氏の祖。堀越公方足利家の暴君・茶々丸を討ち、東国に戦国期の幕開けをもたらした。その後、相模国を制圧する。北条を称するのは、早雲の嫡男・氏綱の代から。

太田《おお》《た》道灌《どう》《かん》（１４３２～１４８６）

太田桔梗

関東管領上杉氏の一族・扇谷上杉家の家宰。その働きにより主家の勢力が拡大し、伴って道灌の力も大きくなったが、下剋上を恐れたとみられる当主・定正によって暗殺された。江戸城を築城した人物としても知られる。

上杉《うえ》《すぎ》定正《さだ》《まさ》（１４４３～１４９４）

竹に二羽飛雀

扇谷上杉家当主。太田道灌を家臣として勢力を広げたが、道灌の高い声望が猜疑《さいぎ》を生み、館に招いて誅殺してしまう。これにより、道灌の子をはじめ多くの家臣が離反。定正は苦境に立たされることとなった。

諏訪《す》《わ》頼満《より》《みつ》（１４８０～１５４０）

三つ葉根あり梶の葉

諏訪氏は代々、南信濃の諏訪神社の大祝を務めた家である。頼満はその中興の名将。己の属する惣領家と、大祝家に分裂していた家を一つにまとめ、祭政一致の権威のもと、破竹の勢いで諏訪地方を支配した。

長尾《なが》《お》為景《ため》《かげ》（１４７１～１５３７）

九曜巴

上杉謙信の実父。越後国の守護代だったが、主君の守護大名・上杉房《ふさ》能《よし》を自害に追い込み、国政を牛耳る。下剋上の代表格の一人であるが、朝廷や幕府などの権力には抗わず、献金なども多く行っていた。

村上《むら》《かみ》義清《よし》《きよ》（１５０１～１５７３）

丸に上の字

戦国大名としての村上氏の最後の当主。信玄の進軍に対し、２度の勝利を収めた勇将でもある。北信濃を支配したが、武田方の謀略や内部の謀反などで崩れて謙信に援護を求め、その後は上杉氏の家臣になった。

津軽《つがる》為《ため》信《のぶ》（1550～1607）

津軽牡丹

弘前藩の初代藩主。南部氏から離反し、津軽地方を奪う。秀吉に謁見してその所有権を得たほか、公家・近衛家から「牡丹紋」の使用を許可された。もとは大浦氏であったが、所領を得た頃に津軽に改めている。

南部《なんぶ》信直《のぶなお》（1546～1599）

南部鶴

早くから秀吉、家康に近付いた陸奥国の戦国大名。津軽地方の支配権を巡って激しく争っていた津軽為信に領地を奪われた際、謀反人として訴えるも棄却されてしまう。奥州《おうしゅう》仕置《しおき》では、浅野長政とともに先鋒を務めた。

北条《ほうじょう》氏康《うじやす》（1515～1571）

三つ鱗

北条早雲を祖とする後北条氏の３代目。関東のほぼ全域を掌握し、後北条氏の最盛期を築いた名君である。後に上杉氏や武田氏とも対立、抗争が起こるものの、堅城小田原城を本拠に相模を死守、勢力を拡大させた。

里見《さとみ》義弘《よしひろ》（1530～1578）

二つ引両

安房・上総・下総国に勢力を広げ、里見氏の最盛期を築き上げた戦国大名。後北条氏は父・義堯《よしたか》の代から徹底的に対立した宿敵で、上杉氏や武田氏と同盟を結んでたびたび刃を交えたが、１５７７年に和睦している。

宇都宮《うつのみや》広綱《ひろつな》（1543～1580）

右三つ巴

摂関家・藤原道兼の流れを汲む下野国の大名。幼い頃に父と死に別れ、家臣に育てられる。上杉氏との同盟から、後北条氏や後北条側の諸大名と対立。佐竹氏と同盟を結び、後北条氏の侵攻から独立を守っている。

高《たか》梨《なし》政《まさ》頼《より》（？〜？）

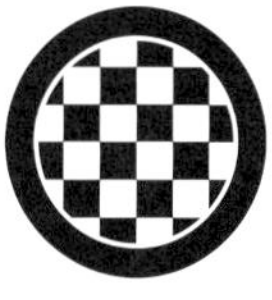

石畳

信濃に所領を持つ武将。信玄に攻め込まれた折、救援のために駆けつけた長尾景虎により窮地を脱する。以来、小笠原氏、村上氏とともに長尾氏（上杉氏）を頼った。その後は上杉氏、小笠原氏の家臣として戦功を挙げた。

蘆《あし》名《な》盛《もり》氏《うじ》（1521〜1580）

三つ引両

武勇に優れた陸奥国の武将。国内を統治し、対外的には後北条氏や伊達氏と結んで諸武将を撃破した。その後、伊達氏に並ぶ大名となったが、子に恵まれなかったため、盛氏の死によって蘆名氏は衰退することとなる。

武《たけ》田《だ》信《しん》玄《げん》（1521〜1573）

割り菱

戦国最強と目された武田騎馬軍団を率いた「甲斐の虎」。生涯のライバル・上杉謙信と対決した川中島の戦いがよく知られる。孟子などの思想に親しんだ善政家でもあり、新田開発や金貨の製造などで領国を発展させた。

上《うえ》杉《すぎ》謙《けん》信《しん》（1530〜1578）

竹に二羽飛雀

卓抜した軍才とカリスマ性を備えた、生涯負け知らずの「越後の龍」。義に厚く、信玄に国を追われた信濃の武将や、後北条氏に敗れた上杉憲政に忠義立てして進撃、武田氏や後北条氏らとの戦いに明け暮れた。

斎《さい》藤《とう》道《どう》三《ざん》（1494?〜1556）

撫子

僧から油商人を経て、戦国大名にまで成り上がった「美濃のマムシ」。謀略をもって主君の土岐氏を乗っ取った下剋上の代名詞とされる人物であるが、家督を譲った子の義龍《よしたつ》と不和になり争った後に殺害された。

三好《みよし》長慶《ながよし》（1522〜1564）

三階菱

畿内・阿波の戦国大名。室町幕府の管領を務める細川氏の家臣であったが、これを追放し、将軍を傀儡《かいらい》とすることで幕府内での政権を掌握した。三好氏は、河内源氏の傍系である甲斐源氏の名族・小笠原氏の庶流。

松永《まつなが》久秀《ひさひで》（1510?〜1577）

蔦

斎藤道三と並ぶ戦国の梟雄《きょうゆう》。三好長慶に仕えたが、長慶の死後は将軍・足利義輝を殺害して畿内を支配した。信長の上洛に伴いその家臣となるが、反逆して敗れる。歌や茶に秀でる文化人でもあったようだ。

六角《ろっかく》義賢《よしたか》（1521〜1598）

隅立て四つ目結

近江国の大名。足利義輝や細川晴元側について三好長慶と戦ったときや、従属下にあって反旗を翻した浅井氏と戦ったときなど負け戦が多い。最終的には、信長率いる織田軍との戦いに敗れ、降伏した。

松浦《まつら》隆信《たかのぶ》（1529〜1599）

三つ星（松浦星）

松浦水軍として名をはせた松浦党の傍流・平戸松浦氏の出身。父の代で総領家や他家をしのぐようになり、隆信の代で松浦半島を統一して戦国大名となった。大内義隆から「隆」の字をもらい、隆信を名乗った。

村上《むらかみ》武吉《たけよし》（1533?〜1604）

丸に上の字

能島、因島、来島の三島に勢力を持つ村上水軍の宗家頭領。武吉の本拠は能島だが、三島が独自に行動することも多かった。遊軍的な性格が強かったが、厳島の戦いで毛利方について以来、毛利氏との関係を深めた。

来《くる》島《しま》通《みち》康《やす》（1519〜1567）

折敷に縮み三文字

村上水軍のうち、来島を率いる。伊予国の河野氏の家臣であり、縁戚関係を結んだ。当時の当主・通直から厚く信頼され、河野姓を名乗ることを許されたという。厳島の戦い以降、毛利方の援軍として活躍した。

尼《あま》子《ご》経《つね》久《ひさ》（1458〜1541）

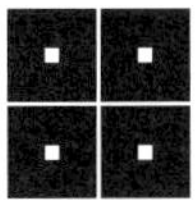

平四つ目結

出雲《いずも》国守護代で、尼子氏全盛期の当主。毛利元就に並ぶ策略家で、北条早雲と同時期に下剋上を起こしている。寺領横領の罪で追放されるも計略によって奪取、出雲国を支配した。周防《すおう》国の大内氏とは対立関係にあった。

毛《もう》利《り》元《もと》就《なり》（1497〜1571）

一文字に三つ星

一介の国人領主からのし上がり、中国地方を制覇した戦国きっての知将。陶氏や尼子氏などの強敵を、内部から攪乱《かくらん》して陥落させるなど、用意周到な策略で勝利を得ていった。その手腕は稀代の策略家と高名である。

吉《きっ》川《かわ》元《もと》春《はる》（1530〜1586）

三つ引両

毛利元就の次男。元服前に初陣を飾って以降、負け知らずの猛将である。生母の実家・吉川氏に養子に入り、毛利本家を支えるとともに往年の宿敵・尼子氏を撃破。弟の小早川隆景とともに「毛利の両川」と呼ばれた。

山《やま》中《なか》幸《ゆき》盛《もり》（1545〜1578）

橘

出雲国の出身で、尼子氏の家臣。優れた武勇の持ち主で、尼子十勇士の一人として称えられている。毛利元就との戦いを契機に衰亡していく尼子氏の再興に尽力したが、それを恐れた吉川元春により志半ばで殺害された。

大内《おおうち》義隆《よしたか》
（1507〜1551）

大内菱

周防国を本拠に、中国地方と九州の一部を領した大大名。尼子氏との戦いで跡継ぎを失ったことをきっかけに、軍事からは退き文化を重んじるようになった。それを不満に思った陶晴賢に謀反を起こされ、自害する。

陶《すえ》晴賢《はるかた》
（1521〜1555）

唐花菱

大内氏の重臣。若い頃は大内義隆の寵童《ちょうどう》で、長じてからは有能な家臣となる。後に義隆と不仲になり、謀反を起こして大内氏の実権を握ったが、厳島の戦いで毛利元就の計略にはまり自害、大内氏とともに滅ぼされた。

織田《おだ》信長《のぶなが》
（1534〜1582）

織田木瓜

尾張国守護代、織田氏の庶流に生まれる。若い頃は奇矯《ききょう》な行動から「尾張の大うつけ」と呼ばれたが、長じてから頭角を現し桶狭間では今川義元を破る。天下統一を目指す中、本能寺で明智光秀に攻められ、自害した。

本願寺《ほんがんじ》顕如《けんにょ》
（1543〜1592）

五三桐

本願寺第十一世。石山本願寺を拠点に、大名に匹敵する権力を有していたため、延暦寺同様、織田信長から圧迫を受けるようになる。刃を交えた石山合戦では信長を苦しめるも敗戦色濃く、和睦案を呑み本願寺を去った。

今川《いまがわ》義元《よしもと》
（1519〜1560）

赤鳥

駿河国の守護大名・今川氏を東海道随一の大大名にのし上げた名君。武田氏や後北条氏と三国同盟を締結するなど、自領の東側を安定させた。西側の攻略途中、まだ小大名に過ぎなかった信長により桶狭間で散る。

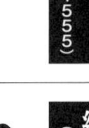

朝倉義景《あさくらよしかげ》（1533～1573）

三つ盛り木瓜

越前国の守護大名。5代目当主となるも、政治や軍事は他に任せて公家や文人墨客《ぶんじんぼっかく》を招いて宴を催しており、貴族文化に熱心だった。反面、家臣の統率がとれず、織田軍の攻撃と内部の裏切りに遭って自害に追い込まれた。

浅井長政《あざいながまさ》（1545～1573）

三つ盛り亀甲

近江国の武将。信長の妹の市を娶り織田家と同盟を結ぶが、後に反信長の一翼を担った。信長に包囲され、降伏を呼びかけられたが聞き入れず、自害して果てた。正室の市も殉じようとしたが、諭され織田家に帰っている。

荒木村重《あらきむらしげ》（1535～1586）

牡丹

摂津国の池田氏の家臣だったが、下剋上を果たして主家を掌握する。後に仕えた信長のもとでも反逆、籠城戦の末に単身脱出する。家族や部下を殺害されても逃亡を続け、最終的には秀吉のもとで茶人として生きた。

滝川一益《たきがわかずます》（1525～1586）

丸に縦木瓜

尾張で台頭していた信長の家臣として、いち早く才能を認められていた。数々の戦功を挙げ、関東方面の司令官となるが、本能寺の変以降は政変に乗り損ねてしまう。結果、天下取り競争から脱落することになる。

丹羽長秀《にわながひで》（1535～1585）

直違

幼少の頃から信長に仕えていた尾張の武将。鬼五郎左と呼ばれた豪傑で、柴田勝家とともに織田の双璧であった。信長の姪を娶り、厚い信頼を得る。秀吉を支持する立場をとり、天下統一に大きく寄与することとなった。

佐々《さっさ》成政《なりまさ》（1536～1588）

三階笠

尾張国の豪族出身。信長直属の精鋭部隊・黒母衣《くろほろ》衆の筆頭で、鉄砲の名手といわれた。秀吉とは不仲で、賤ヶ岳の戦いでは柴田勝家側につくが、後に降伏。赴任先の肥後国で勃発した一揆の責任をとって切腹した。

森《もり》蘭《らん》丸《まる》（1565～1582）

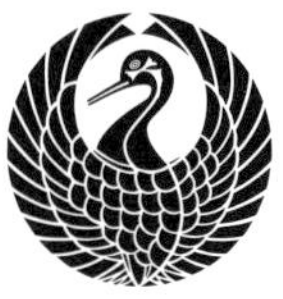

鶴の丸

信長の家臣・森可成《よしなり》の子で、信長の小姓として寵愛を受けた。諸取次や諸事奉行を務め、有能な事務官であったようだ。「本能寺の変」では、信長に命じられて火を放ち、迫り来る明智軍と戦うも討ち取られた。

別所《べっしょ》長治《ながはる》（1558～1580）

左三つ巴

早くから信長に従っていたが、中国地方攻めの総司令官が秀吉であることに不満を抱き、反逆する。一時は善戦するが、秀吉の「三木の干し殺し」に遭い、兵たちの助命と引き替えに妻子兄弟とともに自害した。

池田《いけだ》恒興《つねおき》（1536～1584）

揚羽蝶

信長の乳兄弟で、幼少の頃から織田家に仕えた。桶狭間の戦い、長篠の戦いなどに参加し、姉川の戦いで武功を挙げたことから犬山城主となる。本能寺の変後は秀吉側につくが、小牧・長久手の戦いで討ち死にした。

佐久間《さくま》信盛《のぶもり》（1527～1581）

三つ引両

信長が幼い頃から重臣として仕え、一貫して信長方に立ってきた。ほかの家臣が次々に成果を挙げていくのに対して実績を残せず、信長の叱責《しっせき》を受けて高野山に追放されたが、ここでも在住を許されなかった。

筒《つつ》井《い》順《じゅん》慶《けい》（1549～1584）

梅鉢

大和国郡山城主で、信長の家臣となって大和一国を与えられた。明智光秀と親しく、縁戚関係にもあったため、本能寺の変後は味方になるよう誘われたが、迷っていたようだ。光秀の死後は秀吉の家臣となった。

竹中重治《たけなかしげはる》（半兵衛《はんべえ》）（1544～1579）

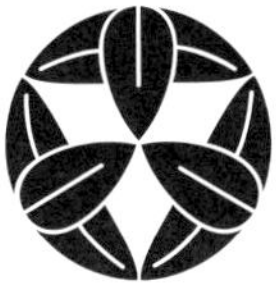

九枚笹

美濃斎藤氏の家臣であったが離反、後に秀吉の軍師として手腕を発揮する。中国地方への遠征の際に病に倒れ、陣中で死去した。その活躍ぶりから、黒田孝高と並んで戦国時代を代表する軍師と称されている。

稲《いな》葉《ば》良《よし》通《みち》（1515～1588）

折敷に三文字

土岐氏、斎藤道三からの斎藤氏三代、織田信長、豊臣秀吉に仕えた武将。美濃攻めの際に、斎藤氏を見限って信長に内通した。以来、多くの合戦で武功を挙げる。信長の死後は秀吉に仕え、戦国乱世を巧みに生き延びた。

安《あん》藤《どう》守《もり》就《なり》（1503?～1582）

上がり藤

美濃国の武将。斎藤氏の家臣であったが、竹中重治とともにクーデターを起こし、稲葉山城を一時的に奪った。信長の美濃攻めにも協力している。本能寺の変後、稲葉良通に攻められ敗北、一族もろとも滅ぼされた。

氏家直元《うじいえなおもと》（卜全《ぼくぜん》）（?～1571）

左三つ巴

土岐氏の家臣だったが、斎藤道三の下剋上により斎藤氏の家臣となる。後に離反し、信長の稲葉山城攻略に稲葉良通、安藤守就とともに荷担した。以後、織田氏の家臣として仕え、卜全と号するのもこの頃である。

奥平《おくだいら》信昌《のぶまさ》（1555～1615）

軍配団扇

三河国の有力国人の出身。家康の娘婿。今川氏に仕えていたが、桶狭間の戦い後は武田氏の家臣となる。さらに信玄の死後には家康軍に寝返り、長篠城で武田軍の侵攻を阻む活躍により、信長から信の字を与えられている。

内藤《ないとう》昌豊《まさとよ》（1522～1575）

丸に花菱

「武田の四名臣」の一人。信玄の父・信虎に実父が誅殺《ちゅうさつ》され、武田家を出奔。後に信玄に召喚《しょうかん》され、内藤氏の跡を継いだ。武田の副将といわれる働きをみせ多くの戦功を挙げながら、信玄から1枚の感状ももらわなかった。

金森《かなもり》長近《ながちか》（1524～1608）

桔梗

斎藤氏に仕えた後、信長に従う。柴田勝家の家臣として戦功を重ね、賤ヶ岳の戦いで勝家が自刃すると剃《てい》髪《はつ》・出家して降伏。秀吉のもとでも功績を挙げた。優れた茶人でもあり、千利休の子をかくまったといわれる。

鈴木《すずき》孫市《まごいち》（1534?～1589?）

三つ足烏

紀州国の傭兵《ようへい》集団で、高い軍事力を誇る雑賀《さいが》衆の頭領。一向宗徒で、石山合戦では本願寺側として参戦し、信長も苦戦したという。合戦後は親信長派となり、信長の死後は秀吉に仕えて関ヶ原の戦いで功績を挙げた。

明智《あけち》光秀《みつひで》（1528?～1582）

桔梗

本能寺の変の首謀者。織田氏への仕官後は、近畿地方で軍勢の指揮を執るなど、家臣の中でも頭角を現していた。本能寺を制した後、京都を抑えたが態勢が整わないうちに秀吉軍と衝突し敗走、逃亡途中に殺される。

細《ほそ》川《かわ》藤《ふじ》孝《たか》（幽斎《ゆうさい》）（1534〜1610）

九曜

室町幕府の奉行衆三淵氏から細川家に養子に入り、将軍家に仕えた。足利義昭と信長を引き合わせ、両者の仲が険悪になると仲介に奔走する。親しかった光秀が本能寺を攻めたときには、出家して信長の死を悼んだという。

豊《とよ》臣《とみ》秀《ひで》吉《よし》（1537〜1598）

五三桐

尾張国の農民から関白・太政大臣に上り詰めた、日本一の立身出世男。本能寺の変後、信長の実質的な後継者となり、天下統一を成し遂げる。その後、明をも征服しようと朝鮮半島を攻めるが、志半ばで死去した。

柴《しば》田《た》勝《かつ》家《いえ》（1522〜1583）

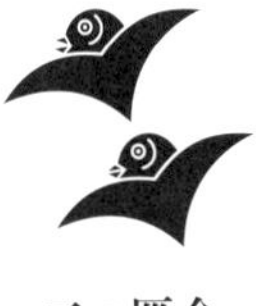

二つ雁金

越前国の一向一揆を平定した後、北ノ庄（福井市）を拠点に北陸地方を制圧、善政を敷いた。妻は、浅井長政自刃後に織田家に戻った市だが、秀吉と対峙した賤ヶ岳の戦いでの敗戦後、夫婦ともに自刃している。

黒《くろ》田《だ》孝高《よしたか》（如水《じょすい》）（1546〜1604）

藤巴

秀吉を支えた参謀。四国・九州平定戦、本能寺の変での毛利氏との和睦など、数々の策略を進言した。秀吉の天下統一の一翼を担ったともいわれるが、朝鮮出兵においては石田三成と意見が衝突、それを機に出家した。

福《ふく》島《しま》正《まさ》則《のり》（1561〜1624）

福島沢瀉

幼少の頃より秀吉に仕えていた重臣。加藤清正とともに数々の合戦で活躍し、とくに賤ヶ岳の戦いでは七本槍の筆頭に挙げられている。朝鮮出兵で石田三成と対立し、関ヶ原の戦いではいち早く東軍への参加を表明した。

加藤《かとう》清正《きよまさ》（1562〜1611）

蛇の目

福島正則同様、幼少より秀吉に仕えていた。賤ヶ岳の七本槍に数えられ、後に肥後の初代藩主となる。新田開発や治水工事、南蛮貿易などを行い、善政を敷いたという。朝鮮出兵では、石田三成と衝突している。

片桐《かたぎり》且元《かつもと》（1556〜1615）

違い鷹の羽

賤ヶ岳の七本槍の一人。浅井氏の配下・片桐氏の生まれで、信長の浅井氏への攻撃に対しても一貫して浅井側として戦っている。長浜城時代の羽柴秀吉に仕え、賤ヶ岳の戦い後は後方支援を中心に活動した。

平野《ひらの》長泰《ながやす》（1559〜1628）

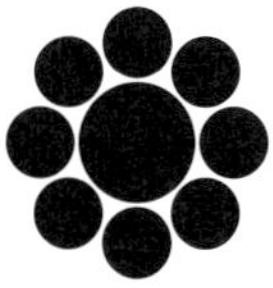

九曜

賤ヶ岳の七本槍の一人で、唯一大名になれなかった。尾張国出身で、若くして秀吉に仕えた。関ヶ原の戦いでは東軍について参加。大坂の陣では豊臣方で参戦しようとするが、留守役として江戸に留め置かれてしまった。

糟屋《かすや》武則《たけのり》（1562〜1607）

三つ盛り左三つ巴

賤ヶ岳の七本槍の一人。黒田孝高の推挙により、秀吉の小姓頭となる。小牧・長久手の戦い、九州征伐、小田原征伐などにも参加。軍事だけでなく、大仏の作事奉行や近江国の検地奉行など行政面でも事績を残した。

脇坂《わきさか》安治《やすはる》（1554〜1626）

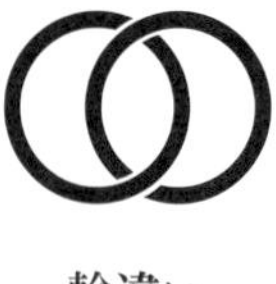

輪違い

賤ヶ岳の七本槍の一人。仕えていた浅井氏の滅亡後、織田家に属した。頼み込んで木下藤吉郎時代の秀吉の家臣となり、緒戦に従軍して功を重ねる。関ヶ原の戦いでは西軍に与したが、寝返って大谷吉継軍を打ち破った。

加藤《かとう》嘉明《よしあきら》（1563～1631）

下がり藤

賤ヶ岳の七本槍の一人。徳川譜代《ふだい》の武士の家に生まれたが、三河一向一揆で父・教明が家康に背いたため、放浪の身となる。やがて秀吉に見出されて小姓として仕えるようになり、緒戦に参加して武功を挙げた。

長宗我部《ちょうそかべ》元親《もとちか》（1539～1599）

七つ片喰

土佐の戦国大名。家督を継ぎ、四国統一を成し遂げる。若い頃は家臣から「姫若子《ひめわこ》」と揶揄されるほど柔弱だったが、初陣以降、一旦挙兵するとわずかな手勢で敵を圧倒し、すさまじい武者ぶりを見せつけた。

島津《しまづ》義弘《よしひろ》（1535～1619）

丸に十字

九州を制圧する武勇を誇った、薩摩国の守護大名。関ヶ原の戦いでは退路を断たれ討ち死にも覚悟したが、敵中突破の末に九州へ帰還する。その果敢な行動には敵であった家康も感服し、領地をそのまま安堵したという。

大友義鎮《おおともよししげ》（宗麟《そうりん》）（1530～1587）

抱き杏葉

豊後国のキリシタン大名。最盛期には九州北部を制圧したが、耳川《みみかわ》の戦いで島津氏に敗れると勢力は減衰する。秀吉の九州征伐で島津軍の敗戦が続き、戦局は義鎮に有利に傾くが、島津軍の降伏を見る前に病死した。

龍造寺《りゅうぞうじ》隆信《たかのぶ》（1529～1584）

十二日足

龍造寺氏は、主君であった少弐氏を乗っ取って独立した肥前の大名である。一時衰退したが、隆信の時代に再起し大友・島津に並ぶ勢力を築いた。沖田畷《おきたなわて》の戦いに敗れ斃《たお》れたことで、家臣の鍋島直茂に実権を握られる。

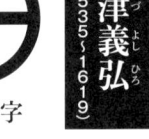

伊達《だて》政宗《まさむね》
（1567~1636）

竹に雀

独眼竜《どくがんりゅう》の異名をとる、南奥州の覇者。秀吉より小田原攻めの従軍を要請され、臣下となる。奇抜な仕掛けや機略を得意としたほか、人々から「伊達者」と呼ばれ、朝鮮出兵の際には豪勢ないでたちで臨んでいる。

最上《もがみ》義光《よしあき》
（1546~1614）

二つ引両

足利氏の一族・最上家を再興した武将。伊達家に家を狙われた過去があり、そのくびきから脱する強い意志があったものの、なかなか果たせなかった。伊達政宗の叔父にあたるが、陸奥国をめぐる敵同士でもあった。

蒲生《がもう》氏郷《うじさと》
（1556~1595）

対い鶴

近江国の武将。信長に才能を見出され娘婿となる。武勇に優れ秀吉からも重用されており、奥州仕置の後は陸奥国会津に移って伊達政宗の監視・牽制《けんせい》を行っている。行政にも力を入れており、会津藩の基礎を築いた。

蜂須賀《はちすか》正勝《まさかつ》
（1526~1586）

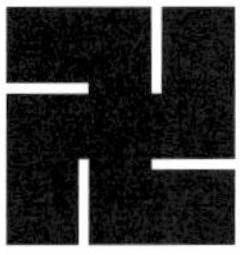

万字

秀吉の側近で、その出自は野党や木曽川流域の頭目など諸説ある。政務につくことが多く、中国攻めでも秀吉を補佐し、交渉役として活躍した。秀吉から阿波一国を与えられたが実子に譲り、自身は秀吉の近くに仕えた。

仙石《せんごく》秀久《ひでひさ》
（1552~1614）

永楽銭

秀吉の最古参の家臣。九州征伐では、戸次川の戦いで独断専行によって島津軍に大敗を喫し所領没収の上追放されるが、小田原征伐で私兵を連れて参陣。獅子奮迅の見事な戦いぶりをみせて名誉挽回、大名に返り咲いた。

前《まえ》田《だ》利《とし》家《いえ》（1539〜1599）

加賀梅鉢

尾張国の豪族出身で、信長の小姓として寵愛を受ける。柴田勝家の与力など活躍を重ね、最終的には豊臣政権で五大老の一人として加賀百万石の基礎を築いた。豪傑として知られるが、後年は茶や能楽に親しんだ。

徳《とく》川《がわ》家《いえ》康《やす》（1543〜1616）

三つ葉葵

三河国の小大名松平氏に生まれる。信長と同盟を結んで勢力を広げ、小《こ》牧《まき》・長《なが》久《く》手《て》の戦いを経て秀吉の臣下に入るなど、巧みな調略でのし上がる。関ヶ原の戦いで勝利すると、征夷大将軍となり江戸幕府を開いた。

上《うえ》杉《すぎ》景《かげ》勝《かつ》（1556〜1623）

竹に二羽飛雀

豊臣政権の五大老の一人。米沢藩初代藩主。謙信の甥であり養子。謙信の死後、跡目争いに勝利して上杉家当主となる。関ヶ原の戦いでは西軍について出羽で戦ったが、本戦での敗北により降伏、米沢に減移封された。

小《こ》早《ばや》川《かわ》隆《たか》景《かげ》（1533〜1597）

左三つ巴

毛利元就の三男。小早川氏に養子に入り、厳島の戦いなどで水軍を率いて活躍した。毛利討伐のために備中にいた秀吉が、本能寺の変で引き返すときに追撃しなかったため、後に感謝され五大老に名を連ねることとなる。

宇《う》喜《き》多《た》秀《ひで》家《いえ》（1573〜1655）

剣片喰

秀吉に目をかけられ、最若年で五大老となる。関ヶ原の戦いでは西軍の副将として石田三成とともに戦うが、小早川秀秋の裏切りにより壊滅。戦に敗れ、八丈島に流されてからは前田氏などの援助を受けて過ごした。

石田三成《いしだみつなり》（1560～1600）

大一大万大吉

寺にいた幼少の頃に、そこに立ち寄った秀吉が三成の気配りに感心し、側近に召し上げた。以来、小大名でありながら政権の実力者となる。秀吉の没後は家康に対抗し、関ヶ原の戦いで対決するが敗北、斬首された。

島清興《しまきよおき》（左近《さこん》）（1540～1600）

三つ柏

石田三成の軍師。「三成には過ぎたもの」と謳《うた》われた人物で、関ヶ原の戦いでも西軍の陣頭に立つ。小早川秀秋の寝返りにあった後も討ち死に覚悟で出陣し、獅子奮迅の働きを見せたが、敵の銃撃により命を落とした。

大谷吉継《おおたによしつぐ》（1559～1600）

対い蝶

越前国敦賀《つるが》城主。関ヶ原の戦いで、分《ぶ》がないと知りつつも長年の盟友石田三成との義から西軍に与する。ハンセン病に冒され面体を白いずきんで隠し輿に乗って奮戦したが、小早川秀秋の裏切りにより敗れ自害した。

安国寺恵瓊《あんこくじえけい》（1539?～1600）

割り菱

安芸国守護の武田氏出自だが、家の滅亡とともに安国寺に逃れる。後に毛利氏に仕え、大友氏や秀吉との和睦を成立させるなど、外交手腕を発揮する。関ヶ原の戦いでは西軍に与し、京都で捕らえられ斬首された。

小西行長《こにしゆきなが》（1555?～1600）

久留子

堺の薬商人の家に生まれる。秀吉にその商才を見込まれて登用されたようだ。朝鮮出兵で活躍するが、関ヶ原の戦いでは西軍に与して敗北する。捕らえられるも、敬虔《けいけん》なキリシタン故に自害せず、斬首に処された。

佐《さ》竹《たけ》義《よし》重《しげ》
（1547〜1612）

五本骨扇に月丸

河内源氏の後裔で、佐竹氏の全盛期を築き上げた名将。小田原氏、江戸氏などを次々に撃破し、常陸国の大半を支配下に収める。その勢いは鬼義重の異名をとって恐れられるほどで、後北条氏とも関東の覇を巡って争った。

直《なお》江《え》兼《かね》続《つぐ》
（1560〜1620）

亀甲に花菱

上杉家の家老。幼い頃から上杉景勝に近侍していた重臣で、才知に長ける。その能力は戦だけでなく、後の米沢藩興隆にも発揮された。西軍に与した上杉家が改易を免れたのも、兼続の政治的手腕が大きいといわれている。

立《たち》花《ばな》宗《むね》茂《しげ》
（1567〜1643）

中結び祇園守

大友氏の重臣高橋氏に生まれ、同じ家臣の立花氏の養子になる。智勇にすぐれた名将として知られ、秀吉、家康も絶賛したほど。関ヶ原の戦いに西軍として参加し改易されたが、家康の引き合いにより大名復帰を果たした。

高山重友《たかやましげとも》（右近《うこん》）
（1552〜1615）

十字久留子

大和国に生まれた、人徳厚いキリシタン大名。安土のセミナリヨ（初等神学校）の設立などに貢献した。秀吉の信任は厚かったが、バテレン追放令後、信仰を守るために財産をすべて捨てる。その後マニラに渡り死去。

山《やま》内《うち》一《かつ》豊《とよ》
（1545〜1605）

丸に土佐柏

土佐国の山内氏当主。妻のへそくりで名馬を買い、信長に認められた逸話で知られる。信長、秀吉、家康らに仕え、関ヶ原の戦いでは東軍として戦い、その功績で土佐国20万石を与えられ、土佐藩初代藩主となった。

浅野幸長《あさのゆきなが》（1576〜1613）

丸に違い鷹の羽

徳川政権の五奉行の一人・浅野長政の子。朝鮮出兵の際は父子ともども籠城戦を戦っている。加藤清正、福島正則らと与して石田三成と対立し、東軍として参戦した。紀伊国紀州藩の初代藩主であり、浅野家宗家初代。

藤堂高虎《とうどうたかとら》（1556〜1630）

蔦

代々近江国の領主だったが没落、一農民からのし上がった。築城技術に長け、外様ながら家康の厚い信頼を得ていた。何度も主君を変えており、「武士たるもの七度主君を変えねば武士とは言えぬ」との発言を残している。

京極高次《きょうごくたかつぐ》（1563〜1609）

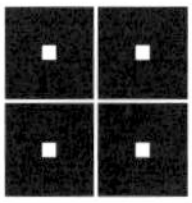

平四つ目結

近江で浅井氏の下剋上を受けて没落した京極氏の生まれ。姉が秀吉の側室《そくしつ》、妻が淀君の妹と縁戚関係に恵まれて出世する。関ヶ原の戦いでは西軍の兵を引きつけた功で、若狭小浜に封じられ京極氏の再興を果たした。

小早川秀秋《こばやかわひであき》（1582〜1602）

左三つ巴

秀吉の甥で、小早川氏の養子となる。関ヶ原の戦いにおける裏切り者として知られ、彼を皮切りに寝返りの連鎖が起こった。戦いの後には岡山藩主となるが、わずか2年後に死去。跡継ぎがなかったため、家は断絶した。

榊原康政《さかきばらやすまさ》（1548〜1606）

源氏車

上野国館林藩の初代藩主にして、榊原家の初代当主。幼年期より家康に仕えており、初陣の三河の一向一揆で活躍、家康より「康」の字を与えられたという。数々の戦功を立て、関ヶ原の戦い後に老中となった。

井《い》伊《い》直《なお》政《まさ》（1561～1602）

丸に橘

遠江国の出身で、15歳で家康に仕える。徳川氏きっての政治家・外交官と名高いが、政治的手腕だけでなく武力にも秀でている。真っ赤な甲冑をまとった一団を率いて戦場を駆け「井伊の赤備え」と恐れられた。

本《ほん》多《だ》忠《ただ》勝《かつ》（1548～1610）

立ち葵

13歳で初陣を務めて以降、家康の側近として仕えた。「家康には過ぎたもの」と称えられたという。数々の戦いに参加したが、関ヶ原の戦いでは諸大名に東軍方につくよう書状を送り、武勇以外での働きも見せた。

鍋《なべ》島《しま》直《なお》茂《しげ》（1538～1618）

杏葉

龍造寺氏の家臣。宿敵の少弐氏を滅亡に追いやるなどの働きで、龍造寺隆信から厚い信頼を受け、隆信の子・政家の後見人を任される。隆信の死後、龍造寺氏の実権を握ることに成功し、佐賀藩の藩祖となった。

真《さな》田《だ》信《のぶ》繁《しげ》（幸《ゆき》村《むら》）（1567～1615）

六文銭

終生にわたり徳川を敵とした父・昌幸の遺志を継ぎ、大坂の役で奮戦する。夏の陣では家康をあと一歩のところまで追い詰めたが、力尽きて討ち死にを遂げた。その鬼神のごとき戦いは「真田日本一の兵」と評されている。

後《ご》藤《とう》基《もと》次《つぐ》（又《また》兵《べ》衛《え》）（1560～1615）

下がり藤

天下に武名を知られた豪傑。黒田孝高・長政に仕え、大名並みの厚遇を受けた。長政と決別した後、各地から召し出しがかかるが、最終的に豊臣家に仕官。大坂の役では獅子奮迅の戦いぶりを見せるも負傷、自刃した。

COLUMN 2

武士が愛した家紋

戦場で常に生死の境に立つ武士にとって、縁起かつぎは精神状態を鎮めるために必要であった。それゆえ武運長久の縁起をかついだ家紋も多く見られる。

鷹の羽紋　猛禽類の鷹は、勇猛な鳥ということで尚武的な意味合いから武将ばかりか、大名・旗本にも人気があった。

釘抜き紋　釘を抜く道具だが、「九城(くき)を抜く(9つの城を落とす)」に通じるとして、武将に好まれた。

栗紋　干して臼でついた搗栗(かちぐり)が、「勝ち」に通じることから出陣祝いなどのほか、家紋として用いられた。

蜻蛉紋　トンボは後ろに退かず、ひたすら前を向いて飛ぶことから「勝ち虫」といわれ、兜の前立てや箙(えびら)に描かれた。

沢瀉紋　葉の形が矢の先端、鏃(やじり)に似ていることから「勝ち草」とも呼ばれ、多くの武将が家紋として使った。

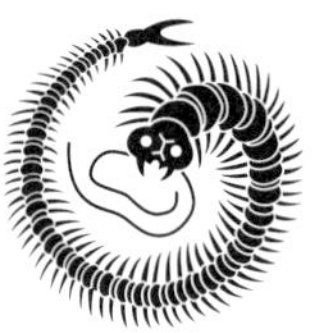

梶の葉・鳩・百足紋　梶の葉は諏訪大明神の神紋、鳩は八幡大菩薩、百足は毘沙門天の使いで、それぞれ軍神にゆかりのあるモチーフである。戦勝祈願の旗印として掲げ、家紋にした家も多いようだ。

第4章

江戸時代と家紋

❖天下を握った徳川家康の総仕上げ・大坂の役

「関ヶ原の戦い」で勝利し、豊臣政権の実権を握った徳川家康は、1603年に征夷大将軍に就任し、江戸に幕府を開いた。これを安定した政権にするためには、依然として大きな力を持つ豊臣家を弱体化する必要があると、家康は考えた。そこで豊臣秀頼に臣下の礼をとらせたり、寺社の建立を勧めて財を浪費させるなど、さまざまな対策をした。

そんな中、豊臣家が再興した方広寺の梵鐘の銘文に、家康が難癖をつける事件が発生。これがきっかけとなって、両者が激突した「大坂の役」（1614、15年）が起こったのである。豊臣方の真田信繁（幸村）などが奮戦し、圧倒的勢力の徳川方を苦しめたが、抵抗かなわず豊臣家は滅亡した。

●大坂の役に参戦した主な武将の家紋

六文銭
真田信繁（幸村）

下がり藤
後藤基次（又兵衛）

鶴の丸
毛利勝永

七つ片喰
長宗我部盛親

❖徳川将軍家の象徴となった「葵の御紋」

三つ葉葵

徳川将軍家の家紋は「葵の御紋」「徳川葵」として知られるが、家紋自体の名称は「三つ葉葵」という。その原形は「二葉葵」で、これは賀茂神社（京都）の神紋である。これは、平安時代からの祭祀に葵の葉を使用していたことに由来するものだ。

徳川家の前身である松平氏は、所領の三河国賀茂郡松平郷にある賀茂神社の氏子であったという。その縁から葵紋を使用していた。

これが、家康が征夷大将軍となってから権威ある紋、将軍家の象徴「葵の御紋」となったのである。一般の使用は禁止され、将軍家と御三家および分家の一部が使用している。

徳川御三家の家紋

徳川御三家は、徳川氏のうちで将軍家に次ぐ地位にある。それぞれ尾張徳川家、紀伊徳川家、水戸徳川家といい、将軍家の血筋が途絶えたときは尾張家か紀伊家から養子を出すといった役割があった。水戸家が含まれないのは、２家よりも徳川姓を賜ったのが遅いほか、御三家に数えられたのが5代将軍・綱吉の頃だったことに関係するようだ。
御三家の始祖は、いずれも家康晩年の子で、幼少期に大藩を与えられた。そこで家康は、側近の心の利いた者を家老につけ、藩政を行わせた。

●徳川御三家の家紋

尾州三つ葵

尾張徳川家(尾張藩)
始祖：家康の9男・義直。御三家の筆頭でありながら将軍を擁立できなかった。

紀州六つ葵

紀伊徳川家(紀州藩)
始祖：家康の10男・頼宣。8代将軍・吉宗と14代将軍・家茂を輩出している。

水戸六つ葵

水戸徳川家(水戸藩)
始祖：家康の11男・頼房。御三家で唯一江戸に常勤して将軍の補佐を務めた。

MEMO

*将軍家、御三家が用いた「三つ葉葵」はほとんど同じに見えるが、葉脈の数や茎の太さなどが微妙に異なっている。しかも、時代や人によって葉脈が増減することもしばしばであった。紀州徳川家では、葉脈が一時47本まで増えたこともあったという。

*水戸徳川家9代当主・斉昭の7男が、御三卿の一橋徳川家に養子に入り、一橋家9代当主になった。これが、後の15代将軍・慶喜である。血筋の上では水戸家からの将軍輩出なのだが、彼は水戸家の当主になっていないため一橋家からの将軍輩出という見方がされている。

徳川氏の母体・松平氏の家紋

松平氏は、清和源氏・新田氏の支流であるとしている。いわく、新田氏初代・義重の子である義季《よしすえ》（義秀とも）が、上野国新田郡得川に住み「得川」を称した。その後裔である時宗の僧・徳阿弥が、三河国松平郷の領主・松平信重の娘婿となり、名跡を継いで松平親氏《ちかうじ》を名乗った。この親氏が松平氏、そして徳川氏の始祖であるという。

室町から戦国時代にかけて、信光の代で岡崎城を得るなどして勢力を広げ、各地に竹谷松平家、安祥松平家、形原松平家などの分家を配置した。その後も松平氏の支流は増えているが、そのうち家康の時代までに分家した松平家を「十八松平」と呼ぶ。なお、安祥松平家の９代目が家康で、後の徳川本家となる。

徳川を名乗るのは将軍家および御三家、御三卿で、その他の支流は松平氏を名乗った。また、前田氏や島津氏、毛利氏など松平氏と血縁関係のない有力大名も、松平の名字を名乗る許可を与えられている。ただし、いずれも明治になって本姓に戻している。

MEMO

＊御三卿とは江戸中期に分立した一族で、田安徳川家、一橋徳川家、清水徳川家のこと。将軍の家族といった趣が強い。一橋家は11代将軍・家斉と15代将軍・慶喜を輩出している。

●十八松平の家紋（一部）

丸に一つ引両
竹谷《たけのや》松平家
松平氏の最古の分家

丸に利の字
形原《かたのはら》松平家
丹波亀山藩など

重ね扇
深溝《ふこうず》松平家
肥前島原藩など

三つ葉葵
能見松平家
豊後杵築藩など

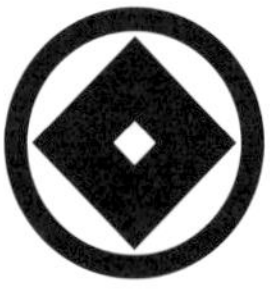

丸に釘抜き
大給《おぎゅう》松平家
豊後府内藩

蔦
大給松平家
三河西尾藩

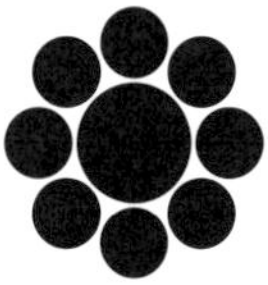

九曜
桜井松平家
摂津尼崎藩など

五三桐
藤井松平家
信濃上田藩など

MEMO

＊竹谷家は、家康が関東に移ると武蔵八幡山藩（埼玉県本庄市）の大名となった。関ヶ原後に三河吉田藩へ移ったが、7代・忠清に嫡子がなく断絶、所領を失ってしまった。しかし、忠清の弟・清昌の系統が、上級旗本として幕末まで続いている。

＊形原家の家紋は「小牧・長久手の戦い」の際に「利即是《りそくぜ》」の旗指物をしていたことにちなむといわれる。藤井家の家紋は、信長の近江攻めに参加した際に、功をあげて羽織を与えられたが、その羽織に「五三桐」がついていたことに由来すると伝えられている。

❖江戸大名たちの家紋

江戸大名には格付があり、江戸城に詰める際も階級によって通される部屋が違った。また、大名たちは定期的に江戸に出仕することを義務付けられていた。

江戸城では、大名同士が出会うこともしばしばであった。相手の格によってとるべき態度が変わるため、向こうからくるのがどこの誰か瞬時に判別しなければならなかった。これは参勤交代の列同士が行き交うときも同様である。

こうしたことから、幕府は大名や旗本に代表紋を提出させ、各大名はその紋付を着けて江戸城に登った。また大名の方でも、参勤交代の際には家紋に詳しい家臣を行列の先頭につかせ、向こうからやってくる行列の家紋を見極めさせたという。

●江戸大名家の家紋（一部）

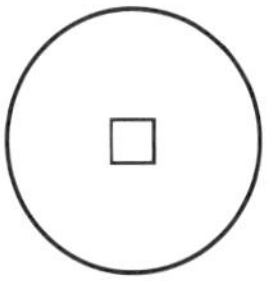

青山銭
青山家
丹波篠山藩

檜扇に違い鷲の羽
秋田家
陸奥三春藩

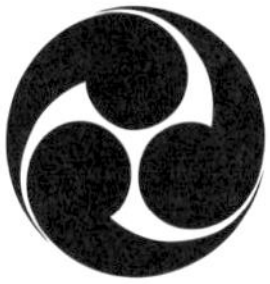

左三つ巴
有馬家
筑後久留米藩

丸に橘
井伊家
近江彦根藩

源氏車
榊原家
越後高田藩

三階菱
小笠原家
豊後小倉藩

備前蝶
池田家
備前岡山藩

丸に十字
島津家
薩摩鹿児島藩

蛇の目
加藤家
伊予大洲藩

九曜巴
板倉家
備中松山藩

諏訪梶の葉
諏訪家
信濃諏訪藩

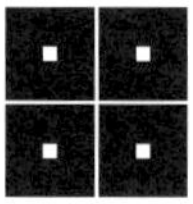

平四つ目結
京極家
讃岐丸亀藩

大久保藤
大久保家
相模小田原藩

中結び祇園守
立花家
筑後柳河藩

藤巴
黒田家
筑前福岡藩

太田桔梗
太田家
遠江掛川藩

※江戸大名家は領地（藩）が一定しない場合が多い。また、家紋も時代や当主によって変化している。そのため、ここでは一般的にその大名家の藩・家紋といわれているものを紹介している。

❖庶民によって多様化した家紋

貴族が生み、武家が広めた家紋は、庶民によって多様化した。それは江戸時代前期、町民文化華やかなりし頃のことだ。

当時の庶民は、名字帯刀は一部の例外を除いて禁止されていたが、家紋の使用は認められていた。ただし天皇家の菊紋、幕府の葵紋、大名・旗本と同じ家紋は使えなかった。こうした使用制限が、独自の工夫を凝らすことにつながった。いろいろな変形パターンが生み出され、デザインが一気に多様化したようだ。

紋《もん》上《うわ》絵《え》師《し》（家紋を専門に描く職人）は、自在に形を変えた紋を世に送り出した。人々はその美しさを競い合ったようで、役者は洒落心たっぷりの紋で舞台を演じた。

●当時考え出された変形パターンの一例

扇蝶
「似せ」
（扇を蝶に似せる）

光琳鶴の丸
「光琳風」
（尾形光琳の画風をまねる）

商家で使用された紋

商家では、日よけや塵よけののれんに家紋や屋号を染め抜き、客の目を引くと同時に広告として活用した。家紋や屋号を見るだけで「これはあの店の商品だ」と分かるようになり、やがて商家そのものを表わすシンボルになっていったと考えられる。

この頃起業され現在まで続いている企業には、シンボルマークに家紋や屋号を受け継いでいる例が多くみられる。ここで、いわゆる三大財閥のシンボルマークを見てみよう。

まず三井グループのシンボルマークは「丸に井桁三」で、これは江戸時代に呉服の越後屋を創業した三井高利がのれんに染め抜いたのが始まりとされる。デパートの三越は、名字の「三井」と屋号「越後屋」からとったものである。

次に住友グループの「井桁」は、京都で銅精錬・銅細工の店をおこした蘇我理右衛門が、屋号の「泉屋」を表わすものとして用いたのが始まりだという。

そして三菱グループの「スリーダイヤ」は、創業者・岩崎弥太郎の家紋「三階菱」と、その出身地である土佐の藩主であった山内氏の家紋「丸に土佐柏」を組み合わせたものといわれている。

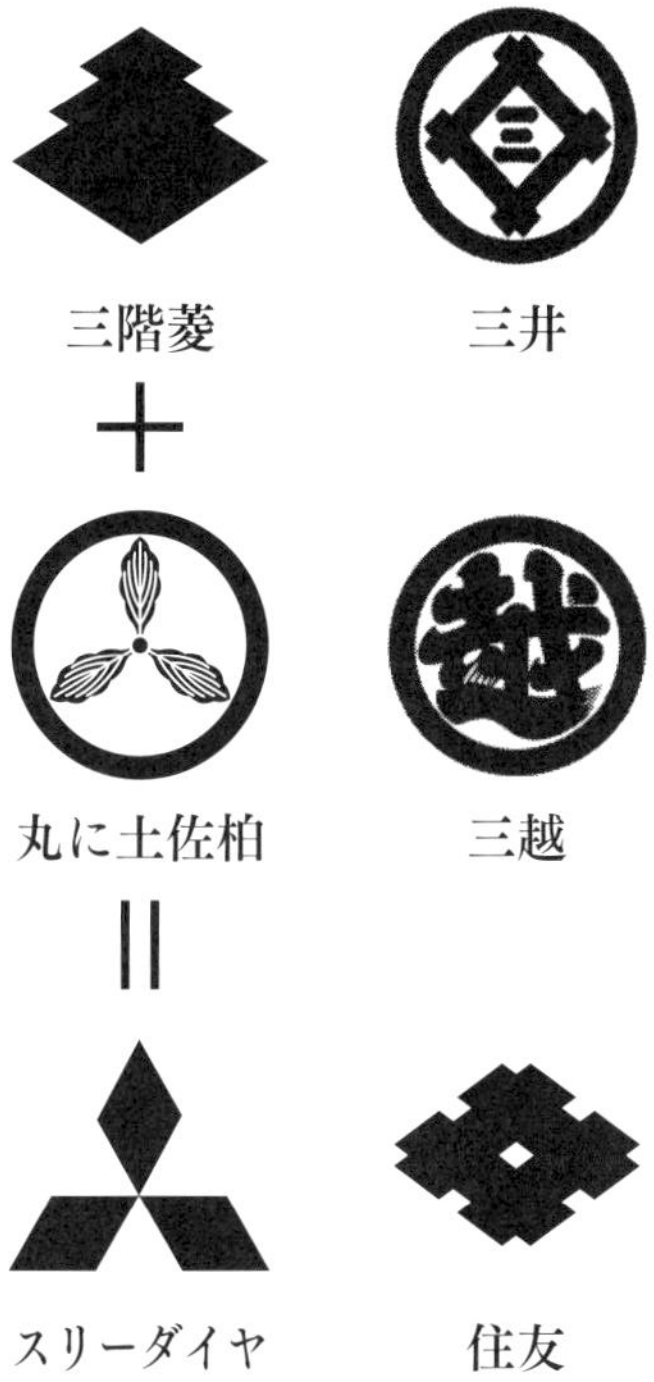

歌舞伎役者の紋

江戸時代の庶民が親しんだ家紋に、歌舞伎役者などの芸能紋があった。これには役者の演じる人物の紋と、役者自身が使っている紋があり、どちらも広く知られていたようだ。前者はたとえば、「忠臣蔵」では大星由良助（史実の大石内蔵助）の紋が「巴」、「曽我兄弟の仇討ち」では兄弟の紋が「庵木瓜」といった具合だ。

役者自身の紋は、衣装はもちろん調度品、のれん、風呂敷、提灯などあらゆるものにつけられていたようだ。襲名披露のときなどは、役者はひいき筋に紋付きの品物を贈り、もらった方は得意がって持ち歩いたという。

こうした役者の家紋は商家と同様に宣伝効果もあり、家元が独占していた。本家から分かれるときには使用を許されることもあったが、多くの場合は本家の紋に少し手を加えたようだ。

三つ入れ子枡
市川團十郎

三つ猿
市川猿之助

丸に二つ引両
片岡仁左衛門

重ね扇に抱き柏
尾上菊五郎

丸に三つ扇
岩井半四郎

四つ花菱
松本幸四郎

角切銀杏
中村勘三郎

揚羽蝶
中村吉右衛門

❖神社仏閣の紋

神社仏閣にも固有の紋があり、それぞれ「神紋」「寺紋」という。祀っている神仏や行事などに由来するものを図案化することが多い。たとえば、賀茂神社（京都）の神紋「二葉葵」は、平安時代より続く祭祀に葵の葉を使用していたことによる。

また、高名な檀家や氏子、あるいは縁のある家の紋を用いる場合もある。その一例には、徳川家に縁の深い増上寺（東京）が「三つ葉葵（徳川葵）」を寺紋としていることが挙げられる。

ここで、一部の神社仏閣の紋を見てみよう。

●神社の紋

浅間大社
静岡県富士宮市

伊勢神宮
三重県伊勢市

賀茂神社
京都市

春日大社
奈良市

●寺院の紋

建仁寺
京都市

増上寺
東京都港区

出雲大社
島根県出雲市

鞍馬寺
京都市

建長寺
鎌倉市

厳島神社
広島県廿日市市

長谷寺
奈良県桜井市

久遠寺
山梨県身延町

太宰府天満宮
福岡県太宰府市

佛通寺
広島県三原市

永平寺
福島県永平寺町

宇佐神宮
大分県宇佐市

❖女性によって受け継がれる女紋

江戸時代、女性の場合は、嫁入りの際に持参する道具や調度品に実家の紋を入れ、結婚後もそのまま使用していた。さらに女児が生まれると母方の家紋を受け継いでいき、やがて、実家の定紋をアレンジした「女紋《おんなもん》」の風習が生まれていったようだ。

女紋は定紋に比べて小形のものが多く、細い線で優美なものが好まれたようだ。陰紋や中陰《ちゅういん》紋と呼ばれる陰線で描かれたもの、糸輪という細い外郭円の中に紋章の一部だけを表わして全体を見せない「覗《のぞ》き」と称するものなどは、女紋に多く使われる技法だ。

女紋の扱いは、地方によって異なる。娘から娘へ受け継がれる場合や、実家の紋を用いる場合、１代限りの場合などさまざまである。

●女紋の一例

桔梗

代表的な女紋のひとつ

総陰五三桐

糸輪に豆桜

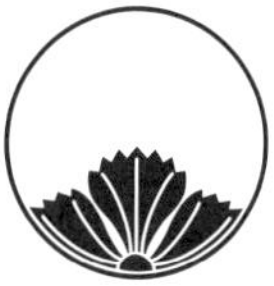

糸輪に覗き撫子

❖家紋の行方

核家族化が進み、自分の家の家紋を知らない人も多くなっている現在も、家紋は注目されている。そこには長い歴史に支えられた重みがあり、非常に貴重なものだという感情があるようだ。

家紋が古くから人々に愛されてきたのは、その美しさにあり、これを自分の家のシンボルマークにするという風習は、そう簡単に捨てられるものではない。そして、それを自分のマークと決めた時点で、紋は象徴的な意味を持ち始めるのだ。家意識が薄れつつある現在でも、案外心の中には何か受け継いでゆかねばという気持ちがあるのかもしれない。

世界中に紋章というものはあるが、ヨーロッパなどでは王侯貴族のものだ。一般庶民が家紋を持つこの伝統は誇るべき文化であり、今後も伝えられていくものと思われる。

第5章

名字とは何か

❖庶民が名字を持たない時代はない

「江戸時代、庶民は名字を持っていなかった。そして明治初期、国民全員が名字を持つようになった」

これは名字について一般に認識されていることだが、事実は異なる。実際は江戸時代以前から庶民は名字を持っており、私的な冠婚葬祭や神事、仏事のときに名乗っていた。ただ公称していなかったのである。では、なぜ名字を公称しなかったのだろうか。

庶民の名字については『万葉集』の時代、8世紀頃まで遡ることができる。『万葉集』には天皇から庶民まで、さまざまな身分の人が詠んだ歌が収められている。この中には詠み人の名前や出身地なども記されているものもあり、そこには「川原虫磨呂」「朝倉益人」など名字とみられる表記があるのだ。ただし、現代の名字と同じ意味合いではなかったことは考慮に入れたい。

これは奈良時代、平安時代も同様で、庶民の名字は様々な資料に散見される。しかし、源平合戦（12世紀）の頃には、ぱったりと姿を消してしまった。

◆武家社会による名字の価値の変化

源平合戦に端を発する武家社会の到来は、それまで政治の中心であった天皇の権威が失墜する時代の到来でもあった。ここに名字の状況変化の理由が隠されていそうだ。

詳細は後述するが、氏と名字は異なるものである。簡単にいうと氏は天皇から賜《たまわ》ったもの、名字は自ら名乗ったものである。当然、例外があることは言うまでもない。

それまで、天皇から氏を賜ること、その一族の者であることは誉れであった。氏を賜った例として、有名なところでは藤原氏、源氏、平氏が挙げられるが、いずれも名門である。盛衰はあったにせよ、こうした氏を持つことは朝廷の重要な地位に就け、政治の中心にいられることを意味した。

しかし、武家社会による天皇の権威失墜で氏呼称が廃《すた》れていく。無論、失墜したとはいえ天皇から賜った氏の威力は大きいから、決定打とはいえない。しかし、武力がものを言う時代だからこそあった、下級武士、新興武士の台頭。これが状況を変えた。

彼らは、氏ではなく名字を名乗った。中には氏を持たない者もいたかもしれない。当時、名字は地名からとられることが多かった。そして武士たちは領地の地名を、そこを支配しているという誇示も込めて名字としたのである。

これは逆の表現をすると「領地のない者は名字もない、名乗る資格がない」ということになる。領地を持たない者、つまり庶民はこのとき、昔から持っていた名字の公称を自粛するようになったのではないだろうか。

この習慣が続く中で、やがて「領地を持たない者が名字を名乗るとは何事ぞ」という風潮になったと考えられている。なお「公称の自粛」と表現したが、これは庶民の名字使用についての法律などが確認できないためである。

なお、江戸時代になると幕府により「公家と武士以外は（原則として）名字を名乗ってはならない」とされた。しかし実際は異なることは冒頭に述べた通りである。

◆明治の戸籍づくりと名字義務化

四民平等や文明開化といった新風が吹きこむ明治時代になっても、この政策はしばらく続いた。しかし政府は、徴税や徴兵のために戸籍づくりを開始する中で、戸籍制度による近代化を重視する。そして、明治8年に国民全員に名字の公称を許可することとなった。

この名字義務化には「家族全員が別々の名字を名乗る」「昔からの名字以外の名字を名乗る」「そもそも名字を名乗らない」など混乱が生じたが、何とか全国民が名字を公称することになったのである。

❖名字は地名や職業に由来する

現在、日本にある名字は10万とも30万ともいわれている。これだけの数の名字は、どのようにして起こったのだろうか。

名字の起こりは、大きく2つに分けられる。

◆住んでいた場所に由来

そこに住んでいた一族、または移住してきた一族がその地名を名字とした例。また、その地域の慣習や、集落での位置から名字となった例もある。

渡辺…摂津《せっつ》国渡辺郷が発祥。嵯峨《さが》源氏の流れをくむ源綱《みなもとのつな》が居住し名乗ったことにはじまる。

高橋…大和《やまと》国高橋邑《むら》が発祥。神社にある「高」い丸木「橋」に由来する説がある。

鈴木…紀伊《きい》国熊野が発端。この地方では、刈り取った稲穂を積み上げたものを「スズキ」と呼んでおり、それに漢字を当てたもの。

中村…集落から発生。中心となる村という意味で、本村や本郷と同じような意味。

●旧国名がついた名字
三河《みかわ》・日向《ひゅうが》・越前《えちぜん》・山城《やましろ》・大和《やまと》・能登《のと》・伊賀《いが》・伊勢《いせ》・加賀《かが》・土佐《とさ》・河内《かわち》・近江《おうみ》・丹波《たんば》・石見《いわみ》

●町名などがついた名字
若松《わかまつ》・下田《しもだ》・佐野《さの》・佐田《さだ》・今市《いまいち》・清水《しみず》・田辺《たなべ》・水戸《みと》・長崎《ながさき》

●古代の職業に由来する名字
斎部《いつきべ》・水部《もとりべ》・橋部《はしべ》・伴部《ともべ》・膳部《かしわべ》・渡部《わたりべ》・刑部《おさかべ》・船部《ふなべ》・鞠部《まりべ》・矢部《やべ》・漆部《うるしべ》・石部《いしべ》・錦部《にしきべ》・土部《はにしべ》・品《とも》部《べ》・神服部《かむはとりべ》・土師部《はにしべ》・倭文部《しとりべ》

●職人に由来する名字
飾《かざり》…金属やかんざし、金具など細工をする職人
大工《だいく》…ご存じ、大工さん
図師《ずし》…荘園などの図面をつくる職人
碇《いかり》…漁夫《ぎょふ》や廻船問屋《かいせんどんや》など海事関係

◆一族の職業に由来

一族の官職、生業《なりわい》を名字とした例。そのまま使用する場合と、少々変化させる場合がある。

佐藤…藤原北家《ほっけ》の藤原公清《ふじわらのきみきよ》が就いた官職「佐《すけ》」から、「佐」の「藤」原さんとしてつくられた名字と言われる。
伊藤…公清の孫・尾藤基景《びとうもとかげ》が伊勢《いせ》国に領地を得て「伊」勢国の「藤」原さんを名乗ったことが発端。伊豆《いず》国の場合も。ちなみに尾藤は「尾《お》」張《わり》国に領地を得た「藤」原さん。
忌部《いんべ》…古代の職業部「いんべ」に由来。神に奉仕する職業である。
服部《はっとり》…古代の職業部「はとりべ」に由来。衣服の製作を行っていた。

現在ある名字のほとんどが、このような流れで生まれている。それ以外にも、「氏《うじ》」と「姓《かばね》」と呼ばれるものがあった。

◆まず現れたのは「氏」と「姓」

名字を知る上では、「氏《うじ》」と「姓《かばね》」と「名字」の違いを明らかにしなければならない。簡単に言うと、次の通りである。

氏…親族集団の総称。藤原氏、源氏、平氏など。
姓…各氏族や個人に与えられた位。
朝臣《あそん》（例：平朝臣清盛）
宿禰《すくね》（例：武内宿禰）など。

名字…分家した結果、氏以外の呼び名が必要となり用いた称。現在の名字とほぼ同じ意味。

例：渡辺、佐藤など。

ここから、成立年代順に見て、まず「氏」と「姓」があり、後に「名字」の必要性が出てきたことが想像できる。

◆同氏の区別をつけるための「名字」

平安時代の藤原氏、鎌倉時代の源氏・平氏のように時代を席巻した大氏《おおうじ》は、同氏がどんどん増え、全国に散らばっていった。そうすると必然的に、氏を区別する必要が出てくる。これは本家と分家、本流と支流の間に顕著だった。

そのタイミングは、一族が移住したときや、次男以下が家を出たときが主である。いずれも、転居した地方や屋敷を構えた場所の地名をとって名字とする場合が多かった。

有名なところでは、源頼朝のいとこである源義仲は、木曽を本拠地としたことから木曾義仲とも名乗っている。

さらに時代が下ると、本家の名字と区別して、分家が新しい名字をつけるようになる。たとえば足利氏の分家が今川を名乗るようになり、これによって名字はますます広がりを見せていった。

❖名字の大祖父・源平藤橘

名字を語る上で欠かせない「源平藤橘」というものがある。第1章でも触れた有力氏族の代表、源氏、平氏、藤原氏、橘氏のことだ。

彼らの共通点は、氏《うじ》を天皇から与えられていること。これは菅原《すがわら》氏や大江氏、在原《ありわら》氏なども当てはまり、天皇の血筋で臣下となった者（「臣籍降下」という）と大きな業績を残した者の2種類に分けられる。前者は源氏、平氏、在原氏、後者は藤原氏、橘氏、菅原氏、大江氏だ。

他にも多くの氏族がある中で、源平藤橘の4氏を特別視するのは、いずれも一度は強大な権威を誇った一族であったからだ。そして名字という観点からは、その源泉といえる存在だからである。

なお、現在ある「源」「平」「藤原」「橘」といった名字が「源平藤橘」に直結するかといえば、一概にそうとはいえない。何しろ「氏」と「名字」は別物なのだ。そして、さしもの4大氏も永年存続してはおらず、各地に散ったり衰退したりしており、その中で居住地を名字として用いている。氏は本姓として残したものの、それが続いたのも明治期までだったのだから、直結する方が稀有な例といえよう。

武家の超筆頭・源氏

平治《へいじ》の乱や源平合戦など平家との争いが知られる源氏は、天皇の血筋を継ぐ一族である。その第一陣は嵯峨《さが》天皇系で、きっかけは膨大な生活費。系図によれば嵯峨天皇には約50人の皇子・皇女がおり、その養育、生活のための出費がかさんで朝廷の財政を逼迫《ひっぱく》させていた。そこで支出を減らすため、皇位を望めない者などを家臣にし源氏を与えたのである(臣籍降下《しんせきこうか》)。

その後、清和《せいわ》天皇、宇多《うだ》天皇、村上天皇など合計21人の天皇も、子供や孫に源氏を与えた。流れが多いことから、各天皇の号を冠して「嵯峨源氏」などと表している。

さらに、清和源氏で河内《かわち》国に住んだ「河内源氏」、美濃《みの》国に住んだ「美濃源氏」のように、それぞれの源氏が居住した地域名を冠した流れも生まれた。たとえば、源氏というと多くは源頼朝や義経を思い浮かべると思うが、彼らは「河内源氏」である。また甲斐の虎・武田信玄を輩出した武田氏は、甲斐《かい》国の清和源氏で「甲斐源氏」という。

また、武家だけでなく公家《くげ》にも源氏の流れは続いている。村上天皇にはじまる「村上源氏」がその代表格だ。

●嵯峨・宇多・村上源氏につながる名字●

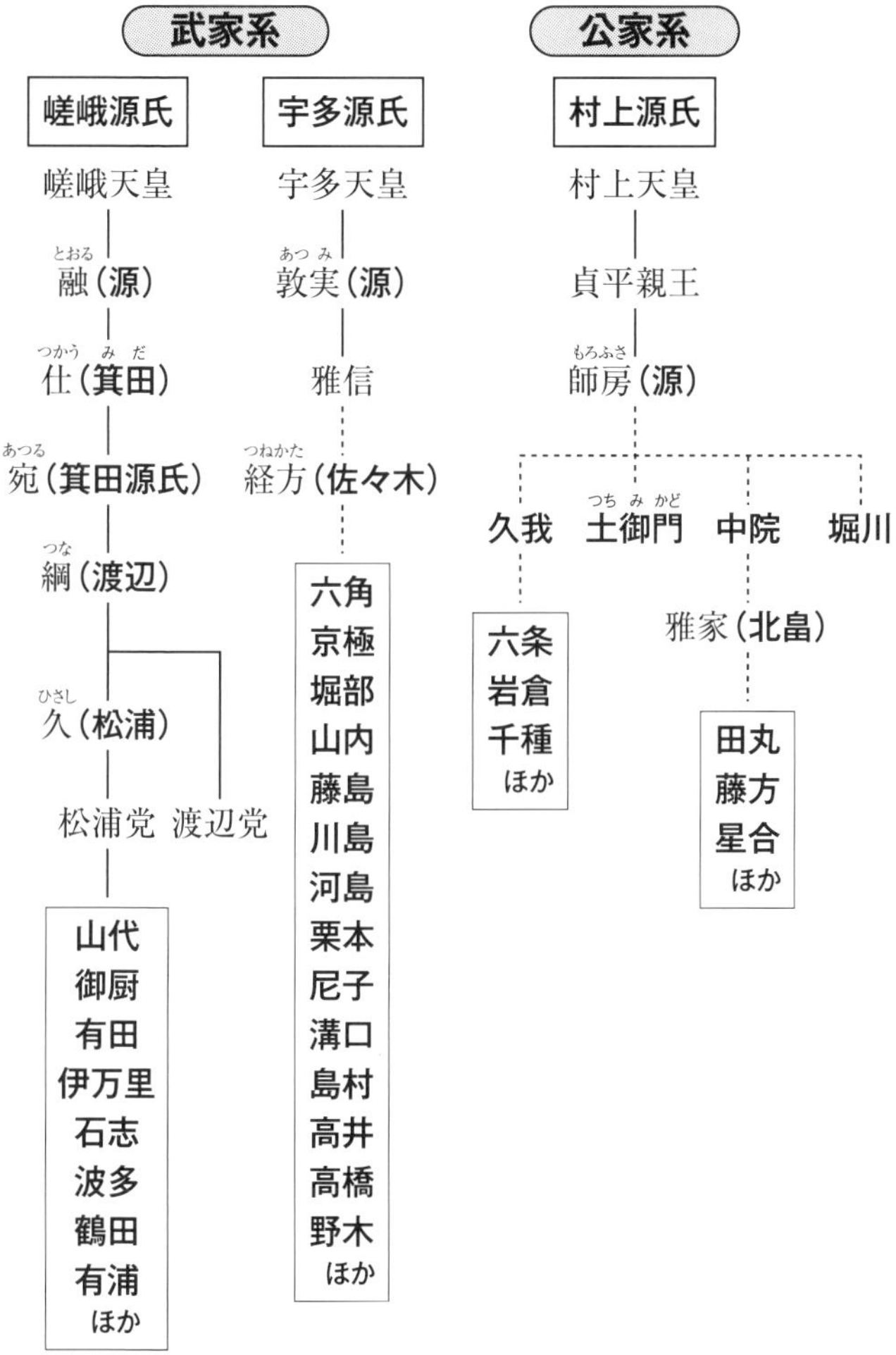

●清和源氏につながる名字●

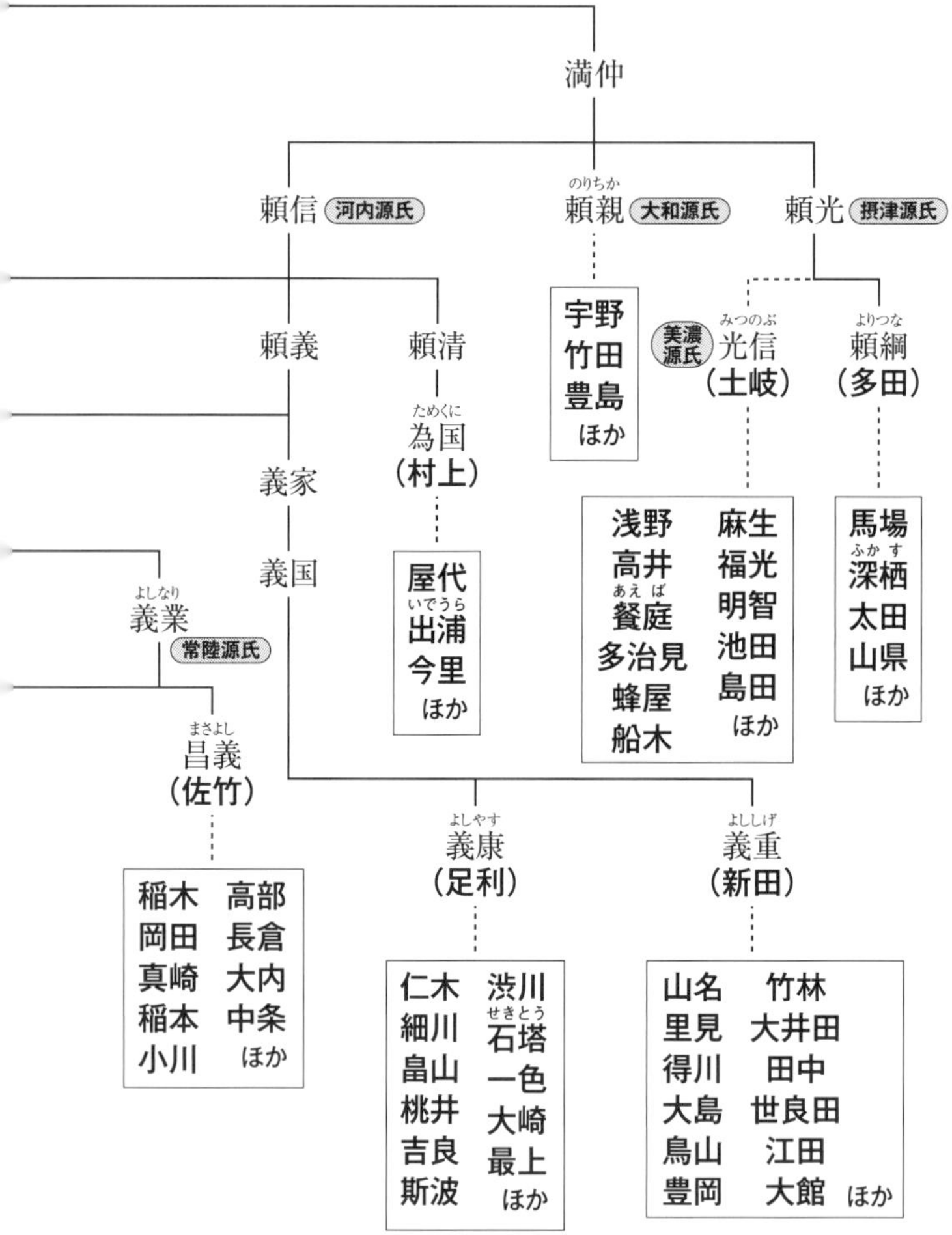
満仲
頼信
河内源氏
頼親《よりちか》
大和源氏
頼光
摂津源氏
宇野
竹田
豊島
ほか
頼義
頼清
美濃源氏
光信《みつのぶ》
（土岐）
頼綱《よりつな》
（多田）
為国《ためくに》
（村上）
義家
屋代
出浦《いでうら》
今里
ほか
浅野
高井
餐庭《あえば》
多治見
蜂屋
船木
麻生
福光
明智
池田
島田
ほか
馬場
深栖《ふかす》
太田
山県
ほか
義国
義業《よしなり》
常陸源氏
昌義《まさよし》
（佐竹）
稲木
岡田
真崎
稲本
小川
高部
長倉
大内
中条
ほか
義康《よしやす》
（足利）
仁木
細川
畠山
桃井
吉良
斯波
渋川
石塔《せきとう》
一色
大崎
最上
ほか
義重《よししげ》
（新田）
山名
里見
得川
大島
鳥山
豊岡
竹林
大井田
田中
世良田
江田
大館
ほか

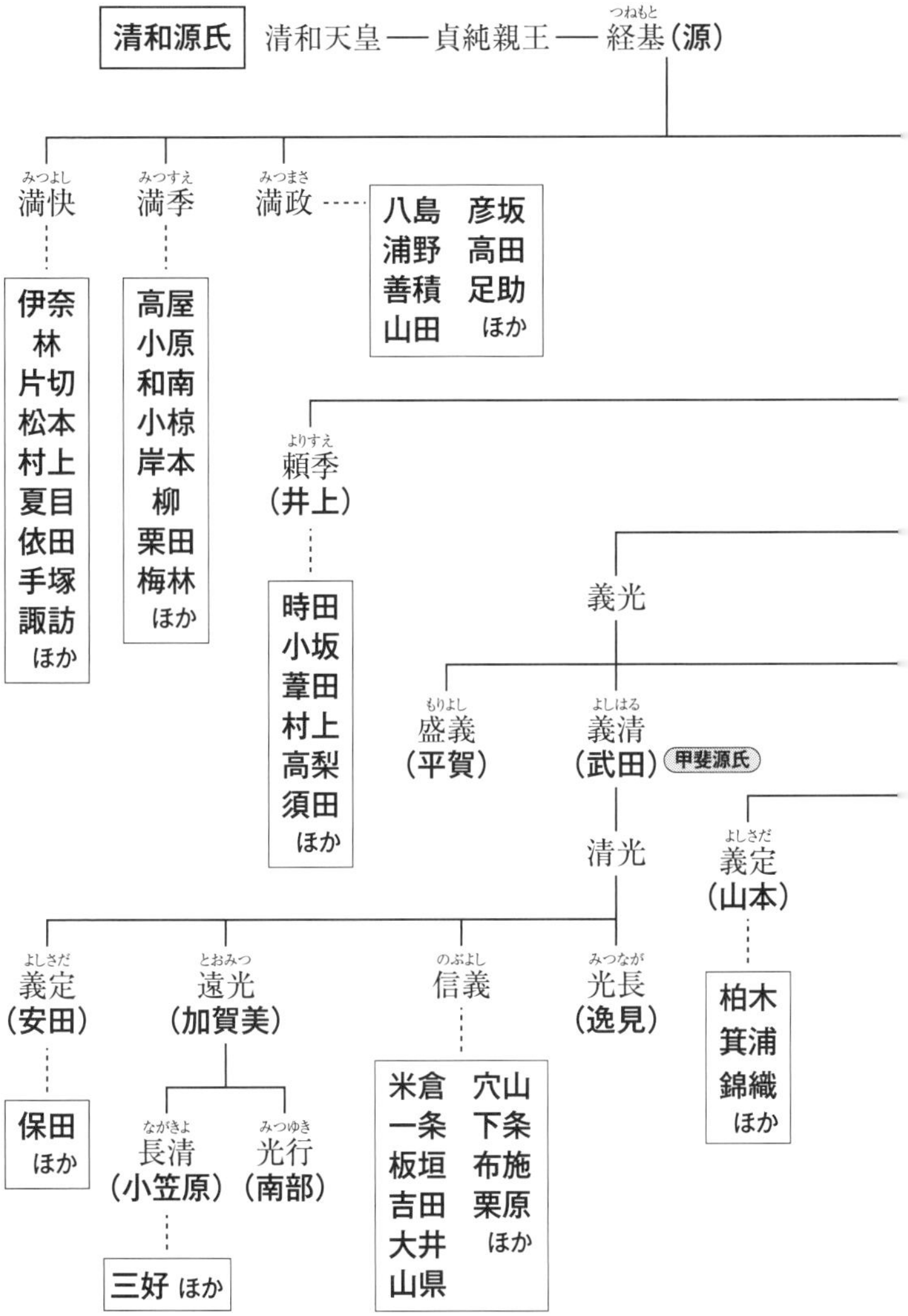

清和源氏
清和天皇
貞純親王
経基《つねもと》（源）
満快《みつよし》
伊奈
林
片切
松本
村上
夏目
依田
手塚
諏訪
ほか
満季《みつすえ》
高屋
小原
和南
小椋
岸本
柳
栗田
梅林
ほか
満政《みつまさ》
八島　彦坂
浦野　高田
善積　足助
山田　ほか
頼季《よりすえ》
（井上）
時田
小坂
葦田
村上
高梨
須田
ほか
義光
盛義《もりよし》
（平賀）
義清《よしはる》
（武田）
甲斐源氏
清光
義定《よしさだ》
（山本）
柏木
箕浦
錦織
ほか
義定《よしさだ》
（安田）
保田
ほか
遠光《とおみつ》
（加賀美）
長清《ながきよ》
（小笠原）
三好 ほか
光行《みつゆき》
（南部）
信義《のぶよし》
米倉　穴山
一条　下条
板垣　布施
吉田　栗原
大井　ほか
山県
光長《みつなが》
（逸見）

盛者必衰の理・平氏

平氏は源氏同様、臣籍降下《しんせきこうか》によって生まれた氏だ。そのはじまりは桓武《かんむ》天皇。源氏と熾烈な戦いを繰り広げ、壇ノ浦に沈んだ平家は、この桓武平氏の一門である。ほかに3系統あるが、いずれもそれほど栄えなかったので、平氏といえば桓武天皇の流れと思って良い。桓武平氏には公家になった高棟王《たかむねおう》流と、武家になった高望王《たかもちおう》流がある。平安末期のキレ者政治家・平時忠《たいらのときただ》と、その姉・時子《ときこ》は前者の一門だ。そして、関東武士団の坂東《ばんどう》平氏「千葉」「三浦」「梶原」など、そして平家の世をつくりあげた平清盛一族は後者にあたる。

この坂東平氏と平家は、同一族でありながら対立した。平家隆盛以前に関東地方が河内《かわち》源氏の勢力下に置かれていたこともあって、坂東平氏の多くは源頼朝による平家打倒に呼応したのである。かたや鎌倉幕府で要職に就き、かたや壇ノ浦に沈んだというのは、対比するにも極端な結果といえよう。

なお、平氏は天皇が孫以下に授けた氏であるため、子どもに授けられた源氏よりも格下といわれている。しかし、清和天皇も村上天皇も孫に源氏を与えており、一概にはいえない。

●桓武平氏につながる名字●

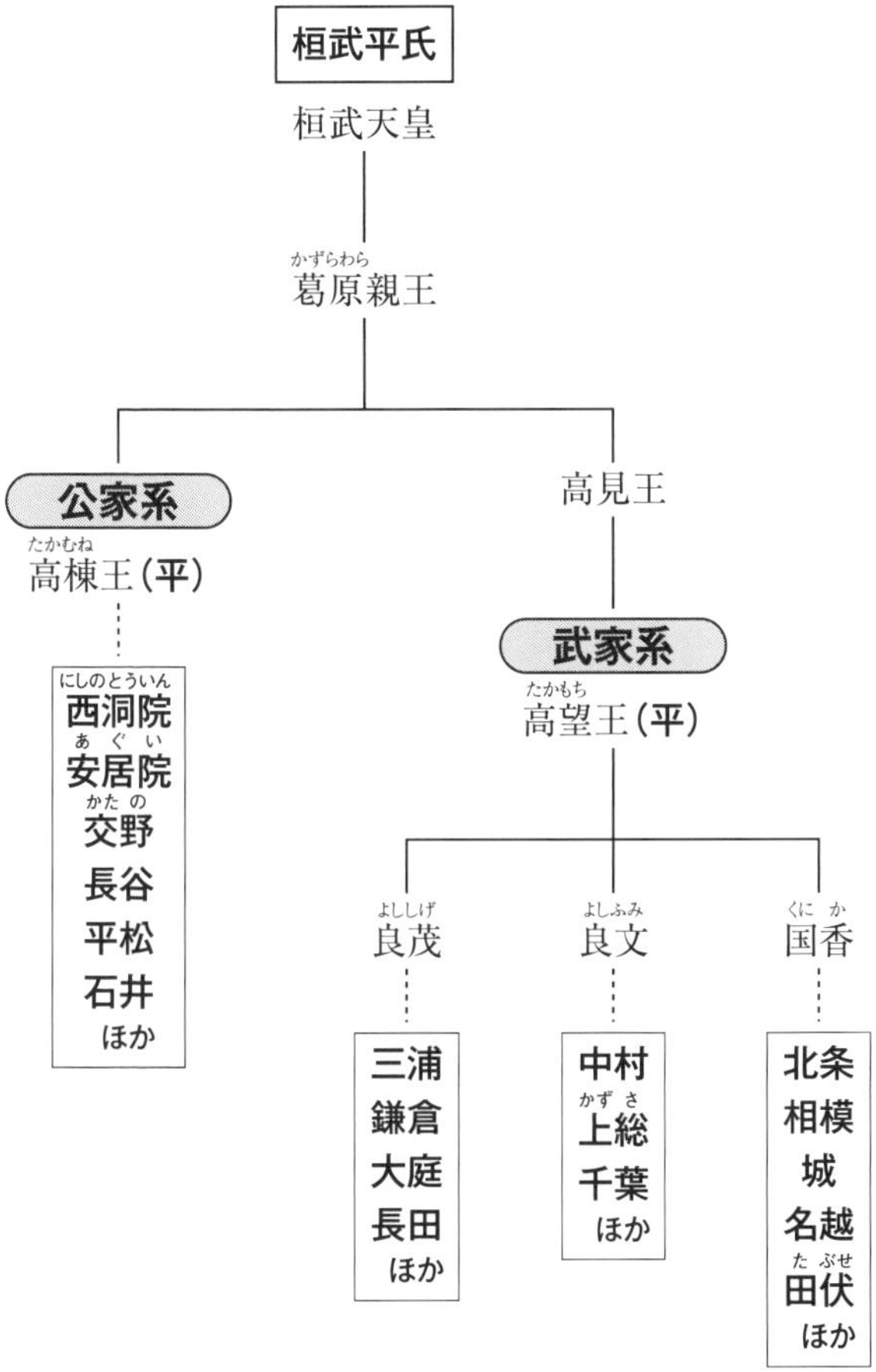

源平の台頭で衰退した藤原氏

藤原氏の活躍は奈良時代から平安時代にかけてのことで、源平の一時代前となる。そのはじまりは、大化の改新などで知られる天智天皇《てんち》の腹心・中臣鎌足《なかとみのかまたり》だ。天皇により藤原氏を与えられ、その息子・不比等《ふひと》から藤原摂関政治への道のりが開けたのだった。

不比等の4人の息子は、それぞれに「南家《なんけ》」「北家《ほっけ》」「式家《しきけ》」「京家《きょうけ》」に分かれたが、京家は早々に没落、南家と式家は奈良時代に栄えたものの平安初期に衰退した。一方、遅れて歴史の舞台に登場した北家は代を経るごとに昇進を続け、藤原氏の主流となった。

栄華を極めた藤原道長は、この北家から出ている。彼は「この世をば わが世とぞ思ふ 望月の かけたることも なしと思へば」と詠んで、藤原氏の絶大な権力を誇った。皇族ではなく血筋に劣る藤原氏が栄えたのは、娘を天皇に嫁がせて外戚《がいせき》（女性方の親戚）になったため。天皇の外祖父（母方の祖父）になることで、政治の実権を握ったのだ。

しかし平安末期、源平の台頭によって衰退、以降は公家《くげ》として存続することとなる。

一方では、傍流から武家も現れている。その中で名字の発生に関連した重要人物が、藤原秀郷《ひでさと》と藤原利仁《としひと》だ。藤原氏流の名字は主に彼らを発端としており、現在も多く見られる「斎藤」「佐藤」「加藤」「伊藤」などの藤原氏由来の名字も、彼らに出自を求められる。

●藤原氏より派生した藤系名字のパターン●

官職名との組み合わせ

佐藤 —— 左衛門尉《さえもんのじょう》
斎藤 —— 斎宮頭《さいぐうのかみ》
工藤 —— 木工助《もくのすけ》
進藤 —— 修理少進《しゅりのしょうしん》
首藤《しゅどう》 —— 主馬首《しゅめのかみ》
内藤 —— 内舎人《うどねり》
武藤 —— 武者所

＋藤

地名との組み合わせ

佐藤 —— 佐野
伊藤 —— 伊勢
伊豆
加藤 —— 加賀
近藤 —— 近江
遠藤 —— 遠江《とおとうみ》
武藤 —— 武蔵
尾藤 —— 尾張
後藤 —— 備後
肥後
須藤 —— 那須

＋藤

藤原氏

藤原氏の後裔

後藤

五摂家 藤原北家

近衛
九条
鷹司《たかつかさ》
二条
一条

他氏との合作

紀藤《きとう》 —— 紀《きの》氏
安藤 —— 阿倍氏
江藤 —— 大江氏
海藤 —— 海部氏
春藤 —— 春日氏

＋藤

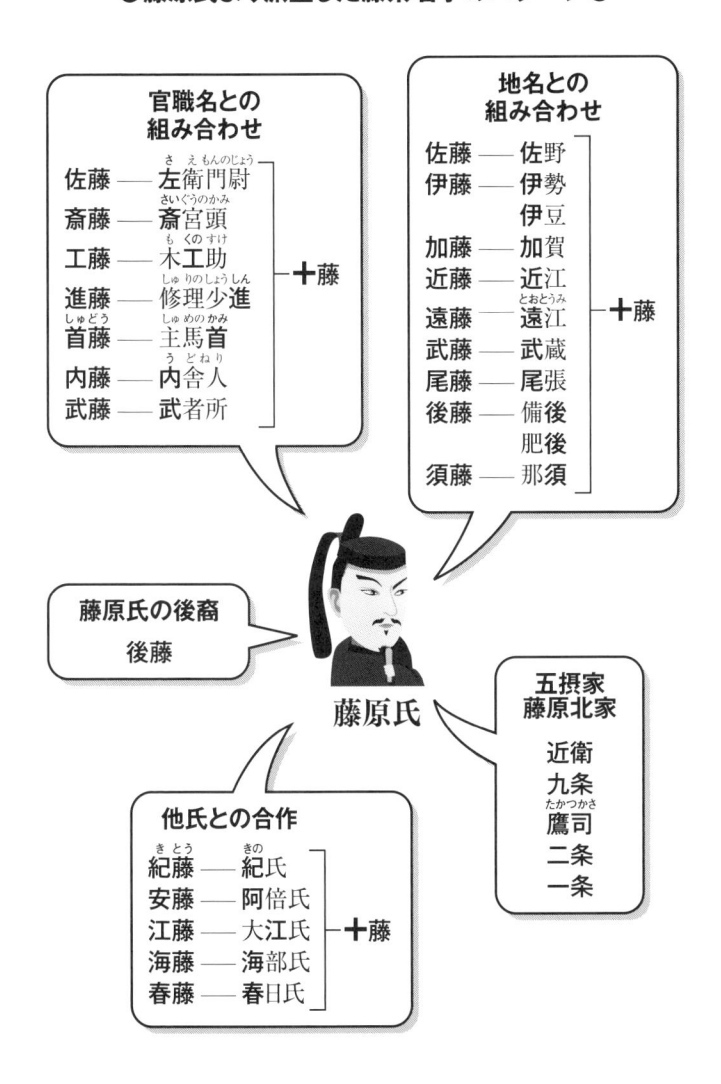

●藤原氏につながる名字●

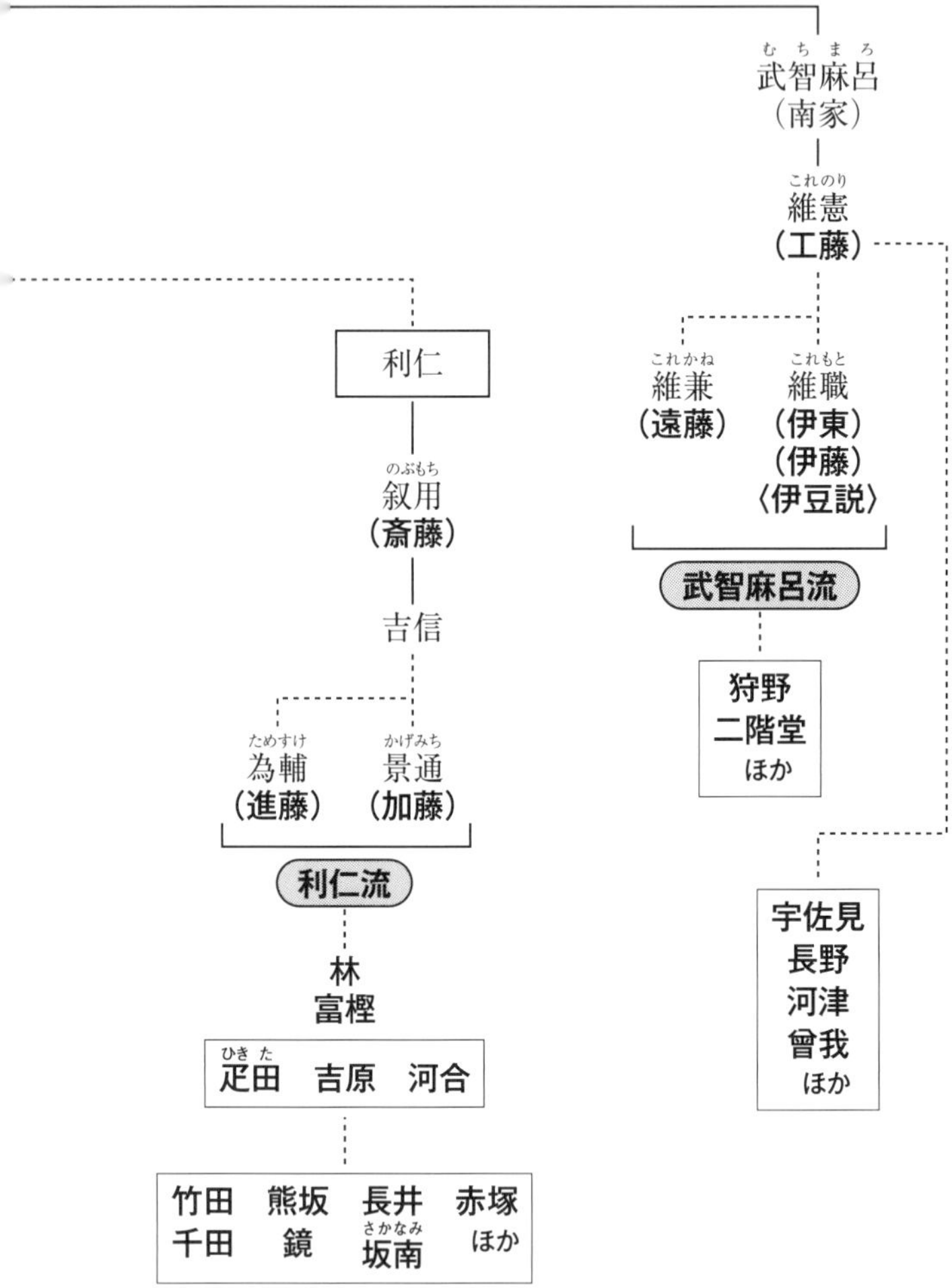
武智麻呂《むちまろ》
（南家）
維憲《これのり》
（工藤）
維兼《これかね》
（遠藤）
維職《これもと》
（伊東）
（伊藤）
〈伊豆説〉
武智麻呂流
狩野
二階堂
ほか
宇佐見
長野
河津
曾我
ほか
利仁
叙用《のぶもち》
（斎藤）
吉信
為輔《ためすけ》
（進藤）
景通《かげみち》
（加藤）
利仁流
林
富樫
疋田《ひきた》　吉原　河合
竹田　熊坂　長井　赤塚
千田　鏡　坂南《さかなみ》　ほか

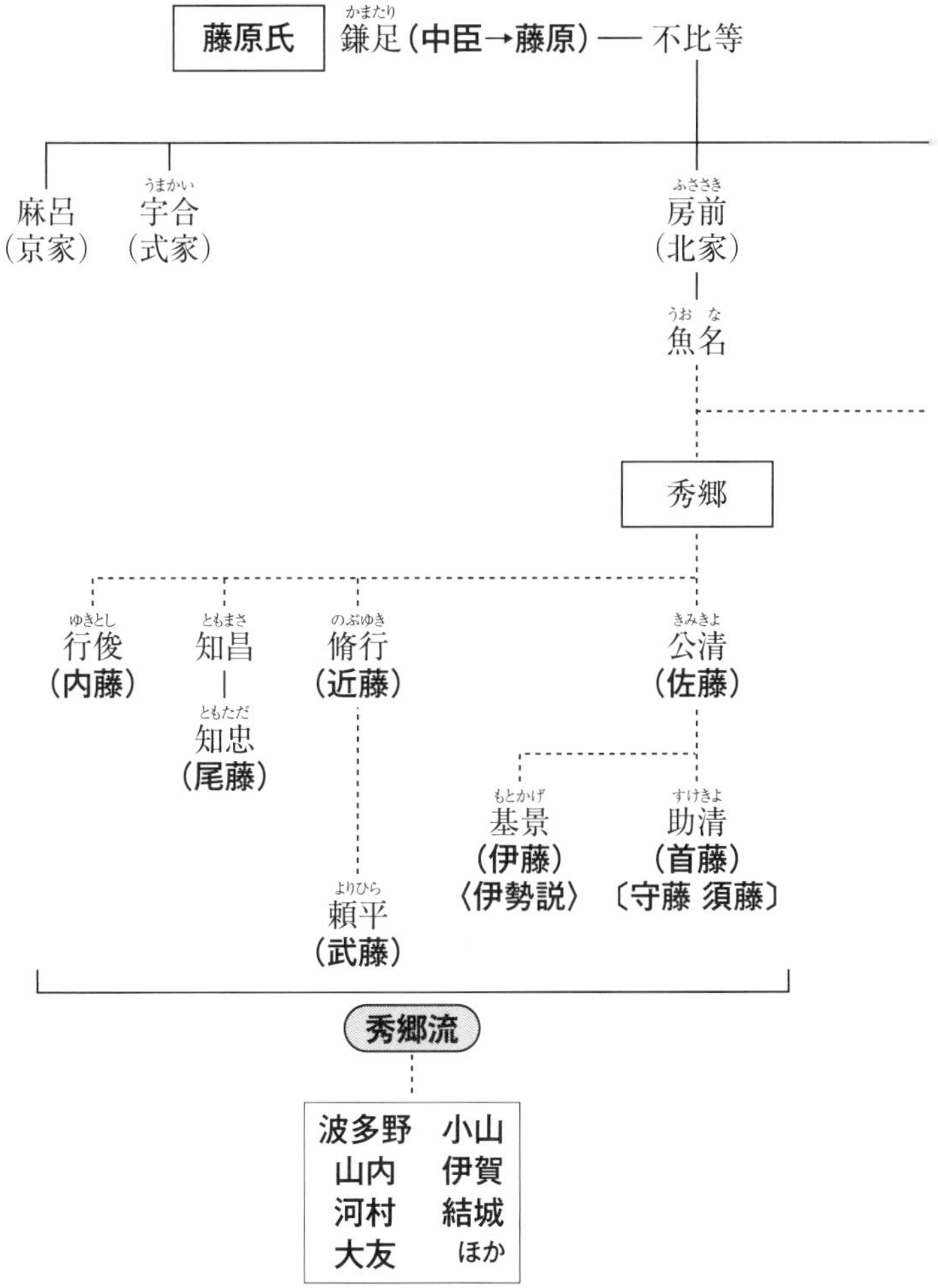
藤原氏
鎌足《かまたり》（中臣→藤原）── 不比等
麻呂（京家）
宇合《うまかい》（式家）
房前《ふささき》（北家）
魚名《うおな》
秀郷
行俊《ゆきとし》（内藤）
知昌《ともまさ》
知忠《ともただ》（尾藤）
脩行《のぶゆき》（近藤）
頼平《よりひら》（武藤）
公清《きみきよ》（佐藤）
基景《もとかげ》（伊藤）〈伊勢説〉
助清《すけきよ》（首藤）〔守藤 須藤〕
秀郷流
波多野　小山
山内　伊賀
河村　結城
大友　ほか

始祖は紅一点・橘氏

氏も姓も名字も、下賜《かし》されたり名乗ったりするのは男性である。そんな中で例外中の例外なのが橘氏。何しろ、始祖の三千代《みちよ》は氏を与えられた唯一の女性なのだ。その上、与えた方も女性である。それは、三千代が乳母となった文武《もんむ》天皇の祖母・持統《じとう》女帝と母・元明《げんめい》女帝だ。三千代は二人からの信頼が厚く、宮廷への長年にわたる功績から橘氏を与えられたという。

しかし、実際に「橘」を名乗るのは子の諸兄《もろえ》から。この頃、三千代は藤原不比等と再婚していたこともあって後ろ盾にはならなかったようで、諸兄は孤軍奮闘、一代で栄華を築いたのだった。

●橘氏より派生した名字●

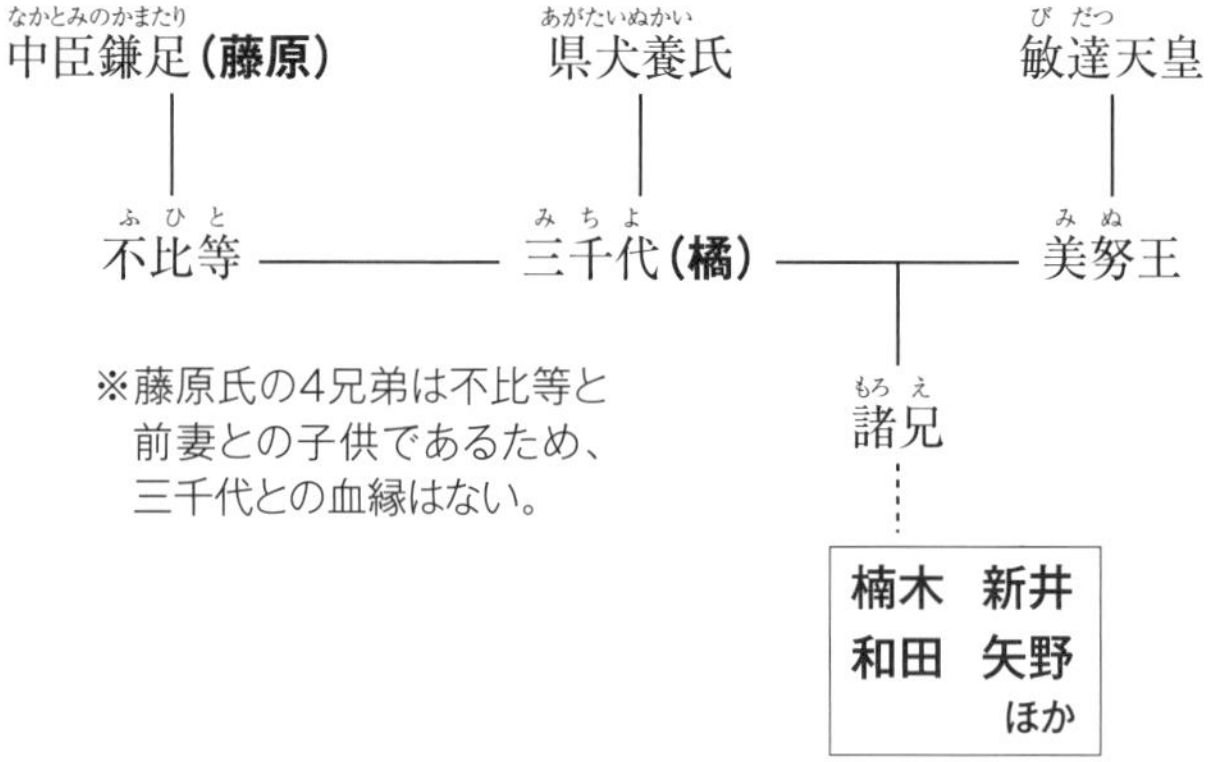

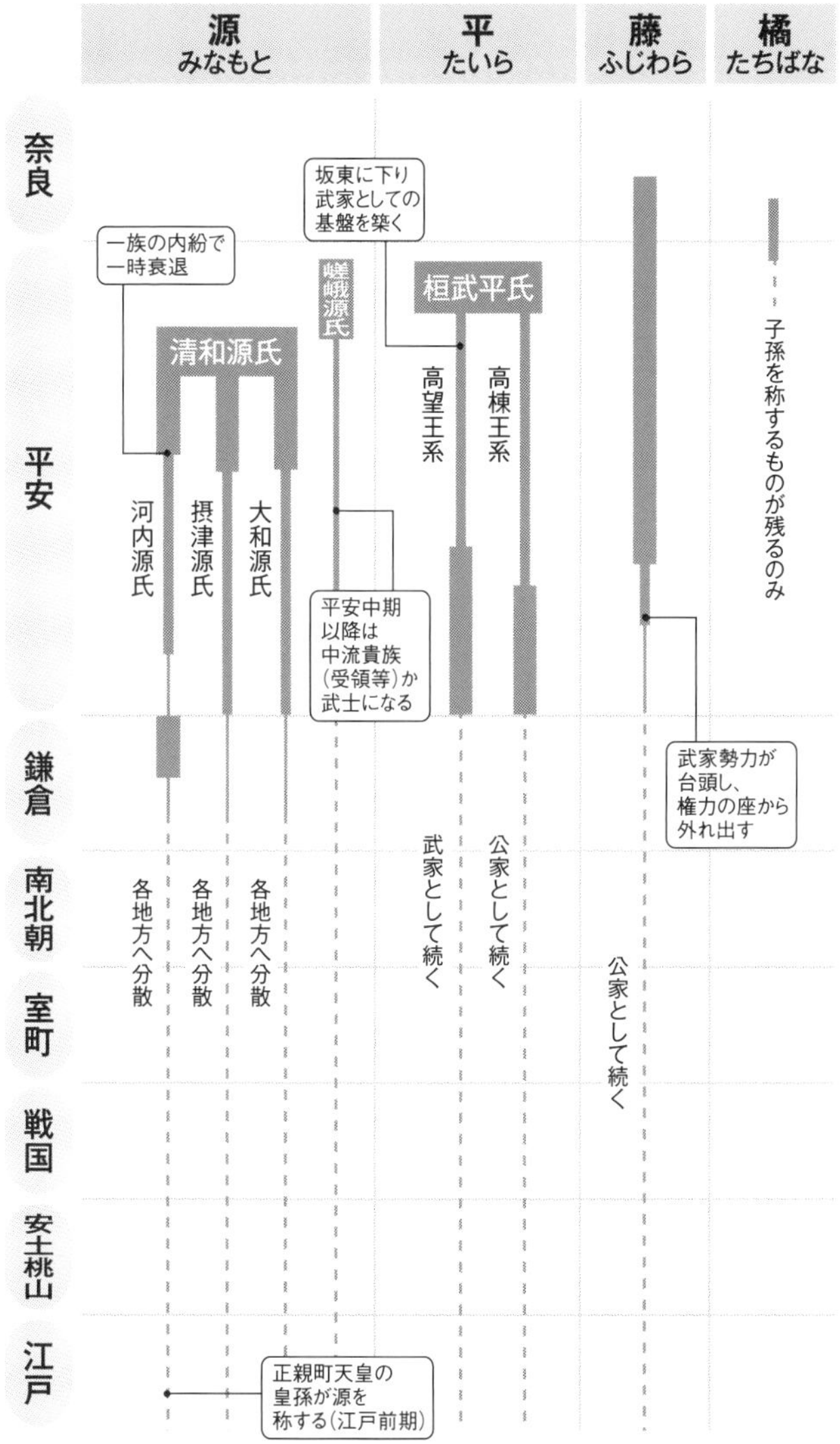

源
みなもと
平
たいら
藤
ふじわら
橘
たちばな
奈良
平安
鎌倉
南北朝
室町
戦国
安土桃山
江戸
一族の内紛で
一時衰退
清和源氏
河内源氏
摂津源氏
大和源氏
嵯峨源氏
坂東に下り
武家としての
基盤を築く
桓武平氏
高望王系
高棟王系
平安中期
以降は
中流貴族
（受領等）か
武士になる
子孫を称するものが残るのみ
武家勢力が
台頭し、
権力の座から
外れ出す
各地方へ分散
各地方へ分散
各地方へ分散
武家として続く
公家として続く
公家として続く
正親町天皇の
皇孫が源を
称する（江戸前期）

COLUMN 3

名字の多い国、少ない国

日本の名字の数は10万種類とも30万種類ともいわれている。差がありすぎると思われるだろうが、これは漢字や読みの違いをカウントするかどうかによって異なるためだ。

　そうはいっても、日本の名字数はほかのアジア圏に比べて突出している。中国は約4000種類だし、お隣の韓国にいたっては約250種類しかない。その理由は成り立ちの違い。日本では移住した場所の地名を名乗ったため自然と名字が増えたのに対し、中国では儒教思想から名字を受け継ぐことを大切にし、分家しても新たに名字を興すことはなかった。韓国も同様である。

　では欧米はどうだろう。日本と近いところではドイツが15万種類から30万種類といったところ。もっとも多いのはアメリカで約150万種類。移民の国だけあり、東西さまざまな国や地域の名字を見ることができる。文字通り、ケタ違いの迫力だ。

　人数の多い名字をみてみると、世界一は中国系の王（Wang）さん。中国国内だけで約1億人いるともいわれている。次点も中国系の李（Li）さんだ。英語圏ではスミス（Smith）さんがもっとも多く、約300万人だという。

　東の横綱・中国は名字の人数の多さで、西の横綱・アメリカは名字の種類の多さで世界を圧倒しているといえよう。

私は王
世界に1億人は
いるでしょう

私はSmith
世界に300万人は
いるようです

第6章

名字を生んだ名字100選

足利

【あしかが】

河内源氏

発生…下野国

【足利家の家紋】

足利二つ引両

室町幕府の将軍家となった足利氏は、武家のエリートともいえる河内《かわち》源氏を出自に持つ。はじまりは平安時代、源義家《みなもとのよしいえ》の3男・義国《よしくに》が下野《しもつけ》国足利荘《しょう》を領したことで、以降子孫は「足利」を名乗った。

源頼朝《よりとも》の挙兵、奥州《おうしゅう》合戦などに参加して地位を確立する。また、北条政子の妹を妻に迎えるなど北条氏と縁戚を結ぶことにも余念なく、他氏が排斥される中でも良好な関係を維持してきた。

その足利氏が、鎌倉幕府を倒して開いたのが室町幕府である。後醍醐《ごだいご》天皇に離反した8代当主・足利尊氏《たかうじ》によるもので、征夷大将軍に任じられ足利将軍家と称されるようになる。3代将軍義満《よしみつ》の時代に南北朝合一を達成して全盛期を迎えるが、死後に将軍権力が弱体、その後は名ばかりの存在となる。全盛を誇った将軍家は、15代将軍義昭《よしあき》の死没にともない断絶した。

足利氏の隆盛にともなって増えた支流が、全国に広がった。一部を挙げると「渋川」「一《いっ》色《しき》」「吉良《きら》」「最上《もがみ》」「石橋」「広沢」「天童」「関口」など。とくに「斯波《しば》」「細川」「今川」「畠山」はそれぞれに多くの支流を出しており、名字の広がりにおいても重要な役割を占めていたといえよう。

今川

【いまがわ】

河内源氏足利流
発生…三河国

【今川家の家紋】
丸の内に二つ引両

室町幕府を開いた足利《あしかが》氏の支流・吉良《きら》氏の分家にあたる。吉良氏初代は、足利義氏《よしうじ》の長子・長氏《おさうじ》だ。庶子であった彼は吉良氏を興し、次男・国氏《くにうじ》が吉良氏の所領の一部である三河《みかわ》国今川荘を領して「今川」と称したという。

今川氏は、吉良氏とともに足利宗家の継承権を有していた。「御所（足利将軍家）が絶えれば吉良が継ぎ、吉良が絶えれば今川が継ぐ」といわれ、別格中の別格だった。これは、吉良氏初代の長氏が庶子だったために、長子でありながら足利氏を継げなかったことに関係しているという。実際に、今川範政《のりまさ》が上杉禅秀《ぜんしゅう》の乱の功績から征夷副将軍に任命されている。

15世紀末には、敵対していた同族である斯波《しば》氏を廃して遠江《とおとうみ》国守護職を得、戦国大名として発展を見せていく。そんな今川氏の最盛期は、有名な今川義元の時代だ。駿河《するが》国・遠江国・三河国を支配し、さらに尾張《おわり》国の一部まで有したが、桶狭間《おけはざま》の戦いで織田信長に敗れ去った。さらに義元の後継はふるわず、戦国大名・今川氏は義元の死後8年で滅亡してしまった。

支流に「小鹿」「蒲原《かまはら》」「持永《もちなが》」「大木」「品川」「名和《なわ》」「木田」などがある。

大江【おおえ】

大江氏
発生…山城国

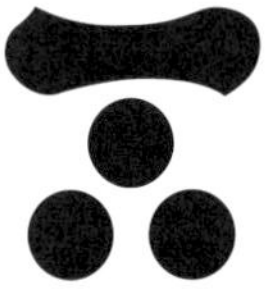

【大江家の家紋】
一文字に三つ星

奈良時代に葬送儀礼に携わっていた土師《はじ》氏から分かれた一族。桓武《かんむ》天皇が縁戚関係にある土師諸上《もろがみ》に与えた「大枝」を、後に「大江」と改めたものである。

歌人や学者を多く輩出した文人肌で、和歌の名人を選出した中古三十六歌仙に大江《おおえの》千里《ちさと》、匡衡《まさひら》、嘉言《よしとき》、女性からは和泉式部《いずみしきぶ》、赤染衛門《あかぞめえもん》が名を連ねている。

ほかに有名どころとして、平安時代屈指の学者にして源義家《みなもとのよしいえ》に兵法を教えたという大江匡房《まさふさ》、源頼朝《よりとも》の側近で鎌倉幕府政所初代別当となった大江広元《ひろもと》がいる。いずれも河内源氏の軍師的存在で、大江氏の頭脳が世を動かす一助となったといえよう。

学問的才能に優れる一族として菅原《すがわら》氏も挙げられるが、一時期は大江氏の方が朝廷で重用されるなど優位に立っていたようだ。先述の匡房は、前世代に当代きっての頭脳派と称された菅原道真《みちざね》と、その学才を比較されることもあったという。

広元の系統からは「毛利」「海東」「寒河江《さがえ》」「那波《なは》」「長井」といった名字が発生。しかし本家筋である大江氏は、広元の次の代で衰退してしまった。

小笠原

【おがさわら】

甲斐源氏加賀美流
発生…甲斐国

【小笠原家の家紋】
三階菱

甲斐《かい》国武田氏の武田信義《のぶよし》の弟で、加賀美《かがみ》氏を興した遠光《とおみつ》の子・長清《ながきよ》を祖とする。名字の由来は甲斐国巨摩《こま》郡にあった小笠原の地名で、この地に居館をもうけた。

甲斐源氏は嫡流《ちゃくりゅう》を武田氏としており、小笠原氏は庶流《しょりゅう》のまた庶流だが、格式も勢力も、そして名字の世界においても嫡流に遜色ない働きを見せてきた。全国各地に小笠原を名乗る分家、別姓を名乗った支流があり、大族であったといえよう。

鎌倉時代に本拠地を信濃《しなの》国に移し、室町時代には守護に任ぜられた。その後、嫡流は京都にも移ったほか、庶流は阿波《あわ》国、備前《びぜん》国、備中《びっちゅう》国、石見《いわみ》国、三河《みかわ》国、遠江《とおとうみ》国、陸奥《むつ》国に広がっている。戦国時代になると小笠原宗家は武田氏に所領を奪われ、没落してしまう。しかし安土桃山時代に再興、江戸時代に譜代大名となった。

なお室町以降は、武家社会の有職故実《ゆうそくこじつ》を伝える中心的役割を果たし、自家の伝統を継承していった。これが礼法の流派・小笠原流である。

支流には「三村」「浅原」「跡部《あとべ》」「打越《うちこし》」「大井」「大倉」「下条」「二木」「林」「船越」「三好」などが見られる。

工藤

【くどう】

藤原南家
発生…大和国

【工藤家の家紋】
庵木瓜

藤原《ふじわらの》不比等《ふひと》の長男・武智麻呂《むちまろ》を祖とする藤原南家《なんけ》の流れ。藤原氏というと、藤原道長など隆盛を誇った北家《ほっけ》が代表とされがちだが、これは名字の世界も同様である。藤原秀郷《ひでさと》も利仁《としひと》も北家の出自で、藤原氏由来とされる「○藤」の名字もほとんどが北家の流れだ。

しかし、物事には例外がつきものである。それがこの「工藤」だ。南家は平安時代、北家に押されて衰退したが、各地に散った支流はそれぞれに活躍した。工藤氏はそのひとつである。

武智麻呂から9代目の藤原為憲《ためのり》は、平将門《たいらのまさかど》追討の武勲から木工助《もくのすけ》に就任した。木工助は、宮殿造営を担当する朝廷の一部門の次官にあたるが、これを機に為憲は木工の「工」と藤原の「藤」をあわせて「工藤」を名乗ったとされている。

このうち伊豆国に移った一族から「伊藤」が現れた。一般的に「伊藤」は、伊勢国に移住した藤原氏が名乗った名字であるので、藤原南家流のそれは発生が少々異なる。この伊豆国工藤氏から奥州《おうしゅう》工藤氏が生まれ、さらに「栗谷川《くりやがわ》」「煙山《けむやま》」「葛巻《くずまき》」「田頭《たがしら》」などの名字も発生した。

斎藤

【さいとう】

藤原北家利仁流
発生…越前国

【斎藤家の家紋】
下がり藤

藤原氏の2大名字発生源の一方である藤原利仁《としひと》流で、最初に生まれた名字が「斎藤」だ。平安中期、利仁の子・叙用《のぶもち》が斎宮頭《さいぐうのかみ》に任命された際、斎宮頭の「斎」と藤原の「藤」をあわせて名乗ったことにはじまる。

斎宮は斎王《さいおう》の御所のことで、斎王とは伊勢神宮に巫女として奉仕する未婚の内親王《ないしんのう》のこと。斎宮頭はこの御所を管理し、斎王のお世話をする職の長官である。斎王は南北朝まで続いたが、叙用がいつ頃この職業に就いたのかは分かっていない。

斎藤氏は、平安末期から武蔵《むさし》国など各地に移住した。これらは加賀斎藤氏、弘岡斎藤氏、河合斎藤氏、勢多《せた》斎藤氏などと呼ばれた。中でも有名なのは、美濃《みの》斎藤氏だろう。

美濃国の斎藤氏というと下克上の代名詞・斎藤道三《さいとうどうさん》を思い浮かべるが、道三は一介の油商人で松波といった。それが斎藤を冒し、斎藤道三と名乗って土岐《とき》氏を追放、美濃の国盗りを成したのである。

なお斎藤の支流は、「加藤」「富樫《とがし》」「林」「進藤」「後藤」「吉原」などが挙げられる。

佐々木

【ささき】

宇多源氏
発生…近江国

【佐々木家の家紋】
平四つ目結

東北地方に比較的多い「佐々木」は、平安時代の近江《おうみ》国を発祥とする。宇多《うだ》天皇から臣籍降下されたいわゆる宇多源氏の一族で、中でも孫にあたる源雅信《みなもとのまさのぶ》の家系がよく栄えた。「佐々木」を名乗ったのは、近江国佐々木に移った雅信のひ孫・経方《つねかた》となる。

源頼朝《よりとも》の挙兵に呼応し参戦した佐々木氏は、鎌倉幕府の成立にも寄与している。そして各地の守護を任じられたり、奥州《おうしゅう》合戦に従軍しそのまま土着したりして、「佐々木」は拡大していったと考えられている。

佐々木氏からは、武家の名族「京極《きょうごく》」「六角《ろっかく》」「朽木《くつき》」が出ている。これは承久《じょうきゅう》の乱（1221年）で、佐々木氏のうち唯一北条方についていた信綱《のぶつな》が頭領となった際、4人の息子に領地を分けたことによる。いずれも栄えており、さらに「京極」からは「尼子《あまご》」「黒田」が出ている。ほかに公家《くげ》も輩出しており、なにかにつけて清和《せいわ》天皇の流れが目立つ源氏にあって、他流でありながら大きく発展したといえよう。

巨大一族だけあって支流も多く、一例として「亀井」「木村」「西尾」「植田」「森」「奥谷」「芦谷」「川島」「三井」「土橋」「大沢」などが挙げられる。

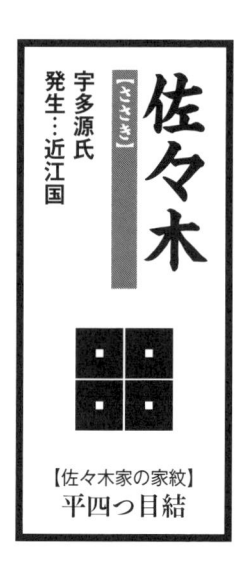

佐竹

【さたけ】

常陸源氏
発生…常陸国

【佐竹家の家紋】
五本骨扇に月丸

河内《かわち》源氏・源義光《みなもとのよしみつ》の子・義業《よしなり》を祖とする武家。常陸《ひたち》国佐竹庄を領し、地名をとって名乗ったという。なお他説に、義業の子・昌義《まさよし》が現在の常陸太田市にある佐竹寺で、節が1つしかない竹を見つけ、縁起を担いで「佐竹」と称したという話もある。

同族に武田氏、小笠原氏、南部《なんぶ》氏などの名族があり、佐竹氏も強力な一族であった。移住してから、そう年月をかけることなく常陸国北部を支配したという。また、すでに当地で栄えていた桓武平氏流の大掾《だいじょう》氏と姻戚関係を結び、さらに力をつけて有力豪族への階段を昇っていったようだ。なお、昌義の子・隆義《たかよし》は平清盛《たいらのきよもり》から恩を受けており、それが縁で源平の戦いでは源氏でありながら平家方に与している。後に源頼朝《みなもとのよりとも》から所領を没収されたが、奥州《おうしゅう》合戦のときには頼朝に従っている。

時代が下って関ヶ原の戦いでは家中の意見がまとまらないまま終戦を迎えた上、上杉氏との密約が発覚して出羽《でわ》国に移されてしまった。

支流は、「袋田」「大野」「山田」「常陸」「岡田」「白石」「小山」「大沢」「和田」「大山」「石塚」など数多い。

佐藤

【さとう】

藤原北家秀郷流
発生…陸奥国

【佐藤家の家紋】
源氏車

佐藤の出自は藤原氏に求められる。藤原《ふじわらの》秀郷《ひでさと》から5代目の公清《きみきよ》が、「佐《すけ》（次官）」の職位を得たことから、「佐」の「藤」原氏として名乗ったことにはじまる。この公清流佐藤氏は陸奥《むつ》国信夫《しのぶ》を本拠地としており、そこから名字の出自も陸奥国としているようだ。

なお「佐藤」の由来はほかに、左衛門尉《さえもんのじょう》（宮中の警護などを行う官職）の藤原氏、佐野の藤原氏、佐渡《さど》国の藤原氏など諸説ある。そのため、由来いかんでは発生地も異なってくると思われる。

さて、陸奥国の佐藤氏だが、奥州《おうしゅう》合戦では奥州藤原氏について源頼朝と戦っている。許されてからは同地を本拠とし、甲斐《かい》国、尾張《おわり》国などに広がっていった。各地で諸侯の臣下として活躍していたようだ。「佐藤」は現在、東北地方・関東地方に多いが、その発生や移住の過程あってのことと想像できる。

支流には「山内」「伊藤」「首藤《すどう》」などがある。また「佐藤」としては、有名なところでは歌人の西行法師《さいぎょうほうし》・佐藤義清《よしきよ》が公清のひ孫にあたるほか、近年では元総理大臣岸信介・佐藤栄作兄弟を輩出した長州《ちょうしゅう》藩士佐藤家が、公清流佐藤氏の子孫を自称している。

斯波

【しば】

河内源氏足利流
発生…陸奥国

【斯波家の家紋】
二つ引両

室町時代に将軍家となる足利《あしかが》氏の一門で、室町幕府の管領《かんりょう》（将軍を補佐する最高職）となった氏族。中部地方や北陸地方を領した大名であり、奥州探題《おうしゅうたんだい》、羽州《うしゅう》探題を代々歴任したほか、一時は九州探題・関東管領に任じられたこともあった名門中の名門である。

斯波氏初代・家氏《いえうじ》が足利泰氏《やすうじ》の庶長子であったため足利氏を継げず、「斯波」を興した。しかし足利氏の当主である弟・頼氏《よりうじ》が幼い頃には代役を務めるなどしていたこともあり斯波氏は非常に栄え、また一門中最高の家格を誇ったのである。

「斯波」の発祥は、この家氏が陸奥《むつ》国斯波郡を領したことにはじまるが、実際に「斯波」を名乗るのは室町時代になってから。また「斯波」を名乗った後も、尾張《おわり》国に代々の領地があったことから「尾張足利氏」と呼ばれていたようだ。尊氏の時代にも数々の戦功を挙げたが、戦国時代に織田氏や今川氏などに討たれて滅んだ。

支流は、「大崎」「最上《もがみ》」「広沢」「石橋」「吉田」「奥田」「津川」「黒川」「宇野」「清水」など数多く、ここからも名族の隆盛が見えよう。

大掾
【だいじょう】

桓武平氏
発生…常陸国

【大掾家の家紋】
左三つ巴

桓武《かんむ》平氏の流れをくむ一族が、常陸大掾《ひたちだいじょう》職に任ぜられて以降、子孫が代々大掾職に就いたため、やがて「大掾」と呼ばれるようになったという。大掾とは国司《こくし》のことで、古代から中世に至るまで、朝廷から各地に派遣された国の行政官を指す。地位は上から守《かみ》、介《すけ》、掾、目《さかん》などがあり、大きな掾ということで地位は高かったと思われる。

これの世襲により大掾氏は常陸国に大きな勢力を持ち、有力な一族となっていった。また河内《かわち》源氏の流れをくむ佐竹氏と姻戚関係を結び、協力態勢を築いた。しかし、豊臣秀吉による小田原の役の際、大掾氏は秀吉に反し、佐竹氏は秀吉に従っている。その結果、常陸国は佐竹氏に与えられてしまった。

大掾氏にはさまざまな惣領《そうりょう》が出ており、平安時代に惣領家となった「多気《たき》」、鎌倉時代に惣領家になった「吉田」、中世以降嫡流となった「馬場」などが挙げられる。支流に「真壁」「東条」「下妻《しもつま》」「石川」「麻生」「石毛」「鹿島《かしま》」など。なお、剣豪として著名な塚原卜《つかはらぼく》伝《でん》や新撰組の芹沢鴨《せりざわかも》も、大掾氏の末裔とされている。

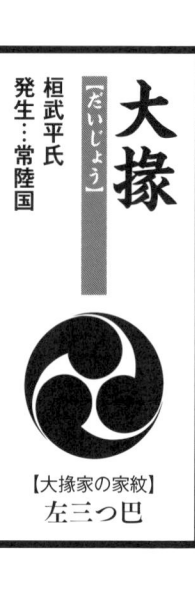

武田【たけだ】

河内源氏
発生…甲斐国

【武田家の家紋】
割り菱

戦国最強と謳《うた》われた武田騎馬軍団を率いた甲斐《かい》の虎・武田信玄《しんげん》を輩出した武田氏は、清和《せいわ》源氏一の名門・河内《かわち》源氏の流れである。源義家《みなもとのよしいえ》の弟・義光《よしみつ》が甲斐国に移住したことにはじまり、とくに「甲斐源氏」と呼ばれている。武田氏は甲斐源氏の宗家だが、これを名乗るのは子・義清《よしきよ》からで、彼が武田郷に居住したためとされる。

義清の子・信義《のぶよし》は、源頼朝《よりとも》に協力して平家軍と戦い信濃《しなの》国を勢力下に置くなど、めざましい武功を挙げたが、それがかえって頼朝の警戒心を買ってしまう。そのために信義は失脚させられ、多くの兄弟や子供たちも追いやられたが、5男の信光《のぶみつ》だけが頼朝の眼鏡にかなったため、家督を得た。この際に安芸《あき》国の守護を任じられたことが、安芸武田氏の誕生につながる。

後に甲斐武田氏は戦国大名となり大きな力を持ったが、信玄の子・勝頼《かつより》の時代に信長の武田征伐に敗れ、天目山《てんもくざん》で自害し滅亡した。

なお、庶流は各地に残っており、江戸時代を迎えた家もある。また蝦夷《えぞ》国松前氏、出羽《でわ》国浅利《あさり》氏などが庶流を称している。

橘

【たちばな】

橘氏
発生…不明

【橘家の家紋】
橘

橘氏の祖は女性である。女性の名はよほど身分が高くないと記されない時代もあったため、古代日本において女性の名を知ることは往々にして難しいものだが、その中で彼女の名前はきちんと分かっている。県犬養三千代《あがたいぬかいのみちよ》という。奈良前期の女官で、文武《もんむ》天皇の乳母として後宮で勢力を持っていた人物だ。

三千代ははじめ、皇族の美努王《みぬおう》に嫁いで葛城王《かつらぎのおおきみ》（後の橘諸兄《もろえ》）などを生んでいる。その後、藤原不比等《ふひと》の後妻となって聖武《しょうむ》天皇の正室となる光明子《こうみょうし》を生むなどして後宮に影響を持ち続け、藤原氏の覇権確立の助けとなった。

この三千代が、文武天皇の祖母・持統《じとう》天皇と母・元明《げんめい》天皇の信頼を得て、橘氏を与えられたのである。もっとも、実際に「橘」を名乗ったのは前夫との子・諸兄から。彼は何の因果か、生母の2人目の夫・不比等が、前妻との間にもうけた子が次々に亡くなったことから権力を得た。しかし、それ以降ぱっとしないまま、橘氏は衰退してしまった。

子孫で知られるのは、弘法大師空海《こうぼうだいしくうかい》・嵯峨《さが》天皇とともに三筆《さんぴつ》（優れた書道家）と称される橘逸勢《はやなり》くらいだろう。ほかに、楠木《くすのき》氏が末裔を称している。

千葉【ちば】

坂東平氏
発生…下総国

【千葉家の家紋】
月星

桓武《かんむ》平氏の流れをくむ関東地方に勢力を誇った武士団の一つで、房総《ぼうそう》平氏の宗家。平良文《よしふみ》の子孫である常長《つねなが》が上総《かずさ》国を本拠として房総を支配。この頃はまだ房総平氏と呼ばれていた。後に常長の子らが房総各地に広がり、とくに次男の常兼《つねかね》が千葉氏、5男の常晴《つねはる》が上総氏の祖となって発展していくことになる。この常兼が「千葉大夫《たいふ》」と呼ばれるようになったことが、名字の発生につながると考えられる。（上総氏は後述）

しかし、上総氏との因縁や周辺の氏族との所領争いもあって、千葉氏は国を掌握できずにいた。そこに源頼朝《みなもとのよりとも》による打倒平家の声があがり、千葉氏もこれに応じて頼朝の信頼を得る。さらに、上総氏の当時の棟梁・広常《ひろつね》が頼朝の不興を買って粛清されたことで、権力を伸ばすことに成功した。

それもつかの間、南北朝、室町と兄弟間でのお家騒動が起こるなどして衰退した千葉氏に戦国時代を生きる力はなく、実質的に後北条《ごほうじょう》氏に牛耳られることになってしまった。

支流は「相馬《そうま》」「国分」「東」「木内」「石出」「坂戸」「遠藤」など。

土岐
【とき】
美濃源氏
発生…美濃国

【土岐家の家紋】
桔梗

鎌倉～江戸にかけて栄えた武家。ただし最盛期は室町あたりと若干早めな上、嫡流は「美濃《みの》のマムシ」と恐れられた下克上の代名詞・斎藤道三《どうさん》に乗っ取られて没落の憂き目にあっている。

なお最盛期の領地は、本拠地である美濃一円に加えて尾張《おわり》国、伊勢《いせ》国。まさしく栄華の絶頂にあったことだろう。しかし、先述の通り下克上に遭ってしまう。滅亡も間近となって、この際だからと分流の常陸《ひたち》国や上総国の土岐氏を頼ったが、今度は豊臣秀吉の「小田原の陣」にあって領地を失ってしまった。

これだけ挙げるとやや不運な感が否めないが、なんといっても清和《せいわ》源氏という名門の本家筋にあたる摂津《せっつ》源氏の流れをくんでいる。美濃国に土着したことから「美濃源氏」と呼ばれ、その宗家にあたるという名家なのである。

庶流としては、「明智」「金森《かなもり》」「蜂屋」などが挙げられる。しかし、本能寺の変や三日天下で現在まで広く知られている明智光秀を輩出した明智氏の方が有名。この辺りが、本家筋のはずがぱっとしない摂津源氏と、庶流でありながら源氏の代名詞的存在となった河内源氏の関係に少々似ている。

徳川

【とくがわ】

河内源氏新田流
発生…上野国

【徳川家の家紋】
三つ葉葵

江戸幕府を開き、２５０年以上におよぶ天下泰平の世を築いた徳川氏は、系図の上では河内《かわち》源氏につながる新田氏の支流である得川《えがわ》氏の末裔となっている。得川氏は平安末期頃、上野《こうずけ》国得川郷を領した新田義重《にったよししげ》の子・義季《よしすえ》にはじまる。しかし、所領を外孫の岩松氏に譲ってしまったために2代で消滅。「とくがわ」と読むようになったのは後年で、それから「徳川」とも書かれるようになったようだ。

時代は下り、三河《みかわ》国松平《まつだいら》氏から家康が出る。彼は自身の家系を得川氏流として、「徳川」を名乗ったようだ。これは「征夷大将軍《せいいたいしょうぐん》になるのは清和源氏系の家柄に限る」という慣例があったため。得川氏の血筋を称することで、征夷大将軍就任の建前ができるというわけだ。こうした系図の仮冒《かぼう》は戦国時代からよく見られ、いずれも自家に箔を付けるなどの目的で行われた。

この「徳川」だが、基本的に家康の血筋にのみ認められた名字であった。宗家にあたる徳川将軍家のほかには、尾張家・紀州家・水戸家のいわゆる徳川御三家と、田安家・一橋家・清水家のいわゆる御三卿《ごさんきょう》、およびそれらの後継ぎのみが対象である。

新田
【にった】

河内源氏
発生…上野国

【新田家の家紋】
大中黒

源氏の代名詞的存在・河内《かわち》源氏の庶流。源義家《みなもとのよしいえ》の孫・義重《よししげ》を祖とする。彼は、浅間山の噴火により荒廃していた上野《こうずけ》国新田郡を開発、その地名をとって「新田」を名乗ったという。

義重は源頼朝《よりとも》の挙兵に対し平家方として出陣したが、事態を静観して頼朝追討に加わらなかった。かといって源氏方についた訳ではなく、中立を保ち続けたのである。一族の中には山名氏や里見氏のように頼朝のもとへ参じた者がおり、また源氏方から参陣を求められたが、頑として動かなかったという。頼朝が関東地方を制圧した後でやっと鎌倉へ向かったが、もちろん遅すぎるので叱責されてしまった。その後も、義重の行動は一族としては良くない方向に一貫していた。平家との戦いや奥州《おうしゅう》合戦にも参戦せず、それどころか頼朝が、未亡人となっていた義重の娘を側室に迎えようとしたところこれを拒否している。こうした経緯から鎌倉幕府での新田氏本家の地位は低く、弱体化していくこととなった。

支流は「世良田」「寺田」「江田」「額田」「庄田」「岩松」「金谷」「堀口」「大草」「横瀬」などなど、非常に多い。

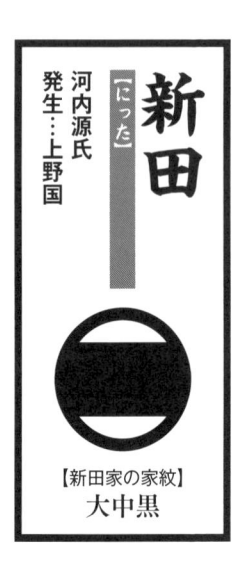

畠山

【はたけやま】

河内源氏足利流
発生…武蔵国

【畠山家の家紋】
二つ引両

源氏のエリートともいわれる河内《かわち》源氏のうち、足利将軍家の分家筋にあたる。しかし、もとは桓武《かんむ》平氏の流れをくむ秩父氏の一族だった。

畠山氏は、そもそも秩父重能《しげよし》が武蔵《むさし》国畠山郷に所領を得たことにはじまる。その子・重忠《しげただ》は畠山氏を隆盛させたが、その力を恐れた初代執権・北条時政《ほうじょうときまさ》と対立するようになる。この北条氏との戦いによって滅亡させられた畠山の名跡を継いだのが河内源氏の足利義純《よしずみ》で、これが源姓畠山氏としての出発となった。

平姓畠山氏は名門の誉れ高く、これを継承したことで義純の家系は足利一門の中でも斯《し》波《ば》氏に次いで重んじられ、宗家である足利氏から特別待遇を受けたという。

室町時代には越中《えっちゅう》国、河内国、紀伊《きい》国の守護を任じられて栄えたが、後に応仁の乱を起こす一因ともなった家督争いを起こし、また支配地では下克上を起こされて衰退していった。

庶流は、源姓として「岩松」「和田」「高倉」「松倉」「杉田」など、平姓として「長野」「渋江」「目黒」「中根」「江戸」「藤田」などが見られる。

細川

【ほそかわ】

河内源氏足利流
発生…三河国

【細川家の家紋】
二つ引両

足利《あしかが》氏の支流で、鎌倉時代～江戸時代に栄えた武家。鎌倉時代、三河《みかわ》国細川郷に居住したことが「細川」の由来だ。

南北朝時代には足利将軍家に随従《ずいじゅう》し、北朝方として戦って有力守護大名となる。将軍家によく仕え、同族の畠山氏、斯波《しば》氏とともに三管領に数えられたという。

将軍家の跡目争いに端を発した応仁の乱では、細川勝元《かつもと》が東軍の総大将となる。この戦いは細川氏と山名氏の主導権争い、そして畠山氏・斯波氏の後継者争いも入り混じるなどして混乱を極め、11年もの間惰性で続いたという曰く付き。これが室町幕府の失墜と、戦国時代の幕開けを呼び込んだ。

以後、衰退していたが歴史の舞台から完全に消えたわけではなく、織田信長の配下として活躍した細川藤孝《ふじたか》（幽斎《ゆうさい》）など著名な人物もいる。この流れが肥後《ひご》熊本藩藩主となっており、明治時代には侯爵となった。子孫に元総理大臣の細川護熙《もりひろ》氏がおり、多くの大名の中でも現代まで名門として続いた稀有な家といえよう。

支流に「上野」「長岡」「上地」「西内」「小神」など。

渡辺

【わたなべ】

嵯峨源氏
発生…摂津国

【渡辺家の家紋】
渡辺星

嵯峨《さが》天皇から源氏を賜った一族のうち、12男・融《とおる》の流れをくむ一族である。嵯峨源氏といえば渡辺氏といって良いほどの大族だ。

祖は、融の玄孫《やしゃご》・綱《つな》。摂津《せっつ》国渡辺に移住し、「渡辺」を名乗った彼は、源頼光《みなもとのよりみつ》に仕え頼光四天王筆頭格となった剛の者である。後も、頼光の後裔・頼政《よりまさ》に従い保元の乱を戦っており、反平氏蜂起の宇治合戦では多く討ち死にしている。

渡辺氏からは、多くの支流が出ている。その武士団を「渡辺党」と呼び、淀川河口の港湾地域を本拠地として、瀬戸内海の水運を牛耳った。同時に、京都では天皇の警護職を世襲し、また衛門府《えもんのふ》（宮中を警護する部門）や兵衛府《ひょうえのふ》（天皇家を警護する部門）など要職にも就いていた。血筋がものをいう時代とはいえ、これだけの官職を抑えられるには、それ相応の能力と要領の良さがあったものと思われる。

海上交通を通じて広がった支流の中で、有名なのは「松浦」である。肥前《ひぜん》国を本拠地として水軍「松浦党」を組織した。この松浦氏から「山代」「蒲池《かまち》」などの支流が出ている。

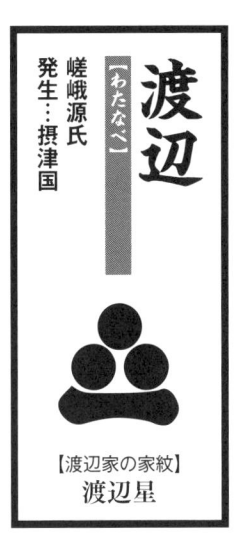

明智

【あけち】

美濃源氏土岐流
発生…美濃国

【明智家の家紋】
桔梗

土岐頼重《ときよりしげ》が美濃《みの》国明智庄に居住したことから、地名をとって「明智」と名乗ったことにはじまる。

室町幕府では奉公衆を務めたが、広く知られるようになったのは戦国時代に現れた明智光秀によるところが大きいだろう。越《えち》前《ぜん》国朝倉氏に仕えた後、織田信長の家臣となった光秀は多くの活躍を見せたが、本能寺の変で信長を討つこととなる。その後すぐ、山崎の戦いで戦死した彼は「三日天下《みっかでんか》」の語源になった。庶子に「明知《あけち》」や「明田《あけた》」を名乗る一族がある。

浅野

【あさの】

美濃源氏土岐流
発生…美濃国

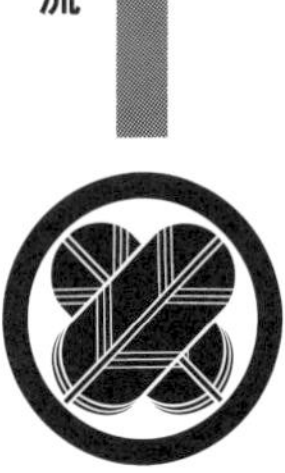

【浅野家の家紋】
丸に違い鷹の羽

土岐光時《ときみつとき》が、美濃《みの》国浅野に居住して名乗ったのがはじまり。さほど大きな一族ではなかったが、木下藤吉郎時代の秀吉が浅《あさ》野《の》長勝《ながかつ》の養女ねねを娶《めと》ったことから転機が訪れる。天下人となった娘婿の姻戚として重んじられ、子・長政《ながまさ》は大大名になり、明治維新後には華族《かぞく》に列した。

忠臣蔵《ちゅうしんぐら》で有名な浅野長矩《ながのり》は、長政の３男・長重《ながしげ》の家系。浅野分家として播磨《はりま》国赤穂《あこう》藩藩主となるも、刃傷沙汰《にんじょうざた》でお家断絶となった。ほかの分家もふるわず、本家に吸収されている。

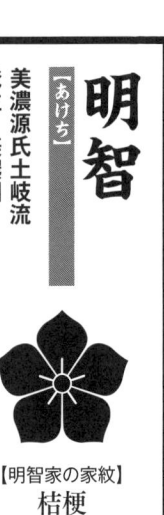

尼子

【あまご】

宇多源氏佐々木流京極系

発生…近江国

【尼子家の家紋】

平四つ目結

宇多《うだ》源氏佐々木氏の流れをくむ京極《きょうごく》氏の支流で、佐々木高久《たかひさ》が近江《おうみ》国尼子郷に移住し、「尼子」を名乗ったことにはじまる。

高久の次男・持久《もちひさ》は、宗家京極氏が守護を務める出雲《いずも》国に下向《げこう》。そして15世紀、経久《つねひさ》の代で京極氏から出雲国の支配権を奪取すると、山陰地方を代表する戦国大名へと上り詰めた。

尼子氏の断絶は1940年で、世継がなかったことによる。しかし支流は残っており、「福永」「来島《くるしま》」「森」などの名字を見ることができる。

在原

【ありわら】

在原氏

発生…大和国

【在原家の家紋】

不明

平城《へいぜい》天皇の阿保《あぼ》親王《しんのう》と高岳《たかおか》親王の子らが、臣籍降下した際に賜った。有名な在原業平《ありわらのなりひら》は阿保親王の家系である。

「在原」の誕生には、平城上皇と嵯峨《さが》天皇が対立した「薬子《くすこ》の変」が関係している。業平は父が平城天皇（当時）の第一皇子・阿保親王、母が桓武《かんむ》天皇の皇女という貴い血筋だった。しかし、「薬子の変」で皇統《こうとう》が嵯峨天皇の子孫に移ったため、事実上継承権が消滅してしまったのである。

支流に「長野」「荒尾」「平手」などが見られる。

池田

【いけだ】

美濃源氏土岐流
発生…美濃国

【池田家の家紋】
揚羽蝶

明智氏の本流にあたる土岐《とき》氏から分かれた一族で、美濃《みの》国池田の地名をとり「池田」を名乗った。

池田恒利《つねとし》の時代、尾張《おわり》国織田氏に仕えてから隆盛を見るようになる。恒利の子・恒《つね》興《おき》は信長、そして羽柴秀吉に仕えて美濃国大垣城主となる。後に「小牧《こまき》・長久手《ながくて》の戦い」で戦死するが、遺子《いし》となった輝政《てるまさ》は徳川家康の娘婿となって外様《とざま》でありながら破格の待遇を受けたという。その後は本家と分家が岡山藩、鳥取藩を相続し、明治維新後はともに公爵に列せられた。

石川

【いしかわ】

河内源氏
発生…河内国

【石川家の家紋】
丸に笹竜胆

関東に下った河内源氏の本流・義親《よしちか》にかわり、弟の義時《よしとき》が本拠地の河内《かわち》国を治めたことにはじまる一族。由来は石川という地名によるが、実際に名乗ったのは子の義基《よしもと》からである。別名「石川源氏」。

源平の戦いでは平清盛《たいらのきよもり》によって石川源氏壊滅戦が行われ、奮闘するも大敗。壇ノ浦の戦いでの平家滅亡後に一時的に復活したが、鎌倉幕府とともに衰退、その後は各地に散ったという。

支流として、分家に三河国石川氏のほか、「平賀」「小山」などが見られる。

伊藤

【いとう】
藤原北家秀郷流佐藤系
発生…伊勢国

【伊藤家の家紋】
下がり藤

藤原秀郷《ふじわらのひでさと》の流れをくむ佐藤氏から、伊勢《いせ》国に領地を得て「伊」勢国の「藤」原氏として「伊藤」を名乗った伊藤基景《もとかげ》がはじまり。

伊藤氏は、源平合戦の頃には平家方に属して活躍したが、平家が没落すると全国各地に散っていったようだ。それぞれの地で戦国大名に仕えたようで、家臣の中に伊藤の名を見ることができる。松坂屋創始の伊藤家もこの流れで、織田家に仕えた後に呉服屋を開いた。

ちなみに「伊東」は文字通り伊豆国伊東が発祥である。

浦野

【うらの】
尾張源氏
発生…尾張国

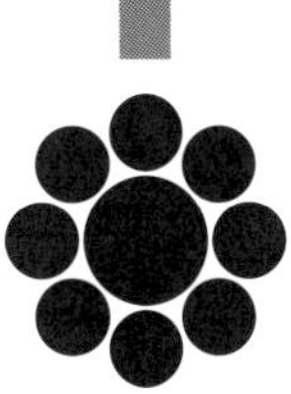

【浦野家の家紋】
九曜

源《みなもとの》満仲《みつなか》の弟・満政《みつまさ》からはじまる尾張《おわり》源氏の流れである。尾張国浦野邑《むら》に由来し、満政から5代目の重遠《しげとお》のとき「浦野」を名乗ったとされている。

一族はきわめて多いものの、歴史の表舞台にはあまり縁がなかったようで、活躍した武将などに名を見ることは少ない。ただ重遠の父・重実《しげさね》は鳥羽《とば》天皇の武者所で活躍し、四天王と呼ばれたと伝えられる。また、甲斐《かい》国武田氏に仕えた者もいたようだ。

支流には「上田」「小川」「水野」などが見られる。

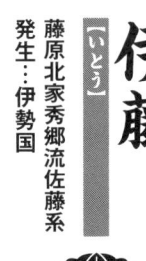

遠藤

【えんどう】
坂東平氏千葉流
発生…下野国

【遠藤家の家紋】
亀甲に花角

桓武《かんむ》平氏の流れをくむ千葉氏の支流で、千葉常胤《つねたね》の6男・胤頼《たねより》が下野《しもつけ》国東庄《とうのしょう》の地頭となり、この地を領したのがはじまり。ただしこの頃は地名に由来する「東」を名乗っており、「遠藤」になるのは胤頼から11代目の盛数《もりかず》からである。

遠藤氏は豊臣秀吉の小田原征伐時には従軍して所領の所有権を認められたが、関ヶ原の戦いで東軍の招きに応じず、戦後、徳川家康に所領を没収された。しかし、後に許されて再興を叶えている。また、明治に入って「東」に復姓《ふくせい》した。

太田

【おおた】
摂津源氏
発生…丹波国

【太田家の家紋】
太田桔梗

源　満仲《みなもとのみつなか》の長子・頼光《よりみつ》の家系で、子孫の源資国《すけくに》が丹波《たんば》国太田に住んだことから、「太田」を名乗った。血筋としては清和《せいわ》源氏の嫡流といえるが、源頼朝《よりとも》に代表される河内《かわち》源氏が比類なき隆盛ぶりを見せたこともあって、残念ながらあまり目立っていない。

そんな太田氏の中で有名なのは、扇谷《おうぎがやつ》上杉氏に仕え江戸城を築いた太田資長《おおたすけなが》（道灌《どうかん》）であろう。キレ者であったが、それゆえか疑心暗鬼に陥った主君により暗殺された。その後、太田氏は山内上杉氏に仕えている。

大伴

【おおとも】

大伴氏
発生…摂津国

【大伴家の家紋】
不明

『古事記』に見える天忍日命《あめのおしひめのみこと》を祖とすると伝わる古代の有力氏族。「大伴」は、大きな伴造《とものみやつこ》（朝廷の各職業を司る氏族）のことで、それら氏族を束ねていた一族という意味でつけられたものと考えられている。大伴氏は、物部《もののべ》氏と同様に軍や武器の管理をしており、天皇の親衛隊のような役割を持っていた。ただし朝廷を掌握した物部氏とは異なり、ぱっとしなかったようだ。

後に淳和《じゅんな》天皇の名・大伴をはばかって「伴」と改めたほか、支流に「佐伯《さえき》」がある。

大庭

【おおば】

坂東平氏鎌倉流
発生…相模国

【大庭家の家紋】
三大文字

坂東《ばんどう》平氏の一つ鎌倉氏の一族で、鎌倉景《かげ》正《まさ》が相模《さがみ》国大庭を領した際に名乗ったとされる。

当初は、ほかの坂東平氏とともに源氏方に与して鎌倉を拠点としていた源義朝《みなもとのよしとも》に従っていたが、大庭景親《かげちか》の代で源氏を離れ平家方についた。源頼朝《よりとも》の挙兵に対しても、父・景義《かげよし》が頼朝のもとに参じているのに対し、景親は頼朝追討の任にあたっている。後に御家人として残るのは、景義系統だ。

同族に「梶原」、支流に「俣野《またの》」「懐島《ふところじま》」「豊田」「桐原」など。

織田

【おだ】
桓武平氏
発生…越前国

【織田家の家紋】
織田木瓜

戦国の風雲児・織田信長を輩出した尾張《おわり》国の武家。桓武《かんむ》平氏流と称しているが、藤原氏という説もある。名字は越前《えちぜん》国織田庄に由来し、尾張国に移ったのは斯波《しば》氏に招かれてのことだったという。

一族内での争いもあって勢力を広げた信長は、天下餅をひたすらにこねた。実際にこれを食べたのは、いわずもがな徳川家康であったが。

関ヶ原の戦い後まもなく嫡流は断絶、庶流は存続した。「織田」を称しない者に「藤《ふじ》掛《かけ》」「津田」などがある。

越智

【おち】
物部氏
発生…伊予国

【越智家の家紋】
折敷に三文字

伊予《いよ》国の古代氏族で、名字は領地である越智郷に由来する。5世紀後半、朝廷から支配を任じられたことにはじまるという。なお、物部《もののべ》氏流となっているが、在地豪族だったとする説もある。

後に大名までのぼり詰める河野《こうの》氏は同族で、中世にはともに瀬戸内海を支配した。この河野氏とは系譜が混同していること、さらに越智氏の伝承や系図が信憑性に乏しいことから、同一視される向きもある。

支流は「高橋」「稲葉」「一柳」「土居」など。

小野

【おの】

小野氏
発生…近江国

【小野家の家紋】
不明

7世紀頃に発生した氏族で、敏達《びだつ》天皇の流れを汲んでいる。本拠地の近江《おうみ》国小野村が名字の由来と見られるほか、山城《やましろ》国小野郷も支配下であったことから、そちらを由来とする説もある。

小野氏は地方官僚を務めたものが多かったが、一般的にはそれよりも遣隋使《けんずいし》・小野《おのの》妹子《いもこ》や、平安貴族で反骨精神の塊であった小野篁《たかむら》の方が有名だろう。また小野小町もこの一族といわれているが、真偽のほどは不明である。

支流は「猪俣《いのまた》」「横瀬《よこぜ》」など。

小山

【おやま】

藤原北家秀郷流
発生…下野国

【小山家の家紋】
左二つ巴

藤原秀郷《ふじわらのひでさと》から7代目の政光《まさみつ》が下野《しもつけ》国小山に移住し、地名を名乗ったことにはじまる。

政光の後妻が源頼朝《みなもとのよりとも》の乳母となったことがきっかけで、鎌倉時代に隆盛を誇った。頼朝の挙兵には、政光の3男で頼朝の乳兄弟であった朝光《ともみつ》（結城《ゆうき》氏の祖）が馳せ参じている。ほかの兄弟も同様だ。その後の平家追討、奥州《おうしゅう》合戦でも武功をあげたが、幕府滅亡とともに衰退、以降はあまり目立たなかった。

政光の息子から「長沼」「結城」「宇都宮」の各氏が出ている。

加賀美

【かがみ】

甲斐源氏
発生…甲斐国

【加賀美家の家紋】
松皮菱

甲斐《かい》源氏の本流・武田氏から発生した一族で、遠光《とおみつ》が甲斐国加賀美郷を本領としたことによる。

遠光は、高倉天皇の時代に宮中で起こった怪異を鎮めたとして近江《おうみ》国志賀郡と不動明王を下賜《かし》された。この不動明王は現在も山梨県の寺院で拝観可能（重要文化財）。

加賀美氏は歴史に名を残すような活躍こそ少ない。しかし、遠光の息子たちから「秋山」「小笠原《おがさわら》」「南部《なんぶ》」といった名族が出ており、そこから派生した支流も合わせれば相当の大族になる。

梶原

【かじわら】

坂東平氏鎌倉流
発生…相模国

【梶原家の家紋】
並び矢

坂東平氏の一つ鎌倉氏を本筋とする一族で、相模《さがみ》国梶原を領したことにはじまる。源頼朝《みなもとのよりとも》の挙兵の際には石橋山の合戦で迎え撃ったが、当時の当主・景時《かげとき》が頼朝一行を見逃したことから、後に重用されることとなる。

しかし頼朝の信頼が厚かったことなどでほかの御家人から反感を買っており、頼朝の死後は謀略により失脚、没落した。

一族は各地に散っており、「梶原」を名乗る末裔が下総《しもうさ》国や讃岐《さぬき》国に残る。ほかに「酒匂《さこう》」「役野《やくの》」「荻野《おぎの》」「上坂《うえさか》」など。

上総

【かずさ】

坂東平氏千葉流
発生…上総国

【上総家の家紋】
九曜

坂東《ばんどう》平氏のひとつ。平常晴《つねはる》が上総介《かずさのすけ》に就くとともに上総国を有したことにはじまり、宗家にあたる千葉氏と肩を比べる大族だ。一時は現在の千葉県全体を支配していたが、源頼朝《みなもとのよりとも》によって粛清されてしまった。

　無論、ほとんどの坂東平氏と同様に上総氏も頼朝の挙兵に従っている。しかし、やはり東国一の勢力を誇る一族は彼にとって危険だったようで、命を得た梶原景時《かじわらかげとき》によって当主と世継《よつぎ》が刺殺されてしまったのだ。これの後を継いだのが、当時やや劣勢だった千葉氏である。

葛城

【かつらぎ】

葛城氏
発生…大和国

【葛城家の家紋】
不明

『古事記』に武内宿禰《たけうちのすくね》の子孫とある、古墳時代からの地方豪族。大和《やまと》国葛城に本拠地をおいていたことにはじまる。

　ただし、葛城氏の成立が氏姓制度成立（6世紀）以前であるため、名字として使用していたかは不明。先述の『古事記』には葛城氏の始祖として葛城襲津彦《そつひこ》の名が見えるが、これは「葛城（という地域に住んでいる）襲津彦さん」という意味であったかもしれない。

　以上のことから、現在見られる「葛城」がこの流れをくんでいるかは疑問である。

加藤
【かとう】

藤原北家利仁流
発生…加賀国

【加藤家の家紋】
加藤藤

藤原利仁《ふじわらのとしひと》から6代目の景道《かげみち》が加賀介《かがのすけ》になったことにはじまる。鎌倉時代には遠江《とおとうみ》国に領地を得たが、梶原景時《かじわらかげとき》が討たれたときに当時の当主・景廉《かげかど》が景時と親しかったため、所領を没収される憂き目にあった。

「加藤」といえば賤ヶ岳七本槍《しずがたけしちほんやり》の加藤清正《きよまさ》と加藤嘉明《よしあきら》が浮かぶが、利仁の流れをくんでいるのは嘉明の方。清正は尾張《おわり》国中村発祥の加藤氏の出身である。

支流に「遠山」がいるが、ここから江戸北町奉行の遠山の金さんこと遠山景元《かげもと》が出る。

鎌倉
【かまくら】

坂東平氏
発生…相模国

【鎌倉家の家紋】
不明

桓武《かんむ》平氏の流れをくむ関東の武士団の一つで、相模《さがみ》国鎌倉郡を中心に勢力を伸ばした。平良文《よしふみ》のひ孫の代で三浦氏と分かれたとされ、以降鎌倉を支配したという。

この鎌倉郡周辺に「長江」「板倉」「安積《あづみ》」「大庭」「長尾」などの庶家《しょか》が現れ、これらをまとめた武士団「鎌倉党」が結成されている。しかし、家の間で後継者争いや地位の簒奪《さんだつ》などが行われ、徐々に衰退。源頼《みなもとのより》朝《とも》の挙兵に際しては一族が源平双方に分かれて戦い、各家の明暗も分かれてしまった。

狩野

【かりの】

藤原南家工藤流
発生…伊豆国

【狩野家の家紋】
丸に二つ引両

伊豆《いず》国の有力豪族で、牧草地を領有して良い馬を育てたことから、伊豆半島最大の勢力を築いたという。

　奥州《おうしゅう》合戦に参加した際には戦功を挙げて、現在の宮城県を流れる一迫川《いちはさまがわ》流域に領地を得た。当地では、子供たちに周辺の領地を分与することで守りを堅め、さらに周辺豪族と婚姻を重ねて大豪族へと成長していった。しかし、時代が下って豊臣秀吉の奥州仕置によって所領没収、その後に宗家は断絶してしまった。

「工藤」「伊東」などは同族にあたる。

紀

【き】

紀氏
発生…紀伊国

【紀家の家紋】
不明

伊国造《いのくにみやっこ》を称した古代豪族で、武内宿禰《たけうちのすくね》の子孫とされる。

　紀氏というと、仮名文字を使いたいばかりに女性のふりをして日記を書いた紀貫之《きのつらゆき》（『土佐日記』）や、そのいとこで『古今和歌《こきんわか》集《しゅう》』の撰者・友則《とものり》のような文人が浮かぶが、意外にも奈良時代には鎮守府将軍などに就いており軍事、政治で活躍していた。しかし藤原氏の台頭にともなって衰退、これ以降が文人としての紀氏の本領発揮である。

　庶流には「浦上」「安富」「益子」「菅谷」「中村」「品川」などが挙げられる。

京極

【きょうごく】
宇多源氏佐々木流
発生…近江国

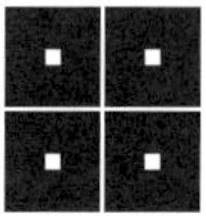

【京極家の家紋】
平四つ目結

佐々木氏の4兄弟が領地を分けて受け継いだうちの一つ。4男・氏信《うじのぶ》が近江国《おうみ》の北部と京の京極高辻の館を継いだことから、後に「京極」を名乗った。すぐ上の兄・泰《やす》綱《つな》が興した六角氏《ろっかく》とは不仲で有名。

佐々木氏族の中でももっとも栄えており、一時衰退しながらも戦乱の世を生き延びて外様大名として若狭国《わかさ》や丹後国《たんご》を得た。

支流では「黒田」「尼子《あまご》」が有名。公家《くげ》も興しており、堂上家《どうじょうけ》（天皇の住まいである清涼殿《せいりょうでん》に上がることが許された家）を輩出している。

吉良

【きら】
河内源氏足利流
発生…三河国

【吉良家の家紋】
足利二つ引両

将軍家を輩出した足利氏《あしかが》の支流。ただし、始祖の長氏《おさうじ》は足利義氏《よしうじ》の長子だったが庶子でもあったため、家督を継げずに三河国《みかわ》に居住し「吉良」を名乗ったという。

この経緯もあって吉良氏は足利一門で特別視されており、将軍家の血筋が絶えたときには家督を継承するという取り決めがあった。しかし、その家格に応じた勢力を得られず、大名としての存続は断たれてしまった。

なお、『忠臣蔵』の敵役で知られる吉良義《よし》央《ひさ》（吉良上野介《こうずけのすけ》）はこの流れである。

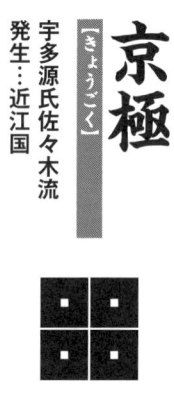

楠木

【くすのき】

橘氏
発生…河内国

【楠木家の家紋】
菊水

南北朝時代、南朝方で活躍した武家。橘《たちばな》氏の末裔を称しているが、系図に信憑性が薄く、後醍醐《ごだいご》天皇の忠臣として知られる楠木正成《まさしげ》以前のことは不明な点が多い。

南北朝の戦いが終結した後、正成の子のうち、ただ一人生き残った正儀《まさのり》は、北朝との和睦を仲介するなど有力武将として活躍した。

楠木氏には、末裔を自称する家はあれど直系の子孫が見られない。同じ南朝の忠臣でも、子孫が華族となった菊池氏や名和《なわ》氏とは対照的である。

朽木

【くつき】

宇多源氏佐々木流
発生…近江国

【朽木家の家紋】
隅立四つ目結

佐々木氏の4兄弟が領地を分けて受け継いだうちの一つ。近江《おうみ》国高島を継いだ次男・高信《たかのぶ》の子・頼綱《よりつな》が朽木庄に居住して「朽木」を称したという。

後に、桓武《かんむ》平氏の嫡流である池氏の養子となる者が出て、そちらの所領も相続した。室町時代には足利《あしかが》将軍家に仕え、将軍家没落後には織田氏や豊臣氏に仕えて領土を保全、大名としての地位も家名も保つ。関ヶ原の戦いでも西軍についたが東軍に内通し、巧みに生き抜いた。

支流に「横山」「田中」などがある。

熊谷【くまがい】

坂東平氏北条流
発生：武蔵国

【熊谷家の家紋】
ほやに鳩

鎌倉幕府執権の北条氏と同族で、武蔵《むさし》国を領したことにより、地名を名乗った。一方で、宣化《せんか》天皇を祖とする私市《きさいち》氏の後裔ともいわれている。

2代目・熊谷直実《なおざね》が有名。石橋山の戦いで源頼朝《みなもとのよりとも》を破ったが、落ち延びた頼朝を見つけたときにほや（ヤドリギ）で隠してかくまったという。後に頼朝が実権を握り、熊谷氏はその家臣となったが、頼朝はこのときのことを憶えており、感謝して右記の個性的な家紋を与えたという逸話がある。

黒田【くろだ】

宇多源氏佐々木流京極系
発生：近江国

【黒田家の家紋】
藤巴

佐々木氏の4兄弟が領地を分割継承し、ついでに名字も分かれた際の京極氏の支流。鎌倉末期に、近江《おうみ》国黒田村に住んだことから名乗ったという。

対立していた同族の京極氏と六角氏を横目に、いそいそと家伝の目薬をつくっては売り、売ってはつくって成長し、やがて立派な土豪《どごう》になったようだ。織田信長・豊臣秀吉に仕えたキレ者参謀・黒田孝高《よしたか》（如水《じょすい》）の活躍をはじめ、何だかんだで明治初期に侯爵となる出世ぶりに、下積み時代は大切だと思い知らされる。

国分

【こくぶ】

坂東平氏千葉流
発生…下総国

【国分家の家紋】
九曜

坂東《ばんどう》平氏の流れをくむ千葉氏から発生。平安末期の千葉常胤《つねたね》の5男・胤通《たねみち》が下総《しもうさ》国国分寺領を分与されたことから、「国分」を名乗った。

国分氏は源平の時代には源氏方に、南北朝時代には北朝方についている。これは本家筋である千葉氏に従ったもので、最後まで随従していた。後北条氏（後北条氏は後述）が千葉氏を討ったときも共に膝を折り、豊臣秀吉が小田原攻めをした際も後北条氏ひいては千葉氏とともに接収を受けている。

支流は「大戸」「村田」「矢作《やはぎ》」など。

後藤

【ごとう】

藤原北家利仁流
発生…備後国

【後藤家の家紋】
下がり藤

藤原利仁《ふじわらのとしひと》の流れをくむ公則《きみのり》が、備後守《びんごのかみ》となったことにはじまる。備「後」国の「藤」原氏というわけだ。しかし、「後藤」の出自は利仁以外にも各地から発生しているため、「豊後《ぶんご》国の藤原氏」や「藤原氏の後裔」、あるいは藤原氏とは関係なく地名を由来とするなど諸説ある。

黒田氏に仕え、後の豊臣氏に仕官した豪傑・後藤基次《もとつぐ》（又兵衛）は、利仁流後藤氏の一派・播磨《はりま》国後藤氏の出身だ。ほかにも肥前《ひぜん》国や美作《みまさか》国などでも、利仁流後藤氏の一族が見られる。

小早川

【こばやかわ】

坂東平氏土肥流
発生…相模国

【小早川家の家紋】
左三つ巴

坂東《ばんどう》平氏の流れをくむ土肥《どい》氏の支流。鎌倉時代、土肥実平《さねひら》の子・遠平《とおひら》が相模《さがみ》国小早川に居住したことから「小早川」を名乗った。主な根拠地として知られる安芸《あき》国は、この遠平が平氏討伐の恩賞として得たものである。

その孫・茂平《しげひら》と季平《すえひら》がそれぞれ沼田荘と竹原荘を領したことから2家に分かれるも、小早川隆景《たかかげ》により統一される。隆景は毛利《もうり》元就《もとなり》の3男であったため小早川氏の血筋は途絶えてしまったが、毛利氏を支えて四国征伐や九州征伐でも活躍した。

後北条

【ごほうじょう】

坂東平氏伊勢流
発生…備中国

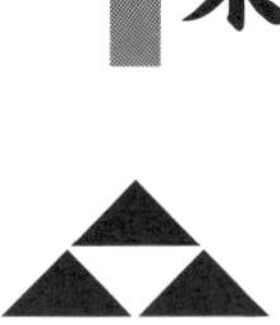

【後北条家の家紋】
三つ鱗

桓武《かんむ》平氏の流れをくむ室町幕府の御家《ごけ》人《にん》・伊勢《いせ》氏の支流で、備中《びっちゅう》国に居住した一族。

伊勢盛時《もりとき》（北条早雲《そううん》）が、今川氏の内紛に関わった折に駿河《するが》国を与えられたことから、ここを本拠地として勢力を伸ばしていった。後に相模《さがみ》国全域を征服するまでになり、その行動から下克上の代名詞とされた。

「北条」に改めたのは、盛時の子・氏綱《うじつな》の代から。執権北条氏とは遠い血縁ではあるが直接の子孫ではなく、執権《しっけん》北条氏と区別して「後北条」と呼ばれる。

惟宗

【これむね】

秦氏
発生…山城国

【惟宗家の家紋】
不明

平安時代にはじまる古代氏族で、秦《はた》氏の子孫。もとは讃岐《さぬき》国にあったが、京に移った後に「惟宗」を賜ったとされている。

朝廷では律令の法律家として栄え、各地では在庁官人として名が残っている。ここから土着した一族もあったと推測され、有名なところでは薩摩《さつま》国の島津氏が挙げられる。しかし、当の島津氏では源氏を称している。

ほかの支流に「宗」「神保《じんぼ》」「長宗我部《ちょうそかべ》」「安芸《あき》」などが見られるものの、宗氏も桓武《かんむ》平氏に出自を求めているようだ。

近藤

【こんどう】

藤原北家秀郷流
発生…近江国

【近藤家の家紋】
抱き角

藤原秀郷《ふじわらのひでさと》の子孫・脩行《のぶゆき》が近江《おうみ》国に移った際に、地名をとって名乗ったのがはじまり。ほかに利仁《としひと》流斎藤氏から出た「近藤」もある。

近藤氏で有名なのは、何といっても新撰組局長・近藤勇《いさみ》だろう。彼はもとは「近藤」ではなく農家の生まれ。しかし、剣の実力を認められて剣術流派・天然理心流《てんねんりしんりゅう》宗家の養子となった。

支流に「大友」「武藤」「少弐《しょうに》」などが見られる。「大友」は豊後《ぶんご》国の戦国大名、「少弐」は北九州地方の守護大名として知られている。

佐伯

【さえき】

大伴氏
発生…讃岐国

【佐伯家の家紋】
不明

天皇の親衛隊のような役割を持っていた大伴《おおとも》氏の支流。こちらの戦力もなかなかのものだったようで、佐伯部《さえきべ》（西日本に移住した蝦夷《えみし》からなる部門）を率いて宮門警護などを行っていた。名字はこれに由来すると考えられているほか、外敵からの攻撃を遮る者という意味で「さえぎる＝さえき」と呼ばれるようになったとする説もある。

有力氏族の一つだったが、奈良時代以降は政争に巻き込まれて衰えた。弘法大師《こうぼうだいし》空海《くうかい》は俗名を佐伯真魚《まお》といい、この佐伯氏の出身である。

寒河江

【さがえ】

大江氏
発生…出羽国

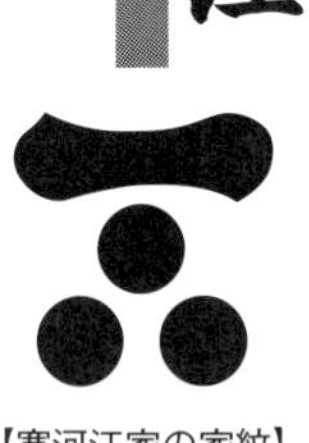

【寒河江家の家紋】
一文字に三つ星

大江広元《おおえのひろもと》の子・親広《ちかひろ》が出羽《でわ》国寒河江荘を相続したことにはじまる。当初は赴かなかったが、承久の乱で上皇方についたため、逃れて定住することとなったという。

「寒河江」を名乗るのは南北朝時代。斯波《しば》氏との戦いで敗北し、滅亡も間際というときに北朝の足利《あしかが》氏に降伏したことによる。

以降は伊達《だて》氏や最上《もがみ》氏などと対立したが、勢力を拡大した最上氏に攻められ滅亡した。ただし、当の最上氏の後ろ盾を得て家名を残すことができたという。

里見

【さとみ】

河内源氏新田流
発生…上野国

【里見家の家紋】
二つ引両

新田義重の長子・義俊《よしとし》が、上野《こうずけ》国里見郷に移住した際に名乗った。

長子でありながら新田氏を継げなかったのは、義俊が庶子だったため。それゆえ、里見氏は庶宗家であり「大新田」とも呼ばれる。鎌倉時代には、本家の新田氏とともに倒幕軍に参加したほか、南北朝では一族で南朝・北朝に分かれて戦った。しかし室町時代、結城《ゆうき》合戦では反幕府についたため滅亡してしまった。

ちなみに、『南総里見八犬伝《なんそうさとみはっけんでん》』は関東に移り安房《あわ》国を領した安房里見氏の物語である。

真田

【さなだ】

滋野氏流海野系
発生…信濃国

【真田家の家紋】
六文銭

清和《せいわ》天皇から賜姓《しせい》された滋野《しげの》氏の流れと称する海野氏の支流。信濃《しなの》国真田郷を領した際に「真田」を名乗ったとされている。ただし、当時の武家は出自を名のある家柄に結びつけて家系図を作成する傾向にあったことから、疑問を呈する向きもある。

有名なのは、なんといっても真田信繁《のぶしげ》（幸村《ゆきむら》）。徳川氏を敵とした父の遺志を継ぎ、大坂の陣では家康をあと一歩のところまで追い詰めた。その鬼神のごとき気迫と壮絶な討ち死には、「真田日本一の兵」と称されたほど。

柴田

【しばた】

河内源氏足利流斯波系
発生…越後国

【柴田家の家紋】
二つ雁金

斯波《しば》氏の支流で、越後《えちご》国柴田城を居城とした一族が「柴田」を称したことにはじまるとされる。織田信長の家臣で、羽柴秀吉と対立した柴田勝家《かついえ》が出るまでは無名に近かったため、はっきりとした資料が少ない。勝家は賤ケ岳《しずがたけ》の戦いで、妻である信長の妹・お市とともに自害、柴田氏は滅びた。

ほかの柴田氏としては、最古の一族に奥《おう》州《しゅう》の阿倍《あべ》氏流がある。また関東には藤原秀《ふじわらのひで》郷《さと》流の「柴田」が、九州には橘《たちばな》氏流を称する「柴田」があった。

島津

【しまづ】

秦氏惟宗流
発生…薩摩国

【島津家の家紋】
丸に十字

九州を代表する名族。鎌倉時代に発生して以降、薩摩《さつま》国を根拠地として栄えてきた。その安定した支配の背景には、有能な当主が代々現れていることが挙げられ、「島津に暗君なし」といわれてきた。

徳川将軍家とは婚姻を通して縁を深めていたが、幕末には藩内より尊皇倒幕《そんのうとうばく》の志士を多数輩出し、長州《ちょうしゅう》藩とともに倒幕の中核を担った。

支流は「伊作《いざく》」「伊集院」「樺山《かばやま》」「川上」「町田」「山田」「和泉《いずみ》」など数多く、ここにも名族たる所以《ゆえん》がかいま見られる。

城【じょう】

桓武平氏
発生…出羽国

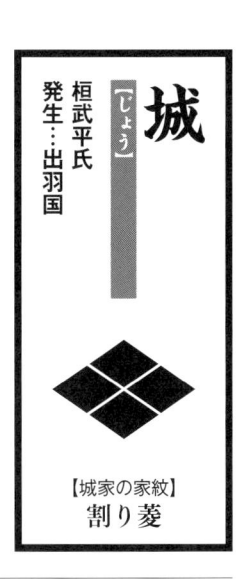

【城家の家紋】
割り菱

桓武《かんむ》平氏の流れをくむ、越後《えちご》国で栄えた豪族。平繁成《たいらのしげなり》が秋田城介《すけ》となったのが発端で、その子・貞成《さだなり》から「城」を名乗るようになった。

平家全盛期は重用され、源義仲《みなもとのよしなか》の牽制役として越後国を任されたが敗北。平家滅亡後は梶原景時《かじわらかげとき》を頼って源氏に仕えるも、景時の失脚後、叛乱を企《くわだ》てて当主は誅殺、同時に兵を挙げた本拠地も鎮圧されてしまう。

以来、城氏は歴史から名を消したが、その末裔が上杉氏や徳川氏に仕えたとする説がある。

菅原【すがわら】

土師氏
発生…大和国

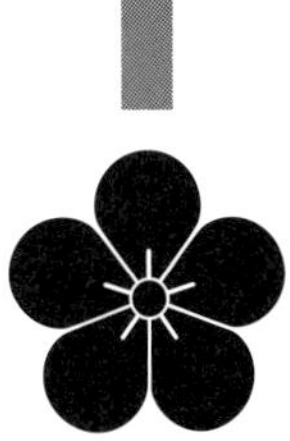

【菅原家の家紋】
梅

梅を愛した天神様である学問の神・菅原《すがわらの》道真《みちざね》の家系。古代からあった一族で、相撲の祖として知られる野見宿禰《のみのすくね》を先祖とする古代氏族・土師《はじ》氏の流れをくむ。平安初期に大和《やまと》国菅原邑に居住したことから、「菅原」を名乗った。

菅原氏は代々紀伝道《きでんどう》（文章道）を家業として朝廷に仕えており、頭脳明晰な人物も多かった。その最たる者ともいえるのが、冒頭の道真である。

支流には、自称も含めて「久松」「前田」「柳生《やぎゅう》」「平手」などがある。

首藤

【すどう】

藤原北家秀郷流佐藤系

発生…三河国

【首藤家の家紋】

白黒一文字

藤原秀郷《ふじわらのひでさと》の後裔で、佐藤氏初代公清《きみきよ》の孫・助道《すけみち》が「首藤」を名乗ったのがルーツ。その由来は父の助清が主馬首《しゅめのかみ》（朝廷や軍の馬の世話をする職の長官）に任じられたことで、主馬「首」の「藤」原氏からきている。

現在の「すどう」の主流である「須藤」は、これの支流ともいわれている。ちなみに「須藤」は那「須」の「藤」原氏のこと。

分家にあたる相模《さがみ》国山内氏の方が栄えたためか、本家なのに「山内首藤氏」と呼ばれてしまっているのがいささか不憫。

宗

【そう】

秦氏惟宗流

発生…対馬国

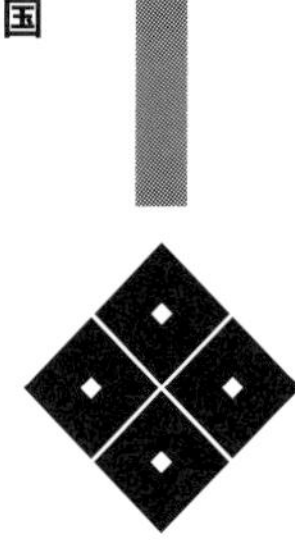

【宗家の家紋】

隅立て四つ目結

対馬《つしま》国を支配していた守護・戦国大名の家系。渡来系の古代氏族・秦《はた》氏の流れをくむ惟宗《これむね》氏の支流だが、室町中期には桓武《かんむ》平氏を出自と称している。「宗」は地名などではなく「惟宗」からの派生で、一説には一文字姓の多い朝鮮との貿易外交に有利なように改めたという。

この貿易は宗氏にとって大きな力となっており、西軍に属した関ヶ原の戦いでも朝鮮との取引が重視されたため所領の所有権を認められている。以降、明治維新まで続き、維新後に伯爵に列した。

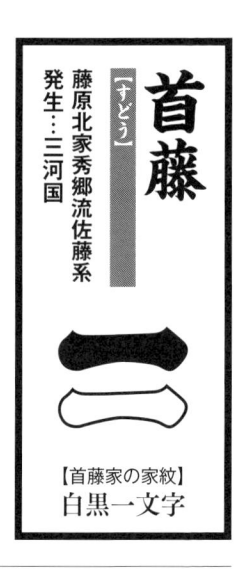

相馬

【そうま】

坂東平氏千葉流

発生…下総国

関東の武士団である坂東《ばんどう》平氏のひとつ千葉氏から発生。千葉氏2代目常胤《つねたね》の子・師常《もろつね》が、下総《しもうさ》国相馬を相続したことにはじまる。後に陸奥《むつ》国も領した。

陸奥国への移住は、4代目胤村《たねむら》の子・胤氏《たねうじ》と師胤《もろたね》が家督を争ったことによる。結果、胤氏が下総国に残留、師胤が陸奥国へと移ったようだ。以降、両家は何かにつけて対立しており、正式な和解は18世紀に入ってからだったという。

ほかに、同じ坂東平氏である上総《かずさ》氏にも「相馬」を称していた一族があったようだ。

【相馬家の家紋】
繋ぎ馬

曾我

【そが】

坂東平氏千葉流

発生…相模国

関東の武士団である坂東《ばんどう》平氏のひとつ千葉氏から発生。平祐家《たいらのすけいえ》が相模《さがみ》国曾我荘を本拠とし、「曾我大夫《たいふ》」を称したことにはじまる。子孫は後に土佐《とさ》国に移り、地頭職を得たようだ。

祐家の義理の孫に、仇討ちで知られる曾我兄弟、祐成《すけなり》・時致《ときむね》がいる。概要は、2人が幼い頃に実父が工藤氏に暗殺された。後に母が曾我氏に再嫁《さいか》したため「曾我」を称し養育されたが、元服後、父の仇を討ったというもの。赤穂浪士《あこうろうし》の討ち入りと並んで、よく知られる仇討ちである。

【曾我家の家紋】
右三つ巴

田沼

【たぬま】

藤原北家秀郷流足利系
発生…下野国

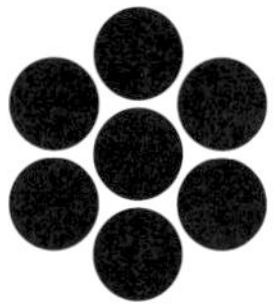

【田沼家の家紋】
七曜

藤原姓足利《あしかが》氏（将軍家とは別系統）の流れをくむ佐野氏から発生。佐野氏の分流が下野《しもつけ》国田沼村に移住し、その子孫が「田沼」を名乗ったことにはじまる。

江戸時代には紀州《きしゅう》藩士だったが、藩主の徳川吉宗《よしむね》が将軍となる際、随行して幕府に仕えた。家重《いえしげ》・家治《いえはる》の2代に仕えた田沼意《おき》次《つぐ》は、この流れである。重用され遠江《とおとうみ》国の大名となり、老中として権勢を得たが失脚。陸奥《むつ》国に移るなどしたが、後に遠江国に復帰した。子孫には南米移民になった者もいる。

秩父

【ちちぶ】

坂東平氏
発生…武蔵国

【秩父家の家紋】
五七の桐

桓武《かんむ》平氏の出自でありながら源氏方についた坂東《ばんどう》平氏のひとつ。平将恒《たいらのまさつね》が武蔵《むさし》国秩父郡に居住したことにはじまる。

一族はよく隆盛し、秩父党に代表される勢力拡大にともない名字も増えていった。現在の荒川から東京湾に至る川筋を支配した際には、各地名をとった「河越《かわごえ》」「豊島《としま》」「江戸」「葛西《かさい》」などの名字が生まれている。

ほかにも「畠山」「稲毛《いなげ》」「森」「小山田《おやまだ》」「師岡《もろおか》」「高橋」などなど、挙げれば切りがないほどの支流が各地に広まっていった。

長宗我部

【ちょうそかべ】

秦氏
発生…土佐国

【長宗我部家の家紋】
七つ片喰

土佐《とさ》国を支配した戦国大名。渡来系の古代氏族・秦《はた》氏の末裔か、在地豪族の出身かと説が分かれる。

戦国初期、豪族の勢力争いに敗れて滅亡するも、国親《くにちか》の代で復興する。その子・元親《もとちか》の時代に土佐国を統一し、最盛期を迎えた。阿波《あわ》国、讃岐《さぬき》国、伊予《いよ》国にも進出し、1584年には四国統一を成し遂げる。

ところが、翌年の羽柴秀吉の四国征伐により衰退。さらに関ヶ原の戦いで西軍に与して、戦後改易となった。

支流に「吉良」「香川」「津野」などがある。

土肥

【どい】

坂東平氏中村流
発生…相模国

【土肥家の家紋】
左三つ巴

坂東《ばんどう》平氏の流れをくむ、相模《さがみ》国の有力豪族・中村氏の支流。源頼朝《みなもとのよりとも》に従い信頼を得た土肥実平《さねひら》を祖とし、名字は相模国土肥郷に由来する。

土肥氏は勢力を伸ばしたが、和田合戦で敗れ衰退。再び歴史の舞台に立つのは、執権北条氏に仕えた土肥実綱《さねつな》の時代のこと。なお、越中《えっちゅう》国で栄えた土肥氏は、この実綱の弟・頼平《よりひら》が移ったことにはじまる一族だ。

土肥氏は、小早川氏の祖だ。これは実平のひ孫にあたる景平《かげひら》が安芸《あき》国に移ったことによる。

遠山

【とおやま】

藤原北家利仁流加藤系
発生…美濃国

【遠山家の家紋】
丸に二つ引両

藤原利仁《ふじわらのとしひと》の流れをくむ加藤氏から出た一族。加藤景廉《かげかど》が１１８５年、源頼朝《みなもとのよりとも》から美濃《みの》国遠山荘を与えられたことにはじまるが、実際に「遠山」を名乗ったのは子の景《かげ》朝《とも》からだったようだ。

景朝の子供たちからは岩村遠山氏を惣領家として、明知《あけち》、苗木、串本など遠山荘各地に分家が生まれた。岩村は断絶してしまったが明知は長く続いた。後にここから現れるのが、「遠山の金さん」のモデルとして知られる江戸北町奉行・南町奉行を務めた遠山景元《かげもと》である。

内藤

【ないとう】

藤原北家秀郷流
発生…？

【内藤家の家紋】
下がり藤

藤原秀郷《ふじわらのひでさと》から６代目の行俊《ゆきとし》が内舎人《うどねり》（天皇の身辺警護や雑務を行う官職）に就いたことから、内舎人の「内」と藤原の「藤」をとって名乗ったことにはじまる。発生地はよく分からないが、後に丹波《たんば》国、長門《ながと》国などで活躍している。

右記と同族を称する内藤氏もあり、これは三河《みかわ》国で松平氏に仕えた。江戸幕府成立後はいくつかに分家して大名となっており、うち１家の江戸屋敷跡が東京都新宿区内藤町と、地名に残る。明治維新時に６家が子爵に列した。

那波

【なは】

大江氏
発生…上野国

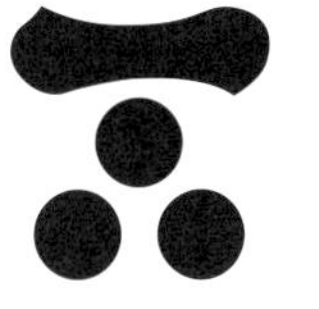

【那波家の家紋】
一文字三つ星

大江広元《おおえのひろもと》の子・宗元《むねもと》を祖とする一族で、上野《こうずけ》国那波郡に移住したことに由来する。当地にはすでに藤原秀郷《ふじわらのひでさと》の流れをくむ足利《あしかが》氏（将軍家とは別流）の支流である那波氏も存在していたが、宗元はそちらの那波氏の娘を娶り、名跡を継承したといわれている。

学才に富む大江氏の生まれだけあってキレ者だった宗元は、その頭脳を総動員して幕府での地位を築いていった。

那波の宗家は断絶したが、支流が残り「安田」を名乗っている。

名和

【なわ】

村上源氏
発生…伯耆国

【名和家の家紋】
帆掛舟

公家《くげ》として栄えた家が多い村上源氏にあって、数少ない武士の家系。村上天皇の孫・師房《もろふさ》が源姓を賜り、その子孫の行明《ゆきあき》が伯耆《ほうき》国に土着、その子孫が移住した名和荘から「名和」を名乗ったとされている。

一方で、海運業を営む一族として知られ、そこで築き上げた富をもって領地を治めており、地域住民の信望は厚かったようである。とくに南北朝の武将・名和長年《ながとし》が有名だ。南朝方だった彼は、隠岐《おき》から名和に流れついた後醍醐《ごだいご》天皇を迎えている。

南部【なんぶ】

甲斐源氏加賀美系
発生…甲斐国

【南部家の家紋】
南部鶴

甲斐《かい》武田氏の支流・加賀美《かがみ》氏の初代遠光《とおみつ》の子・光行《みつゆき》が、甲斐国南部に移住したことにはじまる武家。

　平安末期の奥州《おうしゅう》合戦に光行が参加し、陸《む》奥《つ》国に土着したことが東北地方での南部氏の活動につながる。津軽《つがる》氏や秋田氏とも刃を交えている。その後はよく発展し、陸奥国北部最大の勢力を持つようになったが、一族内の統制がうまくいかず、内紛の頻発によって一時衰退もした。

　支流には、同じ名字を名乗る家が多い。ほかに「中野」「大浦」などが見られる。

秦【はた】

秦氏
発生…山城国

?


【秦家の家紋】

不明

秦の始皇帝の末裔を称する渡来系の古代氏族である。『日本書紀』には、百済《くだら》から訪れ帰化したとある。その後、山城《やましろ》国に土着して「秦」を名乗ったものと考えられている。

　さらに大和《やまと》国、山城国や河内《かわち》国などに広がり、各地で土木や養蚕《ようさん》、機織りなどの技術で発展していったようだ。

　支流には「太秦《うずまさ》」「惟宗《これむね》」「宗」「島津」「長宗我部《ちょうそかべ》」「川勝《かわかつ》」「東儀《とうぎ》」などが見られる。東儀家は雅楽《ががく》を世襲してきた楽家で、東儀秀樹氏などが現在も活躍している。

蜂屋

【はちや】

摂津源氏山県流
発生…美濃国

【蜂屋家の家紋】
桔梗

源《みなもとの》　頼光《よりみつ》の子孫である山県頼経《やまがたよりつね》の子・頼俊《よりとし》が美濃《みの》国蜂屋に居住して「蜂屋冠者《かじゃ》」を名乗ったことにはじまる。鎌倉後期、同族の土岐《とき》氏から養子を迎えたため、以降は土岐氏の庶流となった。支流に「原」がおり、これが常盤《ときわ》国土岐氏につながる。

戦国時代の武将・蜂屋頼隆《よりたか》が著名。彼は土岐氏や斎藤氏に仕えた後、織田信長の美濃攻めに際して、その家臣となり活躍した。子供がおらず義兄・丹羽長秀《にわながひで》の子を養子に迎えたが、結局蜂屋氏は断絶してしまった。

服部

【はっとり】

桓武平氏
発生…伊賀国

【服部家の家紋】
矢筈

服部半蔵で有名な服部氏は、伊賀《いが》国服部郷に端を発する。『平家物語』では桓武《かんむ》平氏流とされているが、楠木《くすのき》氏や秦《はた》氏の支流とする説もある。

服部半蔵は通称で、代々の服部半蔵が活躍した。初代は戦国時代の服部保長《やすなが》。足利《あしかが》将軍家、松平家などに仕えている。子の正《まさ》成《なり》は2代目半蔵として徳川家康に仕えており、彼率いる伊賀忍者の屋敷近くにある門を「半蔵門」と呼んだ。

正成の死後はふるわず、さまざまな不手際も重なって改易処分となってしまった。

久松

【ひさまつ】

菅原氏
発生：尾張国

【久松家の家紋】
星梅鉢

菅原道真《すがわらのみちざね》を遠縁とする大名。道真が太宰府に左遷されたときに孫の久松麿《ひさまつまろ》が尾張《おわり》国に流されたことにはじまる。

彼の子孫は室町期、足利将軍家に仕えた。このとき、久松麿が流された地を所領として認められたことから、久松麿にちなんで「久松」を称したという。

桶狭間《おけはざま》の戦い後、三河国に所領を得た。本家筋の阿久居久松氏は断絶したが、後裔は伊予《いよ》国松山藩の藩士となっている。また大名や旗本に、多くの分家がある。

尾藤

【びとう】

藤原北家秀郷流佐藤系
発生：尾張国

【尾藤家の家紋】
桔梗

佐藤氏の祖・藤原公清《ふじわらのきみきよ》の子・公澄《きみすみ》がはじまりとされる。しかし、孫の知昌《ともまさ》が尾張守《おわりのかみ》に就いていることから、実際に名字としたのはこの辺りからかもしれない。

豊臣秀吉の古参家臣・尾藤知宣《とものぶ》もこの流れといわれている。知宣は、数々の失敗が秀吉の逆鱗に触れて所領没収、後に処刑されてしまう。このことから弟・頼忠《よりただ》や子・頼次《よりつぐ》は、秀吉をはばかって「宇多《うだ》」と改姓したという。

その他支流には「尾崎」「矢島」「伊藤」「林」「野村」などが見られる。

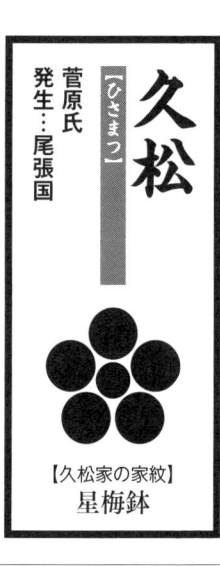

平賀

【ひらが】

河内源氏
発生…信濃国

【平賀家の家紋】
木瓜

平安後期、源義光《みなもとのよしみつ》の子・盛義《もりよし》が信濃《しなの》国平賀邑に移住し、「平賀冠者《かじゃ》」と名乗ったことにはじまる。

平治の乱や源頼朝《よりとも》の挙兵で源氏方として戦い、武蔵守《むさしのかみ》となる。有力御家人となって栄えたが、京都守護として上洛していた際に畠山氏と不仲になり、これが畠山氏滅亡の遠因となった。その後、承久の乱で京方についた平賀氏は敗北、没落してしまった。

平賀氏滅亡後、一族は「白石」を名乗っており、江戸時代の発明家・平賀源内《げんない》はこの流れと伝えられている

逸見

【へみ】

甲斐源氏武田流
発生…甲斐国

【逸見家の家紋】
丸に剣花菱

源義清《みなもとのよしきよ》が「武田冠者《かじゃ》」を名乗ったことにはじまる武田氏。その孫・光長《みつなが》を祖とするのが逸見氏である。名字の由来は、甲斐《かい》国逸見荘に移ったことによる。これは平安末期のことだが、逸見氏は鎌倉時代までの間、動向に不明な点が多いものの、本家筋の武田氏に従っていたようだ。

武田氏が没落すると、逸見氏は甲斐国を実質的に支配する。しかし、足利《あしかが》将軍家によって守護の座を得ることは拒否されてしまったという。

支流には「飯富《いいとみ》」「溝口《みぞぐち》」などが見られる。

北条
【ほうじょう】

桓武平氏
発生…伊豆国

【北条家の家紋】
三つ鱗

ご存知、鎌倉幕府執権を代々務めた北条氏は、桓武《かんむ》平氏の流れをくむ。名字の由来は平時方《たいらのときかた》が伊豆《いず》国北条郷に居住したことと伝わるが、実際は平氏の血を一応引いている伊豆の大豪族だったと見る向きもある。有名な北条義時《よしとき》・政子《まさこ》姉弟が鎌倉幕府創立に尽力し、有力御家人、さらには執権の地位についた。

支流は「大仏《おさらぎ》」「金沢」「名越」「極楽寺」など。なお、北条早雲にはじまる後北条氏は、同じ桓武平氏だが伊勢氏流で、執権北条氏の直接の子孫ではない。

穂積
【ほづみ】

物部氏
発生…大和国

【穂積家の家紋】
不明

饒速日命《にぎはやひのみこと》の後裔・大木別垂根命《おおきわけたるねのみこと》の子、真津《まつ》が、穂積を賜ったと伝えられる古代氏族。物部《もののべ》氏と同族とされ、後に「宇井《うい》」「鈴木」に分かれていった。嫡流も後世、「鈴木」を称したようだ。

この鈴木氏が平安期、熊野で神職に就いたことから、熊野信仰とともに「鈴木」が広まっていったとされる。戦国時代に活躍した雑賀《さいが》衆の統領・鈴木孫市《まごいち》もこの流れといわれている。

穂積氏の後裔は、ほかに「熊野」「土居」「木原」「梅本」「羽鳥《はとり》」「八月朔日《ほづみ》」など。

松浦

【まつら】

嵯峨源氏渡辺流
発生…肥前国

【松浦家の家紋】
立ち梶の葉

中世の肥前《ひぜん》国水軍松浦党の一族。渡辺氏の祖である渡辺綱《つな》の孫・久《ひさし》が、肥前国松浦郡に移住し名字としたことにはじまる。

平安時代、松浦氏は平家の家人だったが、壇ノ浦の戦いでは源氏方に与している。鎌倉幕府では地頭となるも、源頼朝《みなもとのよりとも》の息のかかった少弐《しょうに》氏、島津氏、大友氏の傘下に置かれてしまった。なお、元寇《げんこう》に参加した佐志《さし》氏は当時の松浦党の惣領である。

支流は「波多」「鶴田」「馬場」「伊万里《いまり》」「佐志」「有田」「御厨《みくりや》」「山代」「平戸」など。

三浦

【みうら】

坂東平氏
発生…相模国

【三浦家の家紋】
三つ引両

三浦半島に端を発する桓武《かんむ》平氏、いわゆる坂東《ばんどう》平氏の一氏族。平氏でありながら源氏方で戦い、源頼朝《みなもとのよりとも》の挙兵の際にも呼応している。奥州《おうしゅう》合戦の際に移住した一族があり、このため現在も東北地方に三浦姓は多い。鎌倉幕府の重臣であった三浦義村《よしむら》が有名だが、その子・泰村《やすむら》のとき、北条氏と安達《あだち》氏の謀略にかかり本家筋は滅んでしまった。

支流は「安西」「宮沢」「平子」「津久井《つくい》」「矢部」「平塚」「蘆名《あしな》」「土屋」「和田」「佐久間」「長井」など。

村上

【むらかみ】

河内源氏
発生…信濃国

【村上家の家紋】
丸に上の字

河内《かわち》源氏の祖である源頼信《みなもとのよりのぶ》の次男・頼《より》清《きよ》にはじまる信濃《しなの》国の領主一族。鎌倉時代に村上郷を治めたことから名字とした。周辺氏族と信濃の覇を争ったが16世紀、甲斐《かい》武田氏に攻められ終焉を迎えた。

瀬戸内海の豪族として有名な村上水軍の一族は、この庶流とされているが諸説あるようだ。

支流は、「中津」「二柳《にやなぎ》」「夏目」「依田《よだ》」「片桐」「堤」「山田」「屋代《やしろ》」「上条」「下条」「吾妻《あづま》」「飯田」「島本」「小野沢」「近江《おうみ》」「平《ひら》屋《や》」「今里」など数多い。

毛利

【もうり】

大江氏
発生…相模国

【毛利家の家紋】
一文字に三つ星

鎌倉幕府で初代別当を務めた大江広元《おおえのひろもと》の4男・季光《すえみつ》を祖とする。広元の所領であった相模《さがみ》国毛利庄を受け継いだ折に、「毛利」を名乗った。本来は「もり」と読むが、後に「もうり」と読まれるようになったという。

鎌倉末期から南北朝初期、安芸《あき》国に移って国人領主となった後、戦国時代に戦国大名へと成長した。中国地方を制覇するのは知将・元就《もとなり》の時代である。

元就の子がそれぞれ「吉川《きっかわ》」「小早川」を名乗っているが、いずれも養子に入ったことによる。

最上

【もがみ】

河内源氏足利流斯波系

発生…出羽国

【最上家の家紋】

二つ引両

南北朝時代、出羽国《でわ》最上郡に移った斯波《しば》氏の一族が名乗ったことにはじまる。室町時代に最盛期を迎えるも、同族間の争いが絶えなかったために一時衰退する。

戦国時代、最上義光《よしみつ》の時代に再興。常に徳川方で戦い二度目の最盛期を迎えるが、江戸時代に起こった義光の後継を巡るお家騒動から、改易の幕命を受けてしまった。

支流は「天童」「東根《ひがしね》」「上山」「鷹巣《たかのす》」「中野」「成沢《なるさわ》」「黒川」「谷地《やち》」「清水」「延《のべ》沢《さわ》」「松根《まつね》」「大窪《おおくぼ》」「築地」など、数多い。

物部

【もののべ】

物部氏

発生…河内国

【物部家の家紋】

不明

饒速日命《にぎはやひのみこと》にはじまるとされる、古代氏族の一つ。朝廷で、武器の製造や管理を行っており、国軍的性格を持つ一族である。

軍事力を得たことにより有力氏族へと成長し、蘇我《そが》氏と激しく対立する。物部尾《もののべのおこ》輿《し》・守屋《もりや》親子と、蘇我稲目《そがのいなめ》・馬子《うまこ》親子の不仲ぶりはあまりに有名。用明《ようめい》天皇の死後、政争で敗れ弱体化。7世紀には石上《いしのかみ》氏に改め少々盛り返しを見せたが、9世紀頃に衰退してしまった。

同族に「穂積《ほづみ》」、支流に「厚東《ことう》」「金子」「曽禰《そね》」「荻生《おぎゅう》」などがある。

森

【もり】
河内源氏
発生…相模国

【森家の家紋】
鶴の丸

源義家《みなもとのよしいえ》の7男・義隆《よしたか》が、相模《さがみ》国愛甲郡毛利庄に移って「森冠者《かじゃ》」を名乗ったことにはじまる。ただし、実際に名字としたのはその孫・頼定《よりさだ》から。現在、毛利は「もうり」と読むが、当時は「もり」と読んだとされるほか、「もうり」が転じて「もり」になった説もある。

美濃《みの》国に移った一族がもっとも栄えており、織田信長に仕えた戦国武将・森可成《よしなり》、信長の小姓を務めた森成利《なりとし》（蘭丸）はここを出自としている。

支流に「上野」「笠合《かさごう》」「戸田」などがある。

山内

【やまうち】
藤原北家秀郷流佐藤系
発生…相模国

【山内家の家紋】
丸に山内三つ柏

藤原秀郷《ふじわらのひでさと》の流れをくむ佐藤氏から発生した一族。佐藤氏の祖・公清《きみきよ》から4代目の俊《とし》通《みち》が相模《さがみ》国山内庄を領したことに由来する。源平の戦い、奥州《おうしゅう》合戦を源氏方で戦ったことで、勢いがついて発展した。

嫡流は備後《びんご》国へ移り、備後山内氏と呼ばれる。応仁の乱以後、主君の山名氏が衰退したのに乗じて勢力を築き、江戸時代には長州《ちょうしゅう》藩の家老となった。ほかに奥州に残った一族や土佐《とさ》国に移った一族もある。有名な山内一豊《かつとよ》は後者・土佐山内氏の出身だ。

山県

【やまがた】

摂津源氏
発生…美濃国

【山県家の家紋】
丸に桔梗

美濃《みの》国山県郡にはじまる一族で、祖は源　頼綱《みなもとのよりつな》の3男・国直《くになお》。鎌倉時代以降は御家人に列し、室町幕府でも要職に就いていた。しかし戦国時代には勢力が弱まり、室町中期には甲斐《かい》国武田氏を頼って落ち延びたという。ほかに安芸《あき》国に移った一族もおり、こちらも安芸国武田氏に従った。山県有朋《ありとも》はこの流れだ。

　国直の次男・国基《くにもと》が摂津《せっつ》国能勢《のせ》郡に移住して「能勢」を名乗ったほか、「蜂屋」「落合」「清水」「福島」「平野」「関」といった支流が出ている。

山名

【やまな】

河内源氏新田流
発生…上野国

【山名家の家紋】
二つ引両

山陰地方に勢力を持っていた大名の一族。新田氏8代目棟梁である義貞の3男・義範《よしのり》が、上野《こうずけ》国山名に居住して名乗った。南北朝時代、本家筋とは異なり北朝に従った山名氏は、足利尊氏《あしかがたかうじ》の時代には守護大名として山陰地方に大勢力を張ることとなる。

　有名なのは山名持豊《もちとよ》（宗全《そうぜん》）。山名氏を復興させたほか、娘婿の細川勝元《かつもと》と対立して応仁の乱の一方の大将となった人物だ。

　庶流に「安中《あんなか》」「隠岐《おき》」「三上」「清水」などがある。

山本

【やまもと】

清和源氏満政流木田系
発生…駿河国

【山本家の家紋】
左三つ巴

美濃《みの》国木田氏の子孫が、駿河《するが》国山本村に居住し、同地の土豪となった一族。名字は地名に由来する。戦国時代の武将で、武田信玄の軍師として知られる山本勘助《かんすけ》の家系だ。

駿河国今川氏、三河《みかわ》国牧野氏などに仕えた家系があり、後者の末裔に、勘助の弟の末裔を主張する越後《えちご》国長岡藩主山本氏がある。ここは、海軍元帥山本五十六《いそろく》を養子としていることで有名だ。

ちなみに木田は、源満仲《みなもとのみつなか》の弟・満政《みつまさ》の玄孫《やしゃご》・重長《しげなが》が美濃国木田郷に移住した折に称した名字である。

結城

【ゆうき】

藤原北家秀郷流小山系
発生…下総国

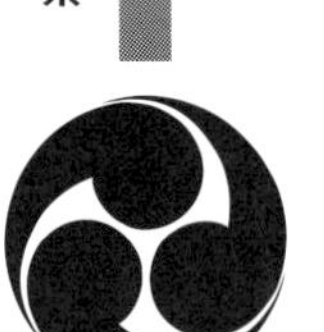

【結城家の家紋】
左三つ巴

平安末期～戦国時代に勢力を持っていた一族。初代は小山朝政《おやまともまさ》の弟・朝光《ともみつ》で、源《みなもとの》頼朝《よりとも》の挙兵に従っており、名字は下総《しもうさ》国結城を領したことに由来する。

朝光には頼朝の落胤《らくいん》説があり、伝統的に源氏を称しているのもここに理由がある。関東一帯に勢力を拡大し、室町前期には衰退した本家筋・小山氏を継ぐ者も出た。また戦国時代には、徳川家康の次男・秀康《ひでやす》を養子に迎えている。

支流に「白河」「小峰」「相楽《さがら》」「中畠《なかはた》」「那須《す》」などがある。

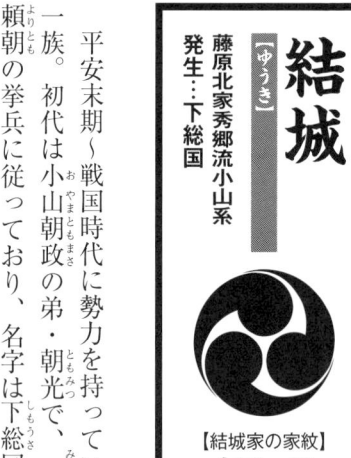

六角

【ろっかく】

宇多源氏佐々木流
発生…近江国

【六角家の家紋】
隅立て四つ目結

鎌倉時代～戦国時代に勢力を持っていた一族。初代は佐々木信綱《のぶつな》の3男・泰綱《やすつな》で、佐々木氏の所領のうち南近江《おうみ》一帯を支配した。名字は、屋敷として京都の六角堂を構えたことに由来する。同じ佐々木流で、弟の氏信《うじのぶ》が興した京極《きょうごく》氏とは室町時代以降仲が悪く、何かと争っていた。

戦国時代には近江一帯を領地として最盛期を迎えるが、織田信長との戦いに敗れ没落。豊臣家の家臣となった後、江戸時代に入り佐々木に復姓して旗本となった。支流に「箕作《みつくり》」がいる。

和田

【わだ】

坂東平氏三浦流
発生…相模国

【和田家の家紋】
七曜

平安末期～鎌倉初期に勢力を持っていた一族。初代義盛《よしもり》が和田邑に居住したことから、それを名字とした。義盛は源頼朝《みなもとのよりとも》の挙兵に従って武勲を立て、これにより鎌倉幕府では初代侍所別当《さむらいどころべっとう》に任ぜられ、幕府の有力御家人に名を連ねることとなる。

しかし後に、幕府の権力掌握をもくろむ北条氏の挑発に乗って挙兵、滅ぼされてしまう。このとき北条方について戦死した甥の重茂の遺族は越後《えちご》国奥山に所領を移され、ここから「中条」「黒川」「羽黒」「関沢」などが発生した。

COLUMN 4

西洋の紋章と家紋の違い

西洋における紋章の始まりは、11世紀初頭のドイツといわれる。全身鎧という出で立ちの兵士を識別するため、楯に模様を描いたことによる。これが欧州各国に広まった。

その発展の流れは家紋と似ているが、決定的に異なるのは、西洋の紋章は長男にのみ受け継がれ、家族の者であっても使えない点だ。また、家紋が一般庶民にも広く普及したのに対し、紋章は貴族だけのものである。

このような違いのある家紋と紋章には、色やデザインのみならず、日本の庶民文化と西洋の貴族文化の違いが感じられるのではないだろうか。

なお、紋章は色や模様、楯のデザインにさまざまな規制があり、それに沿って作られる。その管理のために、15世紀には「紋章院」が各地域で創設された。多くは消滅したが、イングランドでは現在も、筆頭公爵家であるノーフォーク公が総裁職を継いでいる。

分割のパターン例

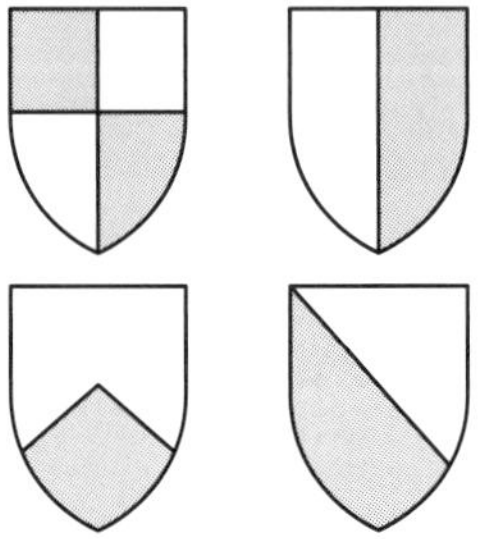

幾何学模様のパターン例

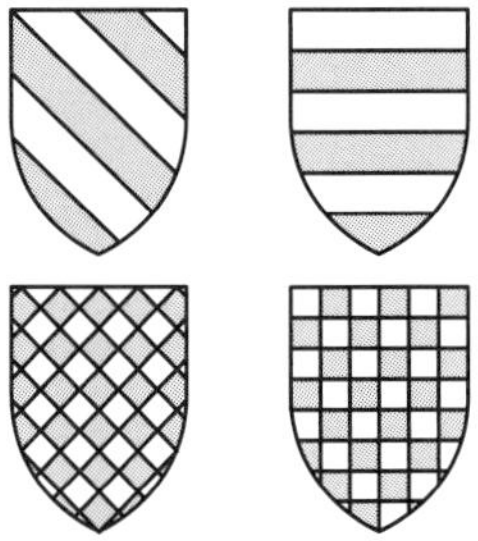

具象柄のパターン例

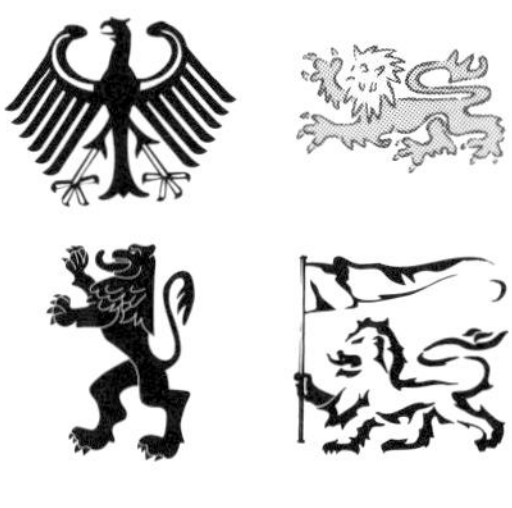

第7章

都道府県名字の分布

東北・北海道

北海道

家柄や格式とは無縁の雄大な大地

全国的に見られる名字が集合

現在北海道に住む人の多くは、本州から渡ってきた人々の子孫である。

大規模な移住は明治以降のことで、戊辰《ぼしん》戦争で賊軍《ぞくぐん》となった東北諸藩の士族、後年には庶民の移住が行われた。なお、それ以前の移住者も少ないながらいた。主に函館や松前に見られ、松前藩主の松前家の移住は室町中期だったといわれている。

こうしたことから、北海道で多いのは「佐藤」「高橋」「佐々木」など全国的にも多い名字だ。中でも東北地方でよく見られる名字が目立つのは、地理的要因もあろう。

北海道独特の名字というのは少ないが、それでも「十《もげき》」「陰能《いんの》」「鉢呂《はちろ》」などがある。「鉢呂」は富山県発祥の名字だが、現在では北海道の方が多く見られるようだ。

北海道といえば、北方先住民族であるアイヌ民族が浮かぶが、彼らの世界には名字自体がなかったらしい。しかし明治政府の政策や大和民族との結婚により、名字を持つようになった。

北海道ならではの珍しい名字

十【もげき】

「木」という漢字の両側のはらいがもげていることから「もげき」と読む。縦棒をはねる「亅」が正しい。

【他にもある北海道の珍しい名字】

行町《あるきまち》・印銀《いんぎん》・陰能《いんの》・少数《しょうすう》・息才《そくさい》・鉢呂《はちろ》・就鳥《ひよどり》…など

東北・北海道

青森県

太宰の故郷は りんごとじょっぱり

独自色が強く 珍名も多い

ほかの都道府県では決して多くはない「工藤」がメジャーなのが青森県。県全体に見られるこの名字の発端は鎌倉時代にさかのぼる。執権《しっけん》北条氏の家臣・工藤氏が陸奥《むつ》国に任じられ、広まったのだ。

この「工藤」は例外として、青森県の名字分布は大きく津軽地域と南部地域に分かれる。前者は青森色の濃い「成田」や「対馬」、後者は岩手県北部の分布に似た「佐々木」や「木村」が多い。

「成田」は、津軽地域の土地に由来している。語源は「平田《ならた》」で、これには「平坦な土地」という意味がある。「成《なり》」という字も「ならす」からきており、ここから過去にこの地に移住して開拓・開墾した人々が名乗ったものと考えられている。

「対馬」は長崎県の対馬を思い浮かべがちだが、実は愛知県の津島のこと。愛知に住んでいた津島一族が移住したときに、表記を変えたという。一方で「津島」を名乗る家もあり、小説家・太宰治《だざいおさむ》の実家である津島家が有名だ。

青森県ならではの珍しい名字

小比類巻【こひるいまき】

三沢市に多い。アイヌ語の「コッウンイ（窪地の場所）」と日本語の「牧《まき》」を混ぜてできた名字と見られる。

【他にもある青森県の珍しい名字】

一戸《いちのへ》・御厩敷《おんまやしき》・小山内《おさない》・茶立場《ちゃたてば》・苫米地《とまべち》・中野渡《なかのわたり》・奈良岡《ならおか》

…など

東北・北海道

岩手県

ネットよりも読書が好きな銀河鉄道は堅実運行

千葉や葛西など関東の地名が目立つ

岩手県の特徴は、関東の県名である「千葉」。他県では多くないこの名字は、やはり千葉県にルーツがある。桓武《かんむ》平氏の流れをくむ千葉氏がそれで、この一族は他の桓武平氏流の氏族らとともに源頼朝《みなもとのよりとも》に従っていた。

頼朝は奥州《おうしゅう》藤原氏を滅ぼした後、新しい支配者としてこの家臣団を送っている。このとき岩手県に居住したのが、千葉氏だったのである。ちなみに、千葉氏の本家は変わらずに千葉にいたが、こちらは衰退してしまった。

「葛西《かさい》」も多い。武蔵《むさし》国に起こった一族で、千葉氏と同様に岩手県へ移住したものである。こちらは室町時代に本家も東北へ移ったといい、その子孫は「岩淵」「江刺《えざし》」「黒沢」「寺崎」などの名字に分かれている。

このほか、特徴的なのは「古《ふる》館《たち》（舘）」「下館《しもだて》（舘）」など「館（舘）」のつく名字が多いこと。これは丘の上につくられた砦《とりで》を「館（舘）／たて・たち」と呼んでいたことに由来する。

岩手県ならではの珍しい名字

金田一【きんだいち】

二戸《にのへ》市金田一が由来。ただし地名は「きんたいち」と読む。言語学者の金田一京助氏は岩手県出身。また、横溝正史《よこみぞせいし》氏の小説に登場する金田一耕助も東北出身だ。

【他にもある岩手県の珍しい名字】

安栖《あずまい》・姉帯《あねたい》・漆真下《うるしまっか》・遠刕《えんしゅう》・帷子《かたびら》・敬礼《けいれい》・五枚橋《ごまいばし》・銭袋《せんぶくろ》・七ッ役《ななつやく》・米内《よない》…など

東北・北海道

宮城県

東北らしからぬ マイペースさと開放的雰囲気

東北の名字分布の基本となる

宮城県の名字は一見、東北全体の集約のようになっている。しかしこれは逆で、ここを本拠としていた伊達《だて》家の勢力が東北全域に広がったことで、宮城の名字分布が東北地方の典型となったと考えられている。

ちなみに、伊達家はもともと関東の武士で、藤原家の流れをくむとされている。源頼朝の奥州合戦に従軍し、そのときの戦功から伊達郡を与えられ「伊達」を名乗った。

だからといって、東北地方に多い名字ばかりということもなく、宮城県ならではの名字としては「菅原」「遠藤」「小野寺」「今野」「早坂」「大友」などがある。ほかにも「大槻」は仙台藩士がルーツ、「志賀」は代々藩医を務めた家というように、さまざまな由来が見られる。

また、東北地方には荘園（貴族などが私有する農地）が多かったことから、荘園を管理する「庄《しょう》司《じ》」という職業を名字とした例も多い。ただし、宮城県では「庄子」と書く。

宮城県ならではの珍しい名字

庄子【しょうじ】

名字自体は珍しくないが、この漢字を当てるのは宮城県独特で、他ではあまり見られない。ちなみに全国的には庄司が主流で、秋田県では東海林、関東地方では荘司が多い。

【他にもある宮城県の珍しい名字】

赤間《あかま》・明上山《あけがみやま》・丹野《たんの》・中鉢《ちゅうばち》・袋《ふくろ》・百足《むかで》・餅《もち》・四ッ目《よつめ》・若生《わこう》

…など

東北・北海道

秋田県

オシャレもお酒も大・大好き！の美形王国

佐藤の占める割合は東北一

東北地方は「佐藤」が多く、青森県以外でももっとも多く見られる。しかし同じ最多でも、この秋田県では意味合いが異なる。

というのも、「佐藤」が人口の約8％にもなるのだ。普通は、最多といっても人口の1％か2％といったところ。それに比べれば、秋田県の「佐藤」の多さは突出しているといえよう。しかも南下するほど増えていて、由利本荘市《ゆりほんじょうし》では「佐藤」が住民の約3割にのぼるという。

秋田県ではこのように、特定の地域に同じ名字が集中していることが多い。たとえば「高橋」は雄勝《おがち》郡で人口の2割、とくに東成瀬村では「佐々木」とあわせて、人口の半分以上を占めているという。

また「越後谷《えちごや》」「加賀谷《かがや》」「能登谷《のとや》」といった「谷」がつく名字が多いのも、秋田県の特徴。これは「越後屋」「加賀屋」といった江戸時代の庄屋が、名字をつける際に屋号の「屋」を「谷」に変えたことによると考えられている。

秋田県ならではの珍しい名字

御法川【みのりかわ】

タレントのみのもんた氏の本名として知っている人も多いだろう。秋田が発祥だが、現在は北海道や関東地方に多いという。

【他にもある秋田県の珍しい名字】

鐙《あぶみ》・利部《かがぶ》・沢田石《さわだいし》・巴《ともえ》・及位《のぞき》・尾留川《びるかわ》・歩仁内《ぶにうち》・谷々《やや》…など

東北・北海道

山形県

「おしん」の粘り強さは今でも健在

東海林の発祥地で読みは〝とうかいりん〟

秋田県ほどではないが、「佐藤」が多い。秋田県との境である真室《まむろ》川町《がわまち》では、「佐藤」と「高橋」で人口の3割を占めるという。

山形県で有名な名字としては、「本間」がある。日本一の大地主といわれた、江戸時代からの名家である酒田市の本間家がもとだ。本間家は、鎌倉時代から戦国時代にかけて佐渡《さど》国を支配した本間氏の支流とされている。

「本間」という名字自体は、相模《さがみ》国に由来する。戦国時代に越後《えちご》国や佐渡国に広がり、酒田に移住したようだ。

山形県発祥の名字に「東海林」がある。これは「しょうじ」と読まれるが、もともとは「とうかいりん」だった。秋田県に移住した一族が荘園を管理する庄司になったことから、この読みが生まれたと考えられている。それゆえ、現在でも県内では「しょうじ」より「とうかいりん」と読む方が多い。

このほか、山形県独特の名字に「冨樫《とがし》」「大場」「梅津」などがある。

山形県ならではの珍しい名字

情野【せいの】

米沢市に見られる。上杉謙信に従って移り住んだ清野氏が、読み方を「せいの」、漢字を「情野」に変化したもの。

【他にもある山形県の珍しい名字】

悪七《あくしち》・五十公野《いじみの》・衣袋《いぶくろ》・歌丸《うたまる》・海和《かいわ》・丸藤《がんどう》・無着《むちゃく》 …など

東北・北海道

福島県

関東との間に息づく典型的東北気質の人情の地

分布は3つの地域に分かれる

やはり東北地方らしい名字分布だが、浜通り（太平洋沿岸地域）、中通り（奥羽《おうう》山脈と阿武隈《あぶくま》高地に挟まれた地域）、会津《あいづ》（会津盆地を中心とした地域）で名字の分布が異なる。これは福島県の面積の広さゆえだろう。

浜通りでは、「小野」「草野」といった名字が多い。中通りでは「円谷《つぶらや》」が見られる。郡山市には「熊耳」という名字があるが、これは「くまみみ」「くまじ」「くまがみ」「まがみ」などさまざまな読み方がある。また会津では「星」がよく見られ、多くの町村で最多名字に輝いている。

なお、県全体で多く見られる「菅野」は、福島県では「かんの」が一般的。しかし、安達郡に限っては「すがの」と読む家が多い。

さて、ここで東北地方に「佐藤」が多い理由だが、平泉の藤《ふじ》原基衡《わらのもとひら》の臣下の佐藤氏にルーツが求められる。この一族は下野《しもつけ》国から移り繁栄し、その後裔が東北各地に広まったため、東北地方に「佐藤」が増えたという。

福島県ならではの珍しい名字

円谷【つぶらや】

須賀川市に多く、地名に由来する。東京五輪の円谷幸吉《つぶらやこうきち》選手や円谷プロの円谷英二《つぶらやえいじ》氏も須賀川市出身。この２人のおかげで、一定年齢以上の人は必ずといっていいほど読める名字だ。

【他にもある福島県の珍しい名字】

猪狩《いがり》・江井《えねい》・慶徳《けいとく》・三瓶《さんぺい》・四家《しけ》・二瓶《にへい》・星《ほし》・過足《よぎあし》…など

関東

茨城県

一本筋の通った漫遊空間は熱しやすく冷めやすい

2つの氏族から様々な名字が生まれた

「鈴木」「佐藤」「高橋」が多い典型的な関東型だが、それ以外に目を向けると茨城色にあふれている。「小松崎」「倉持」「飛田」「寺門《てらかど》」「助川《すけがわ》」「軍司《ぐんじ》」「海老原」などがそれで、ほかに「根本」「石川」「関」も多く見られる。また、隣接する福島県との共通点として「菊池」「斎藤」「吉田」といった姓が多い。

茨城発祥の名字には、地名からとったものが多い。これは、平安時代から戦国時代にかけてこの地域を支配していた大掾《だいじょう》氏と佐竹氏の2つの名家の支流が各地に移住し、そこの地名を名字としたためである。なお、大掾氏は桓武《かんむ》平氏流で、後に移ってきた佐竹氏は清和《せいわ》源氏流。双方は婚姻関係を結び、常陸《ひたち》国での基盤を確実なものとしたという。

それぞれの一族から出た名字としては、大掾氏から「鹿島《かしま》」「島崎」「芹沢」「玉造《たまつくり》」「手賀《てが》」「徳宿《とくしゅく》」「中居」「行方《なめかた》」「真壁」など。佐竹氏から「稲木」「額田《ぬかだ》」「長倉」「小瀬」「小場」「石塚」などがある。

茨城県ならではの珍しい名字

阿井【あい】

霞ヶ浦《かすみがうら》周辺に多い名字。漢字はいろいろ見られるが、これがいちばん多いようだ。名字の50音順トップは霞ヶ浦出身者…かもしれない。

【他にもある茨城県の珍しい名字】

因泥《いんでい》・宇留鷲《うるわし》・吽野《うんの》・結解《けっけ》・結束《けっそく》・小圷《こあくつ》・底《そこ》・美留町《びるまち》 …など

関東

栃木県

いぶし銀が渋く彩るやすらぎの路

地名由来の名字の中方言発祥のものも

　こちらの名字分布も関東型だが、それ以外では栃木県らしい名字が見られる。「増淵」「室井」「君島」「宇賀神《うがじん》」などがそれ。

　中で代表格ともいえるのが「阿《あ》久《く》津《つ》」である。「あくつ」とは、「窪地」を意味する北関東の方言だ。窪地周辺の地名となったか、窪地周辺に住んでいた者が名乗ったか、いずれかにより名字となったものである。ちなみに栃木県と群馬県では「阿久津」、茨城県では「圷《あくつ》」と書くことが多い。

　また「大豆生田」という珍しい名字がある。これは、米がとれないため大豆を植えたという地名に由来する。読み方も、ざっと挙げただけで「オオマメウダ」「オオマミウダ」「オオマメダ」「マメタ」「マメダ」「マミョウダ」と多様だ。

　さて、栃木県といえば室町幕府を開いた足利家が有名だ。さらに、これには及ばないものの「宇都宮」「小山」「那須」「佐野」「氏家《うじいえ》」といった名家もある。いずれも地名が由来となっている、栃木県発祥の名字だ。

栃木県ならではの珍しい名字

四十八願【よいなら】

南部に見られる。戦国時代からある名字らしいが、由来は不明。「四十八願《しじゅうはちがん》」とは仏教語で、法蔵菩薩が仏様になるための修行で立てた48の願《がん》のこと。

【他にもある栃木県の珍しい名字】

相吉沢《あいよしざわ》・丁嵐《あたらし》・大豆生田《おおまみゅうだ》・吉高神《きちこうじん》・提箸《さけはし》・九石《さざらし》・外鯨《とくじら》・粗《ほぼ》・明才地《めいさいじ》・世取山《よとりやま》 …など

関東

群馬県

「カカア天下と空っ風」はもう古い？

全国的に多い「高橋」が最多となる唯一の県

関東型の名字分布ではあるが、「高橋」と「新井」が群馬県ならでは。「高橋」は決して珍しい名字ではなく、全国的にもよく見られる名字であるのだが、都道府県で最多となっているのは群馬県だけだ。ほかには「こぐれ」が特徴的。これは埼玉県にも多い名字だが、群馬県では「木暮」、埼玉県では「小暮」と書くことが多い。

群馬県を代表する氏族に、後醍《ごだい》醐《ご》天皇の忠臣・新田義貞《にったよしさだ》で知られる新田氏がある。清和《せいわ》源氏流で八幡太郎《はちまんたろう》源義家《みなもとのよしいえ》の孫を祖とし、その弟は栃木県で足利《あしかが》氏の祖となっている。天皇に反旗を翻した足利尊氏《たかうじ》と新田義貞は、実は同一族というわけだ。

また、『南総里見八犬伝《なんそうさとみはっけんでん》』で知られる房総《ぼうそう》地方の支配者・里見氏も、この新田氏の流れをくんでいる。

そのほか、新田氏には「山名」「大館《おおだて》」「鳥山」「堀口」といった支流がある。これらの名字も群馬県が発端であるといえよう。

群馬県ならではの珍しい名字

黒岩【くろいわ】

それほど珍しい名字ではないが、嬬恋《つまごい》村に非常に多い。その数は村内に多い「宮崎」の3倍以上。ちなみに、ウィンタースポーツの選手で黒岩姓の人はここの出身が多い。

【他にもある群馬県の珍しい名字】

善知鳥《うとう》・女屋《おなや》・書上《かきあげ》・小鮒《こぶな》・城聞《じょうぎく》・都木《たかぎ》・二十里《にじゅうり》・毒島《ぶすじま》

…など

関東

埼玉県

「彩の国」は淡いイメージも個性のうち

南北に分かれる名字分布

全体で見ると関東型だが、東京のベッドタウン化した南部と、それが進んでいない北部では名字分布が異なる。

北部のみに限った場合は、最多名字が「新井」となる。ほかにも「田島」「福島」「黒沢」「根岸」「大沢」「金子」「関根」「吉沢」「栗原」「関口」と、本来埼玉県によく見られる名字が並んでいる。一方、南部は東京都とあまり変わらず「鈴木」「佐藤」「高橋」が多い。

「千葉」という名字は千葉県にはほとんど残らないが、「埼玉」という名字は久喜市に少し残っている。この「埼玉」は行田市にある埼《さき》玉《たま》村が由来で、これが県名になったとされている。ここには、9基の大型古墳からなる「埼玉古墳群」がある。『日本書紀』にもその記述が見られる古い史跡で、その歴史から県名になったものと思われる。とんだ出世頭といえよう。

なお、県内で珍しい名字が集まるのは秩父《ちちぶ》地方。「舎利弗《とどろき》」や「強《すね》矢《や》」などの難読名字が見られる。

埼玉県ならではの珍しい名字

左衛門三郎【さえもんさぶろう】

日本人の名字は5文字がいちばん長い。そのうちのひとつが「左衛門三郎」で、昔宮廷を警護した役職「衛門府《えもんふ》」が由来とされる。ほかに5文字名字では「勘解由小路《かでのこうじ》」がある。

【他にもある埼玉県の珍しい名字】

遊馬《あそま》・護守《ごのもり》・強矢《すねや》・舎利弗《とどろき》・忽滑谷《ぬかりや》・年代《ねんだい》・道祖土《ふなど》・発知《ほっち》

…など

関東

千葉県

人気テーマパークも国際空港も実はここにある

ベッドタウン化しながら独自の名字も残る

埼玉県同様、東京のベッドタウンとなったために特有の名字が少なくなってしまった県で、名字分布を見ると、その構成は東京都とほぼ同じとなり、異なるのは「石井」のみとなってしまっている。

一方で内房に「鶴岡」、外房に「椎名」、銚子付近に「石毛」や「宮内」、館山付近に「川名」、茨城県との境に「染谷」と独特の名字が残る地域もある。

「千葉」の名字は、もちろん千葉県が発祥だ。桓武《かんむ》平氏の子孫が、この地に根付いて地名を名字としたもの。源頼朝に従って奥州《おうしゅう》合戦に参加し、後に陸奥《むつ》国に支流が移っている。本家は変わらずに房総にあったが、戦国時代に没落してしまう。これにより「千葉」は東北地方に増え、千葉県ではほとんど見られなくなってしまったのである。

また千葉県で有名な一族として、『南総里見八犬伝』で知られる房総地方の支配者・里見氏がいるが、彼らのルーツは上野《こうずけ》国里見である。室町時代に房総に移住し、この地を支配したと伝えられている。

千葉県ならではの珍しい名字

分目【わんめ】

名字の50音順ラストを飾るのが、この「分目」。市原市にある地名が由来とされるが、実際に見られるのは木更津市だ。

【他にもある千葉県の珍しい名字】

伊大知《いおち》・華衣《とりい》・南波佐間《なばさま》・生城山《ふきの》・無尽《むじん》・雪原《ゆきはら》・霊園《れいえん》…など

関東

東京都

首都は日本全国津々浦々の寄り合い所帯

特色を失いつつもわずかに残る独自性

首都として発展してきた東京は、全国各地から人が流入したために独特の名字がほとんど失われてしまった。

その中で、全国最多の「佐藤」をおさえて「鈴木」が最多となっているのは、特筆すべきことであろう。「鈴木」は、修験道《しゅげんどう》の修行地で知られる紀伊《きい》国熊野に由来する。熊野神社では鈴木一族が神職に就いており、熊野信仰の広がりとともに鈴木姓も全国で増えていった。その鈴木一族の中に徳川家康の臣下がおり、これが江戸にやってきたことで鈴木姓が増えたといわれている。

東京都で独自の名字では、「板橋」「大井」「小山田《おやまだ》」「喜多見《きたみ》」「葛西《かさい》」「品川」「立川」「豊島」「目黒」と、現在でも市区町村名になっているものが並ぶ。

また、奥多摩地方には「原島」が圧倒的に多い。これは武蔵《むさし》国原島がルーツで、宣化《せんか》天皇の子孫が発祥といわれ、室町時代に本拠地を奥多摩に移して以来、名字が広がったという。

東京都ならではの珍しい名字

土方【ひじかた】

ごぞんじ新撰組副長・土方歳三《ひじかたとしぞう》の名字。彼の実家は現在の東京都日野市で、今もここには土方姓が多いという。なお、由来は静岡県にある地名による。

【他にもある東京都の珍しい名字】

九《いちぢく》・天明《てんみょう》・濡髪《ぬれがみ》・阿《ほとり》・谷古宇《やこう》 …など

関東

神奈川県

新しい風を受ける新しもの好きは「カッコイイ命」

ベッドタウン化の中独自の名字も

埼玉県、千葉県と同様、東京のベッドタウンである神奈川県でも関東型の名字分布であり、やはり東京都との差異はほとんど見られない。

神奈川県らしい名字も少しは残っているが、それもごく少数で、その代表格といえるのが三浦半島の「石渡《いしわた》」だ。全国の「石渡」の2割以上が三浦半島在住で、横須賀市ではとくにメジャーな名字である。このほか、足柄地方の「露《つゆ》木《き》」、湯河原《ゆがわら》の「二見《ふたみ》」、横須賀の「新倉」、横須賀と横浜市金沢区の「蒲谷《かばや》」、藤野町の「諸角《もろずみ》」、城山町の「杢代《もくだい》」など、神奈川県独自の名字もある。

鎌倉市にあった「大仏《おさらぎ》」という名字は、鎌倉幕府の執権・北条時政の孫・朝直《ともなお》が祖。北条氏の支流にあたり、幕府と盛衰を共にした。

「おさらぎ」という読みについては、山形県の「若木山《おさらぎ》」が大仏のような山容から「大仏山」とも呼ばれ、鶴岡八幡宮の神人がこの地に若宮八幡神社を創建したことで鎌倉に伝わったという説がある。

神奈川県ならではの珍しい名字

大仏【おさらぎ】

大仏で知られる鎌倉には、読みこそ違うものの「大仏」という名字があった。上記の通り幕府滅亡のときに運命を共にしており、現在は藤沢や茅ヶ崎にわずかに残るのみ。

【他にもある神奈川県の珍しい名字】

爰島《えんじま》・黄木《おうぎ》・風田川《ふうたがわ》・三廻部《みくるべ》・望木《もぎ》・矢後《やご》…など

北陸

新潟県

忍耐・努力・根気が基本の米どころ

東北と東海の特徴を併せ持つ

地域的には北陸地方でも、名字的には東北地方の新潟県。東北地方を代表する「佐藤」が最多名字に輝いていることが、それを証明している。それ以外でも、ほかの北陸地方の県と比べて異なる名字分布を見せている。

しかし、これを地域別という視点に変えると、新潟県の特徴が浮き上がってくる。下越《かえつ》では「佐藤」が、中央部では「渡辺」が、佐渡《さど》では「本間」が多いのである。

下越は東北地方の、中央部は東海地方の特色に影響を受けているのだ。ちなみに「本間」は、鎌倉時代から戦国時代にかけて佐渡国を支配していた本間氏に由来している。

新潟県には、「長谷川」も多い。このルーツは奈良県を流れる初瀬川だ。この流域の武士団が「はつせがわ」を名乗り、転じて「はせがわ」になったという。さらに新潟県に移り、「長谷川」と漢字を当てたようだ。

ほかに「金子」や「五十嵐」なども、新潟県にゆかりのある名字だ。

新潟県ならではの珍しい名字

五十嵐【いがらし】

五十嵐姓は、三条市にある五十嵐神社に祀られている五十日帯日子命《いかたらしひこのみこと》が祖神と伝わる。ここから地名や名字として各地に広まったとされる。

【他にもある新潟県の珍しい名字】

腮尾《あぎお》・五十山田《いかいだ》・飯酒盃《いさはい》・日馬《くさま》・捧《ささげ》・燕《つばめ》・宝剣《ほうけん》・弓納持《ゆみなもち》

…など

北陸

富山県

薬売りの末裔は豪邸を建てることがステータス

職業由来の珍名都市を持つ

西日本、とくに関西地方でよく見られる「山本」「中村」が多い。隣の新潟県が「佐藤」の多い東日本型であり、同じ北陸地方でも分布が異なっているのが分かる。

そして、次項の石川県とよく似ていることにも注目できる。これは、江戸時代に当地を治めていたのが加賀《かが》藩主前田家の分家であり、富山藩を治めるにあたって加賀から多くの家臣が移住してきたためといわれている。

また、名字の世界で富山県は特別視されている。というのも、富山湾に面する射水《いみず》市《し》新湊《しんみなと》は、珍しい名字が多いことで有名なのだ。「釣」「網」「海老《えび》」「魚《うお》」「水門」「波」など漁業にちなんだ名字のほか、「草」「菓子」「飴」「石灰《いしばい》」「壁」「風呂」「紅粉《べにこ》」「酢」「菊」など一見すると名字とは思えない珍名さんがずらりと並んでいる。

これは明治時代の名字義務化の際に、職業や扱っていた商品にちなんで名字をつけたためと考えられている。それにしても、あまりに直球な命名だ。

富山県ならではの珍しい名字

山崎【やまざき】

山崎姓の発祥は、下新川郡山崎。それゆえ富山県には山崎さんが多く、隣の石川県にも移っているようだ。ちなみに、東日本では「ヤマザキ」、西日本では「ヤマサキ」が多い。

【他にもある富山県の珍しい名字】

飴《あめ》・石灰《いしばい》・魚《うお》・菓子《かし》・壁《かべ》・汐海《しおかい》・正力《しょうりき》・酢《す》・分家《ぶんけ》・紅粉《べにこ》・村椿《むらつばき》 …など

北陸

石川県

加賀百万石の殿様気質が色濃く残る

藩主に遠慮して改めた名字が残る

石川県の名字分布は「山本」「中村」「田中」が多く、富山県と同様の典型的な関西型である。ここから北陸地方は、新潟県のような東日本型と、富山県や石川県のような西日本型が混在していることが分かる。方言を東西に分ける大きな境界線である「糸魚川《いといがわ》浜名湖線」、そして日本を縦断する大断層「糸魚川静岡構造線」同様、名字の東西を分けるのも北陸地方というわけだ。

その一翼を担う石川県では、「中川」「中田」「宮本」などの、珍しくはないが他県ではメジャーとはいえない名字が見られる。

また、前後や東西南北といった、方向を表す漢字を用いた名字が多いのが特徴。「南」「北村」「坂下」「西出《にしで》」などが見られるほか、加《か》賀《が》百万石《ひゃくまんごく》で知られる前田家もそのひとつだ。

前田家は尾張《おわり》国から移住してきたが、その際にもともと「前田」を名乗っていた人々が藩主に遠慮して「毎田」「前多」などに改姓したといわれている。

石川県ならではの珍しい名字

王生【いくるみ】

小松市に見られる。由緒は古く、天武《てんむ》天皇の子・草壁皇子《くさかべのおうじ》から始まると伝えられている。読みの由来は不明。

【他にもある石川県の珍しい名字】

延命《えんめい》・水道《おいどう》・四十万谷《しじまや》・清酒《せいしゅ》・直下《そそり》・日月《たちもり》・髭右近《ひげうこん》・面《ほほつき》

…など

北陸

福井県

リーダーシップは「カカア天下」が支える

発祥地ではないが「斎藤」が最初に栄えた

福井県は、関西型の名字分布である。とくに「田中」、「山本」が突出している。

福井県を中心に栄えた名字に、「斎藤」がある。その由来は以下の通り。伊勢神宮には古来、皇女が神に奉仕する斎王《さいおう》となるしきたりがあった。この斎王の世話をする役所の長官「斎宮頭《さいぐうのかみ》」を務めた藤原叙用《ふじわらののぶもち》が「斎藤」を名乗った。これが斎藤姓のはじまりである。そして、この叙用の祖母が越《えち》前《ぜん》国の出身だったことから、「斎藤」は北陸で広まったといわれている。

ちなみに叙用の父・利仁《としひと》は、「斎藤」をはじめとしたさまざまな名字の発端ともいえる人物で、名字を語る上で欠かせない存在である。

福井県独特の名字としては、「笛吹」「白崎」「玉村」などがあり、これは他県ではあまり見られない。地域にちなんだ名字である「浅妻《あさづま》」「浦松」「坪田」なども同様だ。さらに、「文殊四郎《もんじゅしろう》」という珍名も残っている。

福井県ならではの珍しい名字

松田【まった】

漢字だけ見ると珍しくはないし、松田姓の発祥地という訳でもない。ただ読みが変わっており、「まった」と読む。

【他にもある福井県の珍しい名字】

吾田《あずた》・牛若《うしわか》・源甲斐《げんかい》・廷々《ていてい》・臥龍岡《ながおか》・二三四《ふみし》・水戸守《みともり》・文殊四郎《もんじゅしろう》 …など

中部

山梨県

根っこに流れる武田騎馬軍の忠誠心と仲間意識

甲斐武田氏から多くの名字が生まれた

全国でも多い「渡辺」が唯一最多となっているのが、ここ山梨県である。なにしろ富士吉田市では人口の約5分の1が「渡辺」だというのだから驚きだ。

「渡辺」は、摂津《せっつ》国渡辺に移住した嵯峨《さが》源氏の一族が名乗ったもの。この地が川沿いであったため、海上交通によって全国に広がり、この地方にも至ったとされる。

以下「小林」「望月」と続くが、ほかの名字を大きく引き離しているのが特徴。いずれも長野県発祥の名字だが、「望月」は現在、山梨県の方が多くなっている。

では、山梨県独自の名字はどういうものだろうか。それは「深沢」「古屋」などで、他県ではあまり見られない。

山梨県といえば、甲斐《かい》武田氏が有名。清和源氏の流れをくむ名門だが、戦国時代に滅んでしまった。しかし多くの分家を輩出しており、多くの名字を生んだ。例を挙げれば「小笠原」「柳沢」「逸見」「米倉」「平賀《ひらが》」「浅利《あさり》」「甘利《あまり》」「穴山」「加賀美」など多岐に渡る。

山梨県ならではの珍しい名字

薬袋【みない】

戦国時代から見られる名字。長寿の里で薬袋を見なくてすんだこと、武田信玄の薬袋の中を見なかったことなど、由来は諸説ある。

【他にもある山梨県の珍しい名字】

権正《ごんしょう》・流石《さすが》・貴家《さすが》・鷹左右《たかそう》・名執《なとり》・湯舟《ゆぶね》・宝方《もろかた》 …など

中部

長野県

真面目を突き抜けたお堅さを極める

当地ルーツの「小林」が圧倒的

何といっても県内最多の「小林」の存在感が大きいのが長野県。次点につける「田中」に3倍もの差をつけているのである。

「小林」のルーツは文字通り、小さな林を意味する地形名。地名としては全国に見られるが、名字となると長野県が突出している。

そうはいっても、面積が広いこともあって地域差は激しい。北信地域では圧倒的な「小林」も、中信地域では「丸山」や「百瀬」に後れを取っている状態だ。

この「丸山」は県内で多いものの、全国的に見るとそれほど多い名字ではない。長野県のほか新潟県、山梨県に集中している。

長野県の特徴としては、「沢」がつく名字が多いこと。「宮沢」「柳沢」「滝沢」「西沢」「鮎沢」「成沢」「福沢」などがあり、県全体で３００種類にもなるという。県中には「胡桃沢《くるみさわ》」という珍しい名字も。

ほかに「平林」「有賀《ありが》」「赤羽」「花岡」「小口《おぐち》」「山浦」などが長野県独特の名字だ。

長野県ならではの珍しい名字

諏訪【すわ】

古代から諏訪神社の神官を務めた一族が発祥で、長野県を代表する名字のひとつ。武田信玄に滅ぼされるが江戸時代に再興、信濃高島藩の藩主となる。

【他にもある長野県の珍しい名字】

一本槍《いっぽんやり》・牛尼《うしあま》・織田大原《おだおおはら》・金箱《かなばこ》・善財《ぜんざい》・砥石《といし》・昼神《ひるがみ》・位高《やごと》

…など

中部

岐阜県

仲間との結束が強い典型的日本型エリア

加藤や土岐から歴史人物が生まれた

全国でよく見られる「加藤」が、唯一最多となっているのが岐阜県である。

この名字は、加賀《かが》国に移った藤原氏が名乗ったもので、当然石川県発祥である。ここから岐阜県に移った一族があったことから、一帯に広まったといわれている。豊臣秀吉の家臣で、賤ヶ岳《しずがたけ》の戦いで戦功を挙げ「賤ヶ岳七本槍」といわれた加藤清正《かとうきよまさ》や、伊予大洲《いよおおず》藩主の加藤家も、岐阜の加藤氏の流れである。

また令制国《りょうせいこく》で2国に分かれていた岐阜県からは、幾人かの歴史人物が生まれている。

まず、岐阜きっての名家の土岐《とき》氏があり、本拠地であった県東部には土岐市と名が残っている。織田信長を討った明智光秀や、『忠臣蔵』で知られる赤穂《あこう》藩主・浅野長矩《ながのり》はこの土岐氏の流れだ。

「明智」の由来となった明智町が今も残るが、ここには現在の中津川市を領していた遠山氏の分家があった。「遠山の金さん」こと遠山景元《かげもと》は、この家の生まれである。

岐阜県ならではの珍しい名字

纐纈【こうけつ】

岐阜を代表する難読名字。読むのは当然、書くのも苦労するためか、文字の真ん中だけを抜き出して「交告」と書く家も多いようだ。

【他にもある岐阜県の珍しい名字】

石徹白《いとしろ》・佐曽利《さそり》・殿地《どんじ》・保母《ほぼ》・校條《めんじょう》…など

東海

静岡県

東海道の中継点はのんびり・おっとり・開放的

鈴木の人口比率ナンバーワン

静岡県は関東地方同様、「鈴木」が最多名字となっている。この「鈴木」、人口からいって東京都がいちばん多そうだが、実は人口に占める割合で見ると静岡県の方が多くなる。

静岡県では、人口の約５％が「鈴木」。次点の「渡辺」は、その３分の１だという。この傾向は県西部に顕著だ。そして、浜松市では「鱸」と書く場合もある。これは、熊野信仰に由来する「鈴木」とは別の、漁業に由来する名字だと考えられる。

県東部には、藤原南家流の本拠地だったため、一族の名字が多く見られる。「天野」「入江」「宇佐美」「岡部」「狩野」「吉川」「相良《さがら》」などがそれだ。これらは居住した地名をそのまま名字とした例である。

このほか静岡県らしい名字に、「村松」「池谷」「芹沢」「袴田」などがある。その代表といえるのが、「勝又」あるいは「勝間田」。全国の「かつまた」の半分が静岡県在住だというのだから、代表の名は伊達ではない。

静岡県ならではの珍しい名字

月見里【やまなし】

月が見える里には山がないという意味から生まれた、知らないと読めない名字のひとつ。静岡だけに、この山は富士山を指しているのだろうか？

【他にもある静岡県の珍しい名字】

五十右《いみぎ》・浮気《うき》・小粥《おかゆ》・不二山《ふじやま》・孫六《まごろく》・百足山《むかでやま》・良知《らち》・山梨《やまなし》

…など

東海

愛知県

お得なことと地元を愛してやまない

都市圏ならではの名字混在の洗礼を受ける

各地からの人口流入により、分布に独自の名字や特色があまり見られない愛知県。「鈴木」「加藤」「伊藤」が飛び抜けて多いものの、いずれも愛知独自の名字ではない。それぞれのルーツは熊野信仰、加賀国に移住した藤原氏、伊勢国に移住した藤原氏となっている。続く「山田」と「近藤」も同様に、愛知県発祥というわけではない。

愛知県は交通の便の良さ、肥沃な土地柄などで、古くから人の行き来が激しかった。それゆえ、名字も混在したものと思われる。こうした独自色のなさは東京都や大阪府も同様で、三大都市を有する都府県の運命のようなものといえるだろう。

とはいえ、愛知県独特の名字がまったくないわけではなく、三河地方には「杉浦」「神谷」といった地域特有の名字が多く見られる。

ほかに愛知県に集中している名字として、「丹羽《にわ》」「都築」「新美《にいみ》」「鳥居」「野々山」「梅村」「犬飼」「間瀬《ませ》」「今枝」などがある。

愛知県ならではの珍しい名字

徳川【とくがわ】

江戸幕府将軍家の徳川氏は、三河守となった家康が名乗ったのがはじまり。しかし同族であっても「徳川」を名乗れなかったため、徳川姓が特別多いわけではない。

【他にもある愛知県の珍しい名字】

田舎片《いなかがた》・久曽神《きゅうそじん》・雲英《きら》・樹神《こだま》・朏《みかづき》・毛受《めんじゅ》・印貢《よしずみ》…など

東海

三重県

伊藤の発祥地は東西の境界線

全国に見られる「伊藤」が最多となっているのが、「伊藤」の本拠地・三重県ならでは。「伊藤」は伊勢《いせ》国に移住した藤原氏が名乗った名字である。

ほかの名字を見ると、「山本」「中村」「田中」の関西型、「鈴木」の関東型と、東西が混在しているのがわかる。その境は、県中央部を流れる雲出川。北陸地方と同様、ここも名字分布の東西境界線になっているようだ。

県下一円が伊勢神宮の門前町？

三重県ならではの名字に、「水谷」「中西」「浜口」「稲垣」などがある。その中で代表ともいえるのが「水谷」。全国に数万人といわれる「水谷」の半数が、三重県北部から愛知県にかけての地域に住んでいるというのだから、集中の度合いが違う。

また三重県で生まれた名字としては、伊勢神宮の神官を務めた荒《あら》木田《きだ》氏や度会《わたらい》氏の一族が名乗ったものが見られる。前者からは「浦田」「沢田」「沢村」など、後者からは「川辺」「久志本《くしもと》」「出口」などの名字が発生している。

三重県ならではの珍しい名字

九鬼【くき】

戦国時代に、三重県を本拠地とした海賊が名乗った名字。ほかに「鬼」のつくものとして、「三鬼《みき》」「四鬼《しき》」「五鬼上《ごきじょう》」といった名字が見られる。

【他にもある三重県の珍しい名字】

上ヱ地《うえじ》・宇治土公《うじとこ》・垂髪《うない》・雲切《くもきり》・珍道《ちんどう》・積木《つみき》・二之湯《にのゆ》・肥満《ひまん》・真弓《まゆみ》 …など

近畿

滋賀県

商人気質はソロバン勘定の上手さに受け継がれる

佐々木の発祥地で派生した名字も多い

名字分布は典型的な関西型だが、「北川」「中川」「奥村」「辻」など、滋賀県ならではの名字も多い。ほかに、「田井中《たいなか》」「国松」「夏原」「饗庭《あえば》」「伊富貴《いぶき》」なども滋賀県らしい名字だ。

このように、「村」「田」「川」といったのどかな風景を思わせる漢字がよく見られるのが特徴だ。また「井」より「居」が使われる傾向もあり、「藤居」「浅居」「松居」「寺居」などが挙げられる。

さて、滋賀県といえば「佐々木」である。現在は東北地方に多い名字だが、発祥は滋賀県なのだ。流れは2つあるが、いずれも鎌倉時代に源頼朝《みなもとのよりとも》の臣下となったことから発展したようだ。ここから現れた一族、名字も多い。

中には戦乱の世に活躍し武家として知られた家もあり、とくに「京極《きょうごく》」「六角《ろっかく》」「黒田」「尼子《あまご》」はよく知られたところだろう。ほかに「朽木《くつき》」「鏡」「高島」「建部《たてべ》」「堀部」なども、「佐々木」の支流が名乗った名字である。

滋賀県ならではの珍しい名字

佐々木【ささき】

東北地方に多い佐々木は、滋賀県がルーツ。古代から住んでいた神官家と、平安時代に移住してきた宇多源氏の流れがある。

【他にもある滋賀県の珍しい名字】

明保野《あけぼの》・有馬殿《ありまでん》・卯路《うろ》・野一色《のいしき》・歯黒《はぐろ》・仏性《ぶっしょう》・万木《ゆるぎ》・世継《よつぎ》

…など

近畿

京都府

誇り高き1000年の都におこしやす

名字にはほとんど残らない古都の面影

平安時代から1000年以上、日本の都だった京都。さまざまな歴史の流れを見てきた古都には独自の文化・慣習が多く残されているが、地方から人が集まる地域で名字の独自色をなくしてしまうことは避けられなかったようだ。

分布は典型的な関西型で、大阪府とほとんど変わらない。独自の名字はあまり残っておらず、いわゆる「京都っぽい」とされる「小《こう》路《じ》」がつく名字は数軒、「大《おお》路《じ》」がつく名字にいたっては「西大路」のみだという。

とはいえ、独特の名字がまったくないかというとそうではなく、市内から離れて北部に目を向ければ「四方《しほう》」など珍しい名字も見られる。これは綾部市に約700世帯ある名字で、全国では約2000世帯しかないようだ。

また、公家《くげ》系の名字では読みが珍しいものが見られる。「石井」を「いわい」、「久我」を「こが」、「愛宕」を「おたぎ」、「池尻」を「いけがみ」と読むのは、すべて公家に由来するものである。

京都府ならではの珍しい名字

一口【いもあらい】

向日市に見られる。「いもあらい」とは混雑していることのたとえで、出入り口がひとつしかないと、芋洗い状態になることに由来。

【他にもある京都府の珍しい名字】

鴨脚《いちょう》・愛宕《おたぎ》・神足《こうたり》・舌《ぜつ》・谷利《せり》・六人部《むとべ》・物集女《もずめ》 …など

近畿

大阪府

世界標準の笑いのセンスと金銭感覚

西日本の特色を凝縮した代表的分布

東京都に次ぐ日本第2の都市・大阪。名字の分布は典型的な西日本型ではあるが、「田中」と「山本」がそれ以外を大きく引き離しているのが大阪府の特徴だ。

また、当地発祥の名字としては、現在もある地名を用いた例が多い。「芥川《あくたがわ》」「茨木」「鳥取」「能勢《のせ》」「甲斐庄《かいのしょう》」「日根野《ひねの》」など。全国的に見て地名から名字を得た例は多いが、現在も地名として残っており、かつ他の地域での同姓の発生がほとんどないことが、他の名字とは異なる点だ。これは東京都も同様であるから、都市部の名字発生の特徴なのかもしれない。

一方で、大阪府は周辺の府県と比べて面積が狭いことから、名字の地域差はあまり見られない。南部で「谷」のつく名字が多いことくらいだろうか。

西日本の大都市・大阪が出たところで西日本の名字について触れると、東日本との違いは名字の画数が全体的に少ないこと。これは、とくに関西地方で顕著だ。

大阪府ならではの珍しい名字

小間物谷【こまものや】

大阪南部には「○○谷」という名字が多い。小間物谷もそのひとつで、屋号の「屋」を「谷」に変えたものと推測される。さすがは商人の国といったところか。

【他にもある大阪府の珍しい名字】

熊取谷《いすたに》・椚座《くぬぎざ》・時子山《とこやま》・鼻毛《はなげ》・遍々古《べべこ》・辺牟木《へむき》・物種《ものだめ》・指吸《ゆびすい》・夜明《よあけ》・右衛門佐《よもさ》…など

近畿

兵庫県

強い地域意識が多様性を生む

さまざまな特色が入り混じる

瀬戸内海と日本海に面し、近畿地方と中国地方の境でもある兵庫県では、名字もそれぞれの特徴が混在している。

まず挙げられる「藤本」は瀬戸内海沿岸に多く見られる名字である。人口比で見ると山口県に目立つ名字だが、絶対数としては兵庫県、そして大阪府に多い。一方の日本海側では「山根」や「谷口」が見られるが、これは山陰地方特有の名字である。

次に「藤原」は東北地方と中部地方に多い名字だが、いちばん数が多いのは兵庫県である。お隣の岡山県でもよく見られることから、兵庫県西部に多い名字と見られる。

兵庫県は、令制国《りょうせいこく》では摂津《せっつ》国、播磨《はりま》国、但馬《たじま》国、丹波《たんば》国、淡路《あわじ》国に分かれていた。このため、兵庫県独自の名字傾向があまり見られないのだが、それもある意味で特徴といえるだろう。県内発祥の名字としては、南北朝と室町期に活躍した「赤松」、戦国大名の「別所」が知られる。

兵庫県ならではの珍しい名字

栗花落【つゆり】

神戸市に見られる。読みは、栗の花が落ちる季節になると梅雨《つゆ》に入ることに由来。

【他にもある兵庫県の珍しい名字】

雲丹亀《うにがめ》・宇仁菅《うにすが》・円満堂《えんまんどう》・不死原《ふじわら》・松姫《まつひめ》…など

近畿

奈良県

日本最古の都を抱える寝倒れの地

独特の名字が南部に残る

京都よりも更に古い時代に、歴史の舞台だった奈良県。現在は大阪府のベッドタウンとなっており、名字分布的には典型的な関西パターンを見せている。

その中で特徴といえるのが、「佐藤」と「鈴木」の少なさ。もともと関東地方に多い名字なので少ないこと自体は不思議ではないのだが、その数が周辺の府県と比べて驚くほど少なく、歴然としているのである。これは東日本からの移住がほとんどなかったことを示しているといえよう。

また、ベッドタウン化を逃れた県南部では独自の名字が残っている。そのひとつが「米田」。この名字自体はとくに珍しくないが、読みが「よねだ」ではなく「こめだ」となるのが奈良県ならではだ。

奈良県発祥の名字には、「長谷川」がある。これは大和川の上流の初瀬川がルーツ。この流域で活躍した武士団が「はつせがわ」を名乗り、後に「はせがわ」に転じたといわれている。

奈良県ならではの珍しい名字

王隠堂【おういんどう】

南北朝時代、京都の邸宅・花山院《かざんいん》に幽閉されていた後醍醐《ごだいご》天皇が、吉野に逃れた際にお堂にかくまわれた。という故事に由来する。

【他にもある奈良県の珍しい名字】

東川《うのかわ》・米虫《こめむし》・曽路利《そろり》・西隠居《にしいんきょ》・弁天《べんてん》・要海《ようかい》・領内《りょうない》 …など

近畿

和歌山県

のんびり紀州路は意外と情熱街道

大姓・鈴木の発祥地

県全体で見ると、典型的な関西パターン。しかし地域で見ると大きく北部と南部に分けられ、北部は大阪府の影響を受けた関西型、南部は和歌山県ならではの名字が多い。

和歌山県独特の名字の例を挙げると「中西」「玉置」「榎本」「湯川」「雑賀《さいが》」「高垣」「中筋《なかすじ》」「硲《はざま》」などである。ほかに、東西南北や上中下など、方位や方向を表す漢字が用いられることが多い傾向にあるという。

また北部でも、大阪府の影響を受けていない地域もある。瀬戸内海に面した有田《ありだ》市がそれで、「上野山《うえのやま》」、「江川」が多い地域となっている。これは他の地域にはほとんど分布しておらず、とくに「上野山」姓の3分の1は有田市在中だという。

和歌山県は大姓「鈴木」の発祥地。熊野信仰とともに全国に広がった。同じく「宮本」も和歌山県発祥で、こちらは「宮の入口」という意味。「宮」とはもちろん、熊野三山のことである。

和歌山県ならではの珍しい名字

小鳥遊【たかなし】

県南部に見られる。鷹がいなければ小鳥が遊べることに由来。もとは「高梨」で、読みに対して漢字が変化したものと考えられる。

【他にもある和歌山県の珍しい名字】

明楽《あきら》・恋中《こいなか》・汐見《しおみ》・下垣鳴海《しもがきなるみ》・筋師《すじし》・世古《せこ》・鳴神《なるかみ》・毘舎利《びしゃり》・仏《ほとけ》…など

中国

鳥取県

冬の日本海が育む助け合い精神

因幡と伯耆の東西分布

典型的な関西パターンだが、特徴的なのは「山根」。珍しくはないものの大姓ともいえないこの名字は、鳥取県から岡山県にかけて集中している。「山根」の発祥地は不明だが、「山のふもと」を語源とすることはわかっている。

鳥取県は、令制国《りょうせいこく》では因幡国《いなば》と伯耆国《ほうき》に分かれていた。それは名字分布にも反映されており、東西で傾向が異なる。たとえば、県全体に多い「あだち」は、鳥取市など東部では「安達」、米子市《よなご》など西部では「足立」が主体だ。山陰地方の「あだち」の発祥は、丹《たん》波《ば》国足立村。語源は「葦《あし》立ち」で、低湿地に生える葦のことをいう。

ほかにも「谷口」「福田」「山下」は東部、「遠藤」「長谷川」は西部が多いといった違いが見られる。

鳥取らしい名字としては、「小谷」「林原」「角《すみ》」「石賀《いしが》」など。日本海に面する境港市では「網本」「上灘《かみなだ》」「鰤岡《ぶりおか》」など、漁業を連想させる名字が多く見られる。

鳥取県ならではの珍しい名字

安酸【やすかた】

カタバミという家紋がある。カタバミは漢字で「酸漿草」と書き、酸は「カタ」と読むと考えられたことから「やすかた」という名字に「安酸」を当てたという説がある。

【他にもある鳥取県の珍しい名字】

明里《あかり》・以後《いご》・欠間《がんま》・十九百《つづお》・当別当《とうべっとう》・塒《ねぐら》 …など

中国

島根県

不干渉主義だけど思いやりはいっぱい

西日本では珍しく佐々木が多い

関西に多い「田中」、「山本」に続くのが、東北に多い「佐々木」である。そして、「藤原」をはじめ「藤」がつく名字が多いのが、中国地方の特徴だ。

「佐々木」では宇多《うだ》源氏流の佐々木氏が有名だが、この名字は佐々木氏の氏神である滋賀県の沙《さ》沙貴《さき》神社に端を発するという。ここから、島根県の「佐々木」の多さと出雲《いずも》国の関連が予想されるが、いかがだろうか。

出雲大社を擁する出雲国は、神の国として知られていた。全国の神が出雲に集うため神無月《かんなづき》と呼ばれる10月は、出雲に限っては神在《かみあり》月《づき》と呼ばれていたのだから、その格式は相当なものである。これは名字の世界でも同じようで、現在でも出雲周辺では「神門《かんど》」「神庭《かんば》」といった、「神」のつく名字が多く見られる。

また戦国時代に毛利氏の支配下だったことから、「出羽《でわ》」「口羽《くちば》」「周布《すふ》」「益田」「三隅《みすみ》」など島根県の名家をルーツとする名字も残っている。

島根県ならではの珍しい名字

柳楽【なぎら】

出雲地方の独特の名字。漢字の読みに対応していないことから「やぎら」と変えた家もあり、とくに県外に移った家に顕著だ。

【他にもある島根県の珍しい名字】

鉱《あらがね》・経種《いだね》・唐桶《からおけ》・鮫《さめ》・生和《にゅうわ》・樋ヶ《ひのけ》・卜蔵《ぼくら》・売豆紀《めずき》・目次《もくじ》

…など

中国

岡山県

「晴れの国」はやり手が多い理数系

全「三宅」さんの4分の1が集中

全体的には西日本の典型的な分布だが、「藤原」と「三宅」が多く見られる点が珍しい。

「藤原」というと、どうしても藤原氏を思い浮かべるが、一説には藤原氏ではなく菅原氏の流れともいわれ、真相は明らかでない。「藤原」に限らず、中国地方には「藤」のつく名字が多い。これらも、藤原氏との関係は薄いと見られている。

「三宅」は総数のじつに4分の1が岡山県在住で、さらにその半分が倉敷市に住んでいる。由来は大和朝廷が穀物を保管した「屯倉《みやけ》」で、やがて貯蔵庫だけにとどまらず穀物をつくった田んぼや農民まで「みやけ」と呼ぶようになったようだ。あるいは、屯倉を管理していた人が名乗ったとも考えられる。

岡山県発祥の名家に宇喜多《うきた》氏がある。この家は関ヶ原の戦いの折、宇喜多秀家が八丈島への流刑にあって、没落している。「浮田」は今も瀬戸内海沿岸に見られるが、やはり「宇喜多」をはばかって漢字を変えたのだろうか。

岡山県ならではの珍しい名字

新免【しんめん】

県北東部に見られる。美作《みまさか》市にある地名がルーツで、戦国時代には新免氏がいた。剣豪・宮本武蔵はこの新免氏の流れを汲《く》むという。

【他にもある岡山県の珍しい名字】

入鹿《いるか》・杭田《くえだ》・渾大坊《こんだいぼう》・湛増《たんぞう》・当座《とうざ》・流郷《りゅうごう》・歴舎《れきしゃ》 …など

中国

広島県

「酒よし魚よし気候よし」で盛り上がる

村上水軍の名残が見られる

中国地方に多い「藤井」、瀬戸内海の村上水軍で知られる「村上」が多く、西日本らしさを残しつつ特徴がにじみ出ているのが、広島県の名字だ。

一般に、「佐藤」や「伊藤」など「藤」のつく名字は藤原氏の流れといわれている。しかし、物事には例外がつきもので、「藤井」は植物のフジに由来する名字だ。「フジのある場所」あるいは「フジの下に井戸がある場所」というのが、その意味と考えられている。ちなみに「佐藤」は東日本に多い名字だが、広島県では珍しく比較的多く見られる。

「村上」という名字そのものは長野県が発祥。しかし鎌倉時代に因島《いんのしま》を領地として以来、瀬戸内海を警護する村上水軍となる。因島以外にも能島《のしま》、来島《くるしま》の3家に分かれ、それぞれに主君を得るなどして独自に発展していった。この名字が今も多いのは、村上水軍の子孫だけでなく、その武勇から名字を得たものがあったからではないだろうか。

広島県ならではの珍しい名字

国司【くにし】

国司《こくし》（令制国の行政官）の家かと思いきや、読みは「くにし」。これは安芸高田市《あきたかだ》にある地名が由来である。

【他にもある広島県の珍しい名字】

阿世比丸《あせびまる》・家護谷《けごや》・地子給《じしきゅう》・正月谷《しょうがつだに》・背戸土井《せとどい》・梵《そよぎ》・葺谷《なばたに》・万力《まりき》・茂曽呂《もそろ》…など

中国

山口県

明治維新に根ざした理想主義？

九州や大陸からやってきた名字も

中国地方の典型的な名字分布の中、関門海峡を挟んだお隣の福岡県由来の「原田」が多い。しかし肝心の福岡県ではそれほど見られないのがおもしろい。おそらく、移住先で広まったものと見られる。

それ以外に他県と異なる山口県ならではの特徴がないように感じる中で、山口県の特徴ともいえるのが「河村」の多さだ。これ自体はけっして珍しい名字ではないが、山口県以外ではあまり見られない名字でもある。

戦国時代、中国地方を支配していたのは長州藩主の毛利《もうり》家。それゆえ、この地域には中国地方各地から人が集まっており、それにともない名字も増えたものと考えられる。遠くは明《みん》（中国）からやってきた者もおり、大内家に仕えた張氏がそれである。ちなみに家老・益田家は、現在の島根県益田市が発祥だ。

そのほか、山口県ならではの名字に「弘中」「森重」などが見られる。

山口県ならではの珍しい名字

勘解由小路【かでのこうじ】

日本一長い５文字の名字のひとつである。発祥は京都の公家「勘解由小路家」だが、山口に見られる。分家であろうか。

【他にもある山口県の珍しい名字】

馬酔《あせび》・浴《えき》・金魚《きんぎょ》・三分一《さんぶいち》・大西《だいさい》・部坂《へさか》・無敵《むてき》…など

四国

徳島県

ストレス発散にはやっぱり「阿波踊り」が一番!

名字の数がどんぐりの背比べ

徳島県の名字分布は何といっても「佐藤」が最多なのが特徴。この名字が東日本に多いのも理由のひとつだが、さらにおもしろいのが最多だからといって特別多いわけでもない、ということ。

他県の場合、最多名字は県人口の2%程度、多い場合は5%ほどなのだが、徳島県の「佐藤」は1%にも満たない。最多でこれなのだから、それ以外もはっきりいってどんぐりの背比べ状態。さらに、調査する時期によって順位が大きく入れ替わることもあるというのだから、おもしろい。

そんな徳島県ならではの名字といえば、「ばんどう」。漢字は「板東」と「坂東」の2種類だが、鳴《なる》門《と》市など海側では「坂東」が、陸側では「板東」が多いといい、こちらは高知県まで広がっている。

ちなみに、この2つの「ばんどう」、漢字で分けた場合の名字数はふるわないが、ひらがなで数えると「佐藤」に次ぐ名字数となるという。

徳島県ならではの珍しい名字

阿麻橘【あおきつ】

吉野川市に見られる。「阿」波国の「麻」植郡に住む「橘」氏が由来とされている。麻植《おえ》郡《ぐん》をそのまま「麻植」とした名字も。

【他にもある徳島県の珍しい名字】

宇和佐《うわさ》・折目《おりめ》・川人《かわびと》・川真田《かわまだ》・久次米《くじめ》・後藤田《ごとうだ》・仁義《じんぎ》・鈴江《すずえ》・葛籠《つづら》・新居《にい》・柳蘇《りゅうそ》…など

四国

香川県

コーヒーよりもうどんが安くて当たり前？

大西が唯一最多となった県

全国で唯一、「大西」が最多名字に輝いているのが香川県だ。全国的に見た場合に、それほど多くはないことを考えると、香川県にはどれほどの大西さんが集まっているのだろう。

なお、この「大西」のルーツは阿波《あわ》国である。それが四国全体に広まったものだが、もっとも繁栄したのが香川県に根を下ろした一族だった。その結果が、最多名字という他県にない偉業なのである。

香川県ならではの名字としては、「香西《こうざい》」「塩田」「十川《そごう》（十河）」「三好」「真鍋」「宮武」「合田」などがあげられる。「合田」は、香川県から愛媛県にかけて見られる名字。一般的には「あいだ」だが、香川県では「ごうだ」と呼ぶようだ。

また「三好」は阿波国三好郡の発祥だ。「大西」と同様に、徳島県（阿波国）との名字移動の関連性が見受けられる。古くから、人々の行き来があったものと考えられる。

香川県ならではの珍しい名字

香川【かがわ】

香川県の香川さんは、実は神奈川県にある香川駅付近が発祥。桓武平氏の子孫といわれ、室町時代に讃岐《さぬき》国に移住した一族が繁栄したという。

【他にもある香川県の珍しい名字】

鵜足《うた》・億《おく》・九郎座《くろうざ》・五所野尾《ごしょのお》・琴陵《ことおか》・新茶《しんちゃ》・野網《のあみ》・芳地《ほうち》

…など

四国

愛媛県

みかんと俳句の国はとことんのんびり

南北で異なる名字分布

広島県同様、「村上」が多いが、これはやはり瀬戸内海で活躍した村上水軍に関係がある。発祥は長野県だが、鎌倉時代に瀬戸内海の能島《のしま》、因島《いんのしま》、来島《くるしま》に移住した。現在も瀬戸内海沿岸、とくに愛媛県と広島県に多く住んでいる。これが、両県で「村上」が多く見られるゆえんである。

珍しい名字としては「越智《おち》」が挙げられる。これは愛媛県ならではの名字で、中央部を本拠地にしていた豪族・越智氏が発祥だ。この越智氏には支流に河野氏があるが、こちらは全国の「河野」のルーツといわれている。

なお、この「村上」「越智」は北部の傾向で、南部では「清家《せいけ》」「上甲《じょうこう》」といった全国的には珍しい名字が多く見られるようになる。

四国の他県もそうだが、西日本に多い名字の代表格「山本」「田中」が少なく、勢いが弱いようだ。やはり四方を海に囲まれた四国では、西日本らしい名字分布にはなりにくかったのだろう。

愛媛県ならではの珍しい名字

わたなべ

「渡部」、「渡辺」が多い。読みだけのランキングなら最多の高橋を抜いて堂々の最多名字に輝く。

【他にもある愛媛県の珍しい名字】

伊賀上《いがうえ》・祖母井《うばがい》・都谷《おがい》・告森《こつもり》・武智《たけち》・蝶野《ちょうの》・薬師神《やくしじん》 …など

四国

高知県

「お茶飲もう！」「酒飲もう！」は を意味する？

平家落人にまつわる名字も

西日本の代表的名字である「山本」が堂々最多となっている高知県。これは四国唯一で、地理的に本州からいちばん離れている高知県というのがおもしろい。海洋交通が理由だろうか。

しかし、ほかの名字はさすがは四国といおうか、独特の顔ぶれ。次点の「小松」は一般的な名字だが、ここまで上位に食い込んでくることは稀《まれ》。しかも県東部の安芸市では、人口の6分の1が「小松」だという。

その由来は「小松殿」と呼ばれた平重盛《たいらのしげもり》に求められる。源平合戦の後、土佐《とさ》国に逃れてきた重盛の長男・維盛《これもり》が「小松」を名乗ったようだ。また、同じく平家落人《おちうど》伝説にまつわる名字として「門脇《かどわき》」が残っている。

なお、江戸時代には山内氏が大名となる。この家は尾張《おわり》国に端を発し、各地で家臣を増やしながら出世していった。そのため近江《おうみ》国の深尾氏、尾張国の五藤氏、美濃《みの》国の伊賀氏など、土佐藩士の出身地はばらばらであったという。

高知県ならではの珍しい名字

西原【さいばら】

「にしはら」と読めば珍しい名字とは感じないが、高知では「さいばら」と読む。漫画家の西原理恵子さんも高知県出身だ。

【他にもある高知県の珍しい名字】

五百蔵《いおろい》・楠瀬《くすのせ》・公文《くもん》・下八川《しもやかわ》・勝賀瀬《しょうがせ》・千頭《ちかみ》・比与森《ひよもり》・傍示《ほうじ》・立仙《りっせん》・和食《わじき》…など

九州・沖縄

福岡県

「酒好き派手好き祭り好き」の芸能界体質

九州地方を凝縮した名字分布

福岡市、北九州市と九州地方きっての大都市を擁する福岡県。名字の点でも、西日本の代表的名字の「田中」が最多、九州全域に多い「中村」「井上」、そして北九州に多い「古賀」と、九州ならではの分布になっている。

「古賀」は筑後《ちくご》国の古賀村が発祥で、祖先を漢の時代までさかのぼれる古代氏族である。語源は「空閑地《くがち》」で、未開の地という意味。ここから、「古賀」の氏族はもともと開拓者だったのではないかと考えられている。あるいは、開拓者の村に移住した一族が地名を名乗ったのかもしれない。ちなみに「空閑《くが》」「古閑《こが》」という地名や名字もある。

福岡県らしい名字としては「今村」「香月《かつき》」「花田」「徳永」「八尋《やひろ》」「安永」、発祥の名字としては「麻生」「蒲池《かまち》」「清末《きよすえ》」「草野」「田尻」などがある。なお代表的なのが「石橋」で、全国の「石橋」の15％が福岡県在住だという。ブリヂストンの創業者・石橋正《いしばししょう》二《じ》氏も福岡県出身だ。

福岡県ならではの珍しい名字

熊谷【くまがえ】

全国で見られる名字で「くまがい」と読むのが一般的だが、福岡県では「くまがえ」という独特の読み方もある。

【他にもある福岡県の珍しい名字】

伊規須《いぎす》・許斐《このみ》・白水《しろうず》・樗木《ちしゃき》・波呂《はろ》・不老《ふろう》・京都《みやこ》・義経《よしつね》…など

九州・沖縄

佐賀県

質実剛健・頑固一徹は「葉隠」の伝統？

九州全体に見られる名字が多い

佐賀県の名字分布は、九州地方全体に多い名字で占められている。細かく見ると「山口」と「田中」は九州全域、「古賀」は佐賀市から福岡県柳川《やながわ》市にかけて、「松尾」は武雄《たけお》市から長崎県にかけての地域に分布している。

長崎県とともに最多に輝いている「山口」は、全国的にも多い大姓。山の入口をさす地形に由来する名字だけあって、全国各地で発生が見られる。そのため両県のでは「山口」も発祥は不明で、周防《すおう》国の大名・大内氏の支流という説や、筑前《ちくぜん》国・筑後《ちくご》国や肥前《ひぜん》国から出たという説がある。

佐賀県で生まれた名字としては、佐賀藩主でもあった「鍋島」がある。これは現在の佐賀市にある地名がルーツ。また嵯峨《さが》源氏流の水軍・松浦党は長崎県の地名が由来だが、ここから発生した「佐志《さし》」「波多《はた》」「峰」「鶴田」「宇久《うく》」「有田」などの名字が、佐賀県に見られる。このほか、「江頭《えがしら》」「副島《そえじま》」「牟田《むた》」「脇山」などが佐賀県ならでは。

佐賀県ならではの珍しい名字

徳川【とくがわ】

佐賀県に徳川さんは多い。佐賀市の一部には、徳川さんばかりの集落もあるようだ。しかし、江戸幕府将軍家とはなんら関係がないという。

【他にもある佐賀県の珍しい名字】

合六《あいろく》・蘭《あららぎ》・黒髪《くろかみ》・袈裟丸《けさまる》・夏秋《なつあき》・服巻《はらまき》・無津呂《むつろ》…など

九州・沖縄

長崎県

出島以来の開かれた地は「来るもの拒まず」

そんな長崎県は、中世から大陸との貿易が盛んで、渡来人も多かった。そのため、現在でも「何《が》」「陽《よう》」「楊《よう》」「王《おう》」といった中国系を想像させる名字が見られる。これらのほとんどは、当時の大陸の最先端技術とともに渡来した一族だ。先述の秦氏も渡来系氏族である。

長崎県は、国が鎖国していた頃に外国との唯一の玄関口であったが、古来大陸との関係が深い地域。それが名字にも反映されているのが、何よりも特徴的といえるだろう。

大陸渡来系の名字が残る

隣接するだけあって、トップ2は佐賀県と同じ。名字分布も似ていて、令制国《りょうせいこく》では同じ肥前国《ひぜんこく》だったことも関係がありそうだ。

佐賀県にも多い「松尾」は、名字自体は各地から発生しているが、この2県は京都の松尾大社に縁があるといわれている。松尾大社は、古代の有力氏族であった秦《はた》氏の氏神《うじがみ》を祀った神社で、神職は代々秦氏が務めてきた。この秦氏の支流が、両県の松尾氏だという。

長崎県ならではの珍しい名字

阿比留【あびる】

対馬《つしま》市に見られる。ルーツは千葉県にある安蒜《あびる》という地名で、平安初期に対馬に移住したようだ。この名字でこの漢字の人は対馬出身と見てほぼ間違いない。

【他にもある長崎県の珍しい名字】

赤髭《あかひげ》・七種《さえぐさ》・舎利倉《しゃりくら》・博多屋《はかたや》・古巣《ふるす》・毎熊《まいぐま》 …など

九州・沖縄

熊本県

「火の国」ならではの頑固と情熱

九州の特徴を集約した名字分布

西日本の典型パターンの中、瀬戸内海に多い「村上」、南九州に多い「坂本」がよく見られる。九州地方を混ぜ合わせた分布といえよう。

熊本県といえば、藩主の細川家が有名。79代内閣総理大臣を務めた細川護熙《もりひろ》氏は、この直系である。「細川」は愛知県にルーツがあり、本家もそちらにあった。肥後《ひご》細川氏はあくまで分家、傍流だったのだ。しかし、戦国時代に頭角を現したことにより本家を圧倒、その立場を逆転させたのである。

また県北部には、九州を代表する菊池氏が見られる。こちらは一族からいくつかの名字が誕生している。「赤星」「天草」「山鹿《やまが》」「米《め》良《ら》」はその一例である。

熊本県らしい名字は「田上《たがみ》」「林田」「園田」「徳永」など。「緒方」も熊本県に多い名字だが、これはお隣の大分県発祥。九州の豪族・大神氏の流れで、身体に蛇の尾の跡がある子どもが産まれたという伝説から生まれた名字といわれている。

熊本県ならではの珍しい名字

井【い】

阿蘇地方に見られる。漢字１文字の名字というのは多くあるが、読みも１文字というのは珍しく、20種類程度しかない。

【他にもある熊本県の珍しい名字】

赤星《あかほし》・天草《あまくさ》・傘《からかさ》・鬼海《きかい》・父母《ふぼ》・米良《めら》・山鹿《やまが》・与縄《よなわ》…など

九州・沖縄

大分県

クールな気性は温泉であたためる

九州唯一の関東型名字分布

大分県の名字分布には、西日本に多い「田中」「中村」が少ない。かといって、九州地方に多い「古賀」「松尾」も少ない。大分県の名字分布は、「佐藤」「後藤」「渡辺」が多い関東型なのだ。さらに「高橋」や「工藤」といった東北地方に多い名字も顔を出す。

鎌倉時代、この地を支配していた緒方氏が源《みなもとの》義経《よしつね》の味方をして、後に頼朝《よりとも》に没収された。その後、支配者となったのは頼朝配下の関東の御家人《ごけにん》たち。これにより関東型の名字分布になったもので、同じく関東の御家人に支配された東北地方と似ているのも納得だろう。

そんな大分県の特徴は、同じ読みで漢字表記が異なる名字が多いこと。たとえば「河野」は「川野」もおり、どちらが圧倒的に多いということはない。これも、関東からの移住が多かった影響だろうか。大分県らしい名字としては、「衛藤《えとう》」「姫野」「穴井」「三重野《みえの》」など。

大分県ならではの珍しい名字

阿南【あなん】

本来は「あなみ」と読む。近年では「あなん」と読む方が多くなっているようだが、その理由に「楽に読める」というものが考えられる。

【他にもある大分県の珍しい名字】

入不二《いりふじ》・久多良木《くたらぎ》・熊埜御堂《くまのみどう》・子犬丸《こいぬまる》・銅直《どうべた》・肉丸《にくまる》・父母石《ふぼいし》・三重野《みえの》…など

九州・沖縄

宮崎県

「太陽の国」は素朴で温和で「なんとかなるさ」

県独特の名字が見られる分布

宮崎県の名字分布は、西日本型とも九州型とも毛色が異なる。全国的に多い名字が、あまり見られないのだ。多いところでは「黒木」「甲斐」「河野」「日高」「佐藤」で、佐藤以外は他県では珍しくはないものの決して多くはない名字である。

そんな宮崎県の最多は「黒木」。読みは「くろき」「くろぎ」いずれもあるが、前者の方が多いだろうか。この名字は全国で数万人だが、その半数を宮崎県が有している。県内には地名としていくつか見えるほか、ルーツと見られているのが熊本県や鹿児島県とあって、数が増えた理由も想像しやすい。

「甲斐《かい》」は、熊本県発祥で全国に広まった「菊池」の支流。甲斐国に由来する名字だが、現在は宮崎県、大分県に多いという。

宮崎県には全国で唯一、自治体名と最多名字が一致している村がある。それは、平家の落人伝説が残る椎葉《しいば》村。戦国時代にこの地を支配した那須氏は、この子孫ではないかとする説もあるようだ。

宮崎県ならではの珍しい名字

飯干【いいぼし】

高千穂《たかちほ》地方で見られる。熊本県との県境であることから熊本にも見られる名字だが、熊本では「飯星」と書くのが一般的。

【他にもある宮崎県の珍しい名字】

男成《おなり》・京牟礼《きょうむれ》・久寿米木《くすめぎ》・砂糖元《さともと》・五六《ふのぼり》・外種子田《ほかたねだ》・本二日市《もとふつかいち》 …など

九州・沖縄

鹿児島県

焼酎気質と行動第一は薩摩隼人の心意気

西日本の典型ながら随所に特徴がある

歴史上、何度か表舞台に立ってきた薩摩《さつま》国。名字分布としては大きく見ると西日本型。全国的に見られる「中村」は西日本に多い名字だが、最多となっているのは鹿児島県だけである。

また次点の「山下」には、鹿児島県独自の由来がある。一般に「山下」とは「山のふもと」のことで、「山本」と同じ由来を持っている。しかし、薩摩国で「山」とは城のことをいうのだ。つまり「山下」は「城下」のことで、城下町に住んだ人が名乗った名字なのである。

鹿児島県独特の名字としては、「有村」「橋口」「有馬」「鮫島」「大迫《おおさこ》」「福留《ふくどめ》」など。また「本」を「元」とするのも鹿児島県の特徴で、「坂元」「福元」「山元」「岩元」などが挙げられる。

鹿児島県の名家といえば、鎌倉時代から江戸末期まで当地を支配した島津家。その歴史は６５０年にも及ぶというのだから驚きだ。ちなみに、祖である島津忠久《ただひさ》には源頼朝《みなもとのよりとも》の落胤《らくいん》説がある。

鹿児島県ならではの珍しい名字

山元【やまもと】

「やまもと」は西日本に多い名字だが、鹿児島では「山元」と書くのが特徴。ほかの「本」がつく名字もたいてい「元」に変化している。

【他にもある鹿児島県の珍しい名字】

歌枕《うたまくら》・黒武者《くろむしゃ》・俵積田《たわらつみだ》・知識《ちしき》・水流《つる》・日本《にほん》・奴久妻《ぬくづま》・放生会《ほうじょうえ》…など

九州・沖縄

沖縄県

多くの苦難を乗り越えた健康の島

元独立国ゆえに珍名ばかり

もとは琉球《りゅうきゅう》という別の国だったため、名字も珍しいものばかり。本土でも見られる名字は、「宮城」をはじめ、「上原」「石川」「中村」「山内」「山田」「前田」「平田」「山川」くらいだ。

しかし、これらの中には発祥を考えるとたまたま本土と同じ読みになり、漢字になったと思われる名字もある。たとえば「上原」は「ウイバル」で、「川上の原」「小高い原」といった意味だ。「宮城」も、首里城を表す「金城」から派生している。

沖縄県には「城」を使った名字が多いが、これも「金城」に由来するようだ。「城」はつかないが、「新垣」も「金城を囲う新しい垣」という意味で「金城」と関係がある。なお「城」は琉球語で「ぐすく」というが、名字は日本語で読まれている。

また、薩摩藩によって大和風の名字が禁止されていた時期もあったことから、「前田」を「真栄田」とするなどの変化も見られる。

沖縄県ならではの珍しい名字

東江【あがりえ】

琉球の言葉で、太陽の昇る東は「あがり」という。その読みが名字として残ったもの。ちなみに太陽が入る西は「いり」で、西表《いりおもて》島の読みはこれに由来する。

【他にもある沖縄県の珍しい名字】

阿波根《あわね》・入嵩西《いりたけにし》・丑番《うすばん》・海勢頭《うみせど》・宇茂佐《うもさ》・我如古《がねこ》・我部《がぶ》・上運天《かみうんてん》・東風平《こちんだ》・下門《しもじょう》・大工廻《だくじゃく》・辺野喜《へのき》・平安名《へんな》…など

第8章

家紋一覧

I 花紋

日本人は古来、花をよく愛でた。
その多くが家紋の中に反映されている。

朝《あさ》顔《がお》紋

奈良時代に薬草として中国から伝わった。観賞用として重視されたのは江戸時代のことで、庶民に非常に愛された。それ以降も幾度かブームが起こっている。家紋としては新しく、明治以降のもの。

五つ朝顔

朝顔枝丸

中輪に朝顔

梅《うめ》紋

梅紋はしべが描かれているもの(向う梅)と、描かれていないもの(梅)に大別できる。梅を愛した菅原道真を祀る天満宮の神紋であり、家紋としても天神信仰が盛んな近畿・北九州地方に多い。

陰梅

丸に梅

梅

向う梅

石持ち地抜き八重梅

八重梅

中陰捻じ梅

捻じ梅

三つ割り梅

三つ盛り梅

横見梅

裏梅

八重向う梅

三つ盛り香い梅

利休梅

光琳梅

梅鶴

三つ割り向う梅

沢《おも》瀉《だか》紋

水辺に自生し夏に小さな白い花をつける。群生が弓矢を立てたように、あるいは葉が矢じりのように見えることから武将に人気があり、福島正則や水野氏(尾張)などにみられる。「面高」とも書く。

石持ち地抜き立ち沢瀉

丸に立ち沢瀉

立ち沢瀉

陰抱き沢瀉

丸に抱き沢瀉

抱き沢瀉

向う花沢瀉

三つ盛り沢瀉

沢瀉に水

変わり立ち沢瀉

三つ追い葉沢瀉

長門沢瀉

丸に変わり抱き沢瀉

隅立て角沢瀉

変わり五つ沢瀉

七宝沢瀉

陰八重向う沢瀉

浮線沢瀉

杜《かき》若《つばた》紋

花の美しさから文様化されたもので、平安期には中御門家(家紋は「竹に雀」)の車紋になった。中御門家系のほか、花山院家とその一門が使用しており、公家に多い。武家にはあまりみられない。

立ち杜若

陰杜若の花

杜若の花

杜若の葉

杜若菱

立ち杜若の丸

桔《き》梗《きょう》紋

土岐氏（美濃）や、その支流である明智光秀の紋として知られる。土岐氏の勢力範囲であった美濃を中心に中部地方から西に多い。青紫色の花は可憐で女性的なため、代表的な女紋として好まれる。

糸輪に豆桔梗

丸に桔梗

桔梗

剣香い桔梗

石持ち
地抜き桔梗

丸に中陰桔梗

中陰桔梗

陰桔梗

裏桔梗

太田桔梗

剣形桔梗

蔓桔梗

土岐桔梗

剣桔梗

丸に細桔梗

三つ割り桔梗

沼田桔梗

丸に裏桔梗

晴明桔梗

中陰桔梗桐

桔梗桐

丸に八重桔梗

八重桔梗

横見桔梗

光琳爪形桔梗

花桔梗

桔梗蝶

桔梗胡蝶

三つ寄せ桔梗

四つ桔梗菱

菊《きく》紋

平安初期頃に中国から伝来した。鎌倉初期に、後鳥羽上皇が特に好み文様として取り入れたことから、やがて皇室の紋章となったという。日本のパスポートの表紙には「十六菊」がみられる。

十六鬼菊

石持ち地抜き
十六菊

十六菊

中輪に半菊

菊菱

十二菊

八菊

捻じ鬼菊

三つ割り菊

割り菊

菊水

中輪に菊菱
一の文字

半菊に一の文字

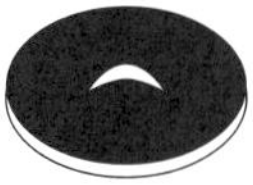
光琳落菊

葉付き菊菱

四つ割り菊に
花角

三つ割り菊に
剣片喰

中輪に
三つ割り菊

抱き菊の葉

浮線綾菊

菊鶴

二葉抱き菊

三つ横見菊

抱き菊の葉に菊

葉菊

杏葉菊

桜《さくら》紋

古来愛される事実上の日本の国花。文様としては平安時代から広く使用されていたが、家紋となるのは意外に新しく江戸時代から。桜が短命で実を結ばないため、家の紋にふさわしくなかったようだ。

糸輪に豆桜

丸に桜

桜

抱き桜

裏桜

石持ち地抜き桜

中陰桜

陰桜

左近桜

八重大和桜

変わり八重桜

八重桜

三つ横見桜

陰山桜

丸に山桜

山桜

三つ割り桜

細川桜

短冊に桜

丸に細山桜

山桜に水

捻じ山桜

向う山桜

子持ち山桜形

桜崩し

桜浮線綾に
平四つ目結

鉄線紋《てっせん》

クレマチスの1種。江戸時代に中国から伝わったことから、家紋となったのもこれ以降のことであろう。花弁（正確にはがく片）の数は6枚が基本だが、紋では3枚から8枚まで描かれている。

変わり六つ鉄線

丸に六つ鉄線

六つ鉄線

八重花鉄線

三つ割り鉄線

光琳鉄線

花鉄線

三つ鉄線

毛輪に豆花鉄線

鉄線崩し菱

撫子紋《なでしこ》

秋の七草のひとつ。『万葉集』にもみられるほど古くから親しまれ、その身近さ、美しさから家紋になったと考えられる。斎藤道三が使用したことで有名。「石竹紋」と呼ばれるものもある。

丸に撫子

江戸撫子

撫子

山口撫子

割り撫子菱

三つ盛り撫子

糸輪に覗き撫子

陰撫子

枝石竹

石竹胡蝶

浮線石竹

四つ葉石竹

割り石竹

藤《ふじ》紋

藤原氏の紋とされるが、公家では九条家の流れ以外ほとんどみられない。むしろ地方に下った支流が用いたようだ。江戸時代には大変な人気を集め、大名・旗本あわせて170家が用いたとも。

陰下がり藤

丸に下がり藤

下がり藤

加藤藤

下がり葉出散藤

下がり散藤

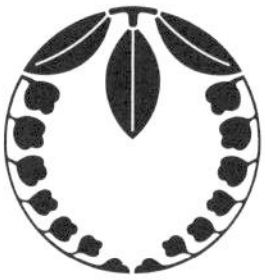
割り下がり藤

石持ち地抜き
下がり藤

石持ち地抜き
上がり藤

上がり藤

内藤藤

柴田藤

下がり藤に
三つ巴

那須藤

大久保藤

上がり散藤

石持ち地抜き
安藤藤

軸付き上がり藤

軸付き
右三つ藤巴

右回り三つ藤巴

三つ藤巴

右回り片手藤

片手藤

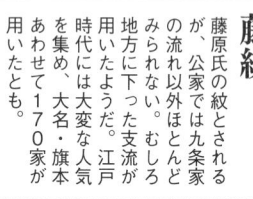

三つ葉藤

上がり藤菱

下がり藤菱

八つ藤

三つ追い藤

藤の花

丸に三つ葉藤

牡丹紋《ぼたん》

奈良時代に中国から伝来し、平安時代には装束の文様にみられる。最初に家紋として用いたのは公家の近衛家とされ、そのためか権威ある紋となった。武家では津軽氏（陸奥）、島津氏（薩摩）など。

抱き牡丹

落牡丹

大割り牡丹

津軽牡丹

鬼牡丹

石持ち地抜き杏葉牡丹

総陰杏葉牡丹

杏葉牡丹

三つ葉牡丹

変わり大割り牡丹

利休牡丹

秋田牡丹

島津牡丹

蘭紋《らん》

蘭は世界各地の熱帯域を起源とする洋ランと、中国や日本産の東洋ランに分けられ、家紋としては後者が用いられている。「鉄線紋」や「杜若紋」などの影響で作られたと考えられ、比較的新しい。

対い蘭菱

抱き蘭の丸

蘭

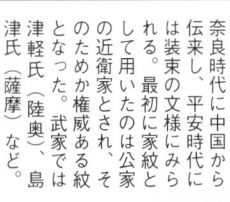

竜胆紋《りんどう》

平安時代から親しまれている花。村上源氏の代表家紋であったのが、やがてすべての源氏の家紋と解釈されるようになった。源氏系の公家に多い。葉が笹に似ているため「笹竜胆」と呼ばれることも。

陰笹竜胆

丸に笹竜胆

笹竜胆

竜胆車

頭合わせ
三つ笹竜胆

三つ割り
三つ葉竜胆

三つ葉竜胆

石持ち
地抜き笹竜胆

胡蝶竜胆

変わり竜胆蝶

三つ折り葉竜胆

石川竜胆

笹竜胆菱

連翹紋《れんぎょう》

中国から薬用として伝わった。奈良時代の書物『出雲風土記』にその名がみえる。紋は花と蔓を組み合わせた形で、タスキを連想させるためか「連翹襷（れんぎょうだすき）」とも呼ばれる。

千葉連翹

連翹襷

連翹

II 植物紋

植物は信仰の対象となることが多く、
そこから縁起を担いで紋にした家もみられる。

葵紋《あおい》

徳川家の紋として有名だが、もとは京都賀茂神社の神紋である。徳川家がこれを用いたのは、先祖（松平氏）が三河賀茂神社の氏子であったためとか。江戸時代には他家の使用が制限されたという。

右離れ立ち葵

蔓一つ葵の丸

三つ葉葵

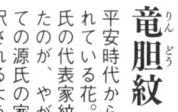

尻合わせ
三つ葉葵

花立ち葵

丸に
左離れ立ち葵

丸に
右離れ立ち葵

左離れ立ち葵

変わり
剣二つ葉葵

五つ裏葵

五つ葉葵

葵桐

剣三つ葉葵

葵蝶

割り葵

裏葵

立ち葵に水

三つ葉蔓葵の丸

麻《あさ》の葉《は》紋

古くから衣料に薬用に食用に、そして神事にと大活躍してきた非常に身近な植物。文様としての歴史も古く、女性の長襦袢や漆工芸などに用いられた。衣料の神を祀る大麻比古神社（徳島）の神紋。

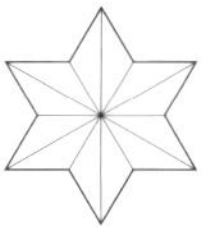
陰麻の葉

丸に麻の葉

麻の葉

雪輪に麻の葉

麻の葉桔梗

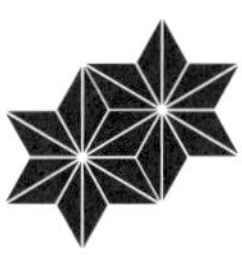
持ち合い麻の葉

銀杏《いちょう》紋

中国から伝来。神木として多くの神社の境内に見られ、長寿のシンボルにも。独特の形をした葉が好まれ紋になったものと考えられる。公家の飛鳥井家、武家では大石氏（武蔵）などが用いる。

糸輪に
豆三つ銀杏

中輪に三つ銀杏

三つ銀杏

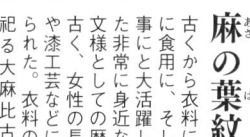

三つ割り銀杏

三つ組み銀杏

丸に剣三つ銀杏

軸違い三つ銀杏

陰三つ銀杏

二つ追い銀杏

違い銀杏

糸輪に一つ銀杏

中輪に立ち銀杏

六角三つ銀杏

五つ銀杏

四つ銀杏

糸輪に比翼銀杏

比翼銀杏

抱き銀杏

稲紋《いね》

日本第2位の名字数を誇る鈴木の代表家紋。その始まりは熊野鈴木氏にあり、熊野信仰とともに名字と家紋が広まったとされる。伏見稲荷大社（京都）をはじめとした多くの稲荷神社の神紋でもある。

抱き稲

左回り稲の丸

右回り稲の丸

二つ追い稲の丸

抱き稲に三つ星

変わり
包み抱き稲

丸に
変わり結び稲

稲荷抱き稲

稲鶴

二つ追い稲菱

楓《かえで》紋

平安の頃から貴族に愛され、文様として装束や車に用いられた。風流を好み紋としたほか、龍田神社（奈良）や秋葉神社（静岡）の神紋から氏子が用いた例もある。公家では今出川家にみられる。

三つ割り楓

丸に楓

楓

楓に水

糸輪に三つ楓

尻合わせ三つ楓

梶《かじ》の葉《は》紋

古くから神にささげる神木とされた。その葉は柏同様、神前に供える食器として用いられ、神事に欠かせない植物であった。諏訪神社（長野）の神紋で、諏訪信仰とともに紋も広まったとみられる。

陰立ち梶の葉

丸に立ち梶の葉

立ち梶の葉

入れ違い梶の葉

三つ葉根あり梶の葉

丸に抱き梶の葉

抱き梶の葉

丸に立ち鬼梶の葉

二枚葉蔓鬼梶

糸輪に豆梶の葉

柏《かしわ》紋

古来神木とされ、その葉は神事用の食器として用いられた。その流れで、神職の家の紋になっていったという。公家では神職の吉田家が、武家では山内一豊や牧野氏（三河）などが用いた。

陰三つ柏

丸に三つ柏

三つ柏

丸に蔓柏

蔓柏

中輪に鬼三つ柏

鬼三つ柏

石持ち地抜き
三つ柏

中輪に中三つ柏

丸に剣三つ柏

五徳柏

丸に片手蔓柏

片手蔓柏

丸に違い柏

丸に並び柏

丸に一枚柏

丸に細蔓柏

丸に土佐柏

三つ追い柏

丸に細抱き柏

細抱き柏

丸に抱き柏

抱き柏

実付き鬼結び柏

八重三つ柏

丸に結び柏

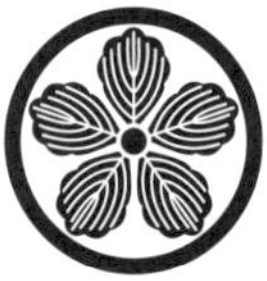
中輪に五つ柏

三つ割り三つ柏

九枚柏

抱き柏に
四つ目結

片《かた》喰《ばみ》紋

平安・鎌倉期から文様として親しまれてきた。繁殖能力が旺盛で、それが子孫繁栄の願いに結びつき、長宗我部氏（土佐）、宇喜多氏（備前）など多くの家が用いた。四つ葉のものは「田字草」とも。

細輪に豆片喰

丸に片喰

片喰

庄内片喰

中陰片喰

総陰片喰

三つ盛り片喰

菱に片喰

三つ割り片喰

丸に蔓結び片喰

蔓結び片喰

結び片喰

蔓片喰

丸に剣片喰

剣片喰

変わり重ね片喰

亀甲
三つ割り片喰

丸に
三つ割り片喰

若狭剣片喰

姫路剣片喰

離れ剣片喰

中陰剣片喰

総陰剣片喰

太陰片喰

丸に四つ剣片喰

四つ片喰

丸に三つ割り
剣片喰

三つ割り剣片喰

軸違い片喰

浮線片喰

桐《きり》紋

平安期から天皇の紋であるが、室町幕府、豊臣政権、戦国大名なども用いている。現在、日本政府の紋章となっている。大流行したこともあり、幕末には大名・旗本の5分の1が用いたといわれる。

総陰五三桐

丸に五三桐

五三桐

五七桐

三つ盛り五三桐

石持ち地抜き
五三桐

中陰五三桐

葉陰五三桐

桐菱

五七鬼桐

五三鬼桐

変わり五七桐

糸輪に五七桐

五七割り桐

三つ割り桐

浮線桐

対い桐菱

糸輪に桐菱

中陰光琳桐

光琳桐

陰上田桐

丸に桐車

桐の枝丸

羽根桐

変わり桐

桐車

杉《すぎ》紋

神の宿る木として御神体とされることが多い。そのひとつが大神（おおみわ）神社（奈良）で、大神氏が家紋に用いたことで普及したという。杉田・杉本など、名字にちなんで使用する家もみられる。

丸に二本杉

二本杉

丸に杉

丸に三つ鱗杉

丸に重ね五本杉

三つ盛り杉

丸に三本杉

三本杉

三つ追い杉

三つ杉巴

竹《たけ》・笹《ささ》紋

『源氏物語絵巻』（平安末期）に竹の文様が見える。家紋としては、幹を用いた「竹紋」と、葉を用いた「笹紋」に大別できる。笹は古来、雀とかかわりが深いそうで、雀をあしらったものも多い。

九枚笹

五枚笹

三枚笹

対い笹菱

丸に十五笹

丸に
頭合わせ九枚笹

六角九枚笹

陰九枚笹

若根笹

丸に変わり篠笹

丸に根笹

丸に三本足篠笹

丸に篠笹

割り篠笹

雪持ち根笹

雪持ち笹

丸に七五三根笹

丸に若根笹

丸に二本竹笹

丸に変わり竹に笹

丸に切り竹に笹

切り竹に笹

岩村笹

米沢笹

竹輪笹に対い雀

十五枚笹に対い雀

鳥居笹

丸に五枚竹笹に雀

笹の丸に飛び雀

笹舟

細輪に三つ切り竹

丸に並び切り竹

仙台笹

橘紋《たちばな》

奈良時代から好まれて庭に植えられており、やがて平安京の紫宸殿前に植えられるほどになった。平安中期には文様として定着したようだ。家紋として広まったのは、井伊直弼が用いたためという。

陰橘

丸に橘

橘

丸に三つ足橘

彦根橘

久世橘

石持ち地抜き橘

中陰橘

対い橘

抱き橘

浮線橘

丸に菊座橘

菊座橘

三つ葉橘

丸に三つ橘

三つ橘

丸に三つ盛り橘

三つ盛り橘

菱に覗き橘

向う裏橘

向う橘

六角三つ橘

黒田橘

変わり橘菱

盃橘

橘枝丸

菱に茶の実

丸に茶の実

茶の実

茶《ちゃ》の実《み》紋

実がはじける前の、皮から顔をのぞかせている頃を象っている。古来、茶は薬として飲まれていた。その効用にあやかったものか。また「橘紋」によく似ており、その転化とも考えられている。

三つ葉茶の実

亀甲三つ茶の実

丸に三つ茶の実

三つ茶の実

陰茶の実

細輪に
三つ剣茶の実

浮線茶の実

丁《ちょう》子《じ》紋

紀元前後からインドで使われた香料で、日本には平安時代に中国経由で伝来した。七宝に数えられ、そこから宝物となり、やがて家紋になったと考えられる。公家の三条西家、押小路家などが用いる。

丸に違い丁子

丸に並び丁子

中輪に丁子

八つ丁子菱

八つ丁子

六つ丁子

丸に五つ丁子

三つ盛り
違い丁子

右三つ丁子巴

左二つ丁子巴

右二つ丁子巴

左一つ丁子巴

右一つ丁子巴

右金輪丁子巴

陰左三つ丁子巴

丸に
左三つ丁子巴

丸に
右三つ丁子巴

左三つ丁子巴

蔦紋《つた》

平安期から文様として見られる。8代将軍徳川吉宗が好み、この頃に大名から町人まで大流行した。大名から旗本まで160家以上が用いたとも。一方で、芸妓や遊女が好んだ紋ともいわれている。

糸輪に蔦

丸に蔦

蔦

細中陰蔦

石持ち地抜き蔦

糸輪に陰蔦

陰蔦

雪輪に蔦

三つ割り蔦

中陰光琳蔦

丸に中陰蔦

中陰蔦

糸輪に
豆細中陰蔦

陰鬼蔦

丸に鬼蔦

鬼蔦

蔦菱

丸に三つ蔦

細中陰
三つ捻じ蔦

丸に三つ鬼蔦

中陰鬼蔦

丸に陰鬼蔦

梨紋《なし》

紋としての出自は明らかではないが、梨についての記述は『日本書紀』にみられる。家紋になるのは花と、果実の切り口。切り口は分かりにくいが、横に切って種を模したものと考えられる。

石持ち地抜き
梨の切り口

丸に梨の切り口

梨の花

丸に
三つ梨の切り口

三つ割り
梨の切り口

丸に
変わり梨の花

南天《なん てん》紋

果実が落ちにくいことから、祝い事や厄除けに用いられた。また「難（南）を転（天）ずる」として、庭先に植えられるなどしたともいう。家紋としての成立は不明だが、新しいものと考えられる。

丸に三つ葉南天

南天桐

抱き南天

枝南天

対い南天菱

六角
三つ割り南天

萩《はぎ》紋

秋の七草として知られる。文様として用いられる中で家紋に転化したもので、花のついた枝を丸くデザインしたものが多い。優雅で気品ある姿が、古代から風流人の心をとらえていたようだ。

抱き萩

割り抱き萩

束ね萩

萩の枝丸1

萩の枝丸2

萩の枝丸3

芭蕉《ばしょう》紋

中国から伝来した植物。長く大きな葉が異国情緒を漂わせるが、意外にも古くから植えられていたようだ。しかし家紋としては、古い資料にみられないことから近代に作られたと考えられている。

抱き芭蕉

三つ割り
追い芭蕉

三つ芭蕉

柊《ひいらぎ》紋

古来魔よけの力があると考えられ、節分には柊の枝を門戸に立てた。これがゆえんで家紋になったと考えられる。ほかに、大関氏（武蔵）が柊明神の信仰から家紋として用いたと伝わっている。

丸に抱き柊

抱き柊

丸に柊

割り柊

違い柊

雪輪に抱き柊

瓢《ひょう》箪《たん》紋

中をくりぬいて酒の容器に使用されることが多かった。古来、神霊が宿るとされたため、神社やそれに関係する家が紋として用いたのがはじまりと考えられる。豊臣秀吉の馬印「千成瓢箪」が有名。

丸に
三つ盛り瓢箪

二つ対い瓢箪

丸に瓢箪

千成瓢箪

八つ瓢箪車

三つ追い瓢箪

松《まつ》紋

平安期から調度に描かれている。威厳ある姿と長い樹齢から慶賀の意味を持つようになり、文様になったと考えられる。讃岐藤原氏の代表家紋といわれるほか、松のつく名字の家に多くみられる。

櫛松

丸に松

松

丸に右三階松

丸に三つ重ね松

三つ重ね松

対い松

光琳松

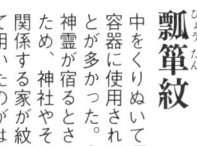

三つ松

丸に荒枝付き
左三階松

荒枝付き
左三階松

丸に荒枝付き
右三階松

丸に左三階松

松葉菱に
覗き桔梗

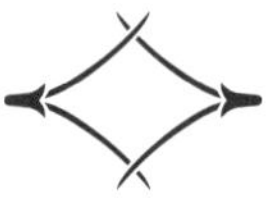
松葉菱

三つ
追い松葉の丸

頭合わせ三つ松

丸に三つ松

茗荷《みょうが》紋

広く流布した家紋のひとつ。「冥加（神仏の加護の意）」と同音であるため、縁起を担いだものと考えられる。一方「杏葉紋」が改められた紋ともいわれている。江戸時代には旗本約70家が用いた。

外雪輪に
抱き茗荷

丸に抱き茗荷

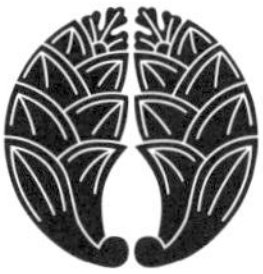
抱き茗荷

一つ茗荷の丸

田村茗荷

稲垣茗荷

抱き茗荷に片喰

陰抱き茗荷

三つ茗荷巴

茗荷菱

桃《もも》紋

桃の実を象った紋。中国から伝来した桃は、古くから魔よけのシンボルとされた。『古事記』に桃で悪鬼を追い払うくだりがあるほか、節分に桃の木で作った弓を用いて鬼を射る風習もあった。

丸に三つ盛り桃

丸に葉付き桃

一つ桃

割り桃

葉付き三つ葉桃

三つ葉桃

Ⅲ 動物紋

動物にちなんだ家紋は比較的少ないが、
鷹の羽や蝶、鶴など人気のあるものが多く、アレンジも豊富だ。

板《いた》屋《や》貝《がい》紋

家紋としての成立は江戸時代のこと。当時、殻は杓子や灯りの皿に使われ、人々の生活に深くかかわっていた。川越藩・松平氏、旗本の久貝氏が用いていたというが、いずれも替紋であったようだ。

亀甲に地抜き板屋貝

二葉板屋貝

丸に板屋貝

兎《うさぎ》紋

古には月の精霊として神聖視されていた。室町時代の天文年間（1532～55年）に飼育されるようになったという。大坂夏の陣（1615年）の図には、兎紋の幟を持つ東軍の将兵がみられる。

後ろ向き番い兎

後ろ向き三つ並び兎

真向き兎

蟹《かに》紋

硬い甲羅と鋭いはさみを持つ様子が、甲冑姿で戦う武士に通じるとして図案化された。これを好んだのは、もちろん武士である。当初はリアルに描かれていたが、時代を経てデフォルメされていった。

川蟹

踊り蟹

蟹

亀《かめ》紋

長寿のシンボルであり、海の神の使い。亀が主人公の民間説話も多く、神聖な動物とされる。家紋には甲羅に藻が生えている「蓑亀（みのがめ）」が用いられるが、藻は実際より長く、尾のようだ。

光琳亀

三つ追い亀

上がり亀

烏《からす》紋

日本神話で、天照大神の使いとして登場するヤタガラスをモチーフにしている。和歌山県熊野では、那智山ほか多くの神社の神紋となっていることから、熊野鈴木氏が家紋として用いている。

三つ足烏1

三つ足烏2

糸輪に八咫烏

雁《かり》金《がね》紋

文様としての歴史は古く、『紫式部日記』の絵巻物にみることができる。雁の足に手紙を結んで消息を知らせたという故事もあり、便りをもたらす鳥といわれる。多くの大名・旗本が家紋とした。

雁金

丸に雁金

陰雁金

石持ち
地抜き雁金

結び雁金

丸に結び雁金

中輪に二つ雁金

増山雁金

輪違い雁金

対い雁金菱

尻合わせ
三つ雁金

頭合わせ
三つ雁金

丸に頭合わせ
三つ雁金

丸に嘴合わせ
三つ雁金

尻合わせ
三つ結び雁金

金輪雁金

五つ雁金

月輪に豆雁金

鷹《たか》の羽《は》紋

精悍で美しい鷹は、勇猛果敢な尚武のシンボルとされた。そのため武将の間で人気が高く、江戸時代には大名・旗本で100家以上が用いていた。浅野氏（安芸）、菊池氏（肥後）など。

丸に一つ鷹の羽

丸に並び鷹の羽

違い鷹の羽

高木鷹の羽

阿部鷹の羽

浅野鷹の羽

丸に右重ね違い鷹の羽

中輪に陰違い鷹の羽

鷹匠

対い鷹

鷹の丸

八つ鷹の羽車

井上鷹の羽

千《ち》鳥《どり》紋

波間に群れて飛ぶ千鳥は、平安時代から装束や調度品、または絵巻物にも描かれ愛された。歌にもよく詠まれ、古くは『万葉集』に見ることができる。その生態からか、浪紋と合成されることが多い。

陰三つ千鳥

浪輪に陰千鳥

丸に千鳥

蝶《ちょう》紋

平氏の代表家紋として知られる。文様としては奈良時代からみられ、平安・鎌倉時代にも盛んに描かれている。平氏の紋として定着して以降、末裔を称する人々が家紋として使用したという。

陰揚羽蝶

丸に揚羽蝶

揚羽蝶

備前蝶

浮線蝶に花菱

浮線蝶

松平因習蝶

石持ち地抜き揚羽蝶

対い蝶

対い揚羽蝶

角《つの》紋

鹿の角を表わしている。大きく立派な様子が武勇を感じさせ、武将に紋として好まれたほか兜の前立てに用いられた。鹿は春日大明神の使いであり、春日大社のある奈良公園では鹿が保護されている。

割り角

陰抱き角

抱き角

鶴《つる》紋

千年生きるといわれる長寿のシンボル。文様の歴史は平安期まで遡り、旗印としては『蒙古襲来絵詞』に見られる。公家では日野家、武家では南部氏（陸奥）や蒲生氏（近江）が使用した。

陰鶴の丸

丸に鶴の丸

鶴の丸

対い鶴

降り鶴の丸

丸に飛び鶴

諏訪鶴

舞い鶴

光琳亀甲鶴

光琳鶴の丸

三羽鶴

南部鶴

喰い合い対い鶴

三つ鱗鶴

長の文字鶴

有職鶴

三羽光琳鶴

光琳向い鶴菱

鳩《はと》紋

平和の象徴である鳩は、古来日本では軍神・八幡大菩薩の使いであり、勝利を呼ぶ鳥として戦国武将に好まれた。「対い鳩」は八の字を描いており、これが八幡大菩薩につながるとする説もある。

鳥居に対い鳩

対い鳩

鳩

対い飛び鳩

親子鳩

抱きほやに
対い鳩

Ⅳ 天然紋

世界的にみても、自然は古くから信仰の対象になることが多かった。
日本では、その畏敬の念を家紋として表したようだ。

稲《いな》妻《づま》紋

雷は稲の実りをもたらす雨を伴うことから、豊作の兆しとされた。稲光を四角形の渦巻きで表わすこのモチーフは、古代中国・周の時代にすでに建築物などにみられ、非常に長い歴史を有している。

丸に隅立て稲妻

隅立て稲妻

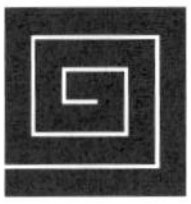
平稲妻

稲妻鶴

糸輪に輪鼓稲妻

三角稲妻

稲妻菱

隅立て絡み稲妻

四つ稲妻菱

三つ寄せ稲妻菱

月《つき》紋

古来、日本人に愛されてきた天体。信仰の対象でもある。「三日月」は弓を張ったような形をしていることから、武家が好んで用いたという。ほかの家紋との合成、輪郭としての使用も多い。

半月

月に霞

三日月

繋ぎ月

陰月

月に折れ鷹

月星紋《つきほし》

最初に書に現れるのは、南北朝時代を舞台にした『太平記』の記述であり、この頃に成立したものか。夜空に浮かぶ月と星、それぞれへの信仰が2つを合成させたとみられる。千葉氏（下総）が有名。

月に星

月に三つ星

真向い三日月に星

浪紋《なみ》

武将に好まれた紋である。打ち寄せる波の力強さや、寄せては引くさまが兵法に通じると考えたようだ。また、雄々しく渦巻く荒波は海神の怒りであるともいう。使用家は、小栗氏（常陸）など。

対い浪

丸に対い浪

青山浪

白浪

七つ対い浪

対い浪に千鳥

日紋《ひ》

日輪信仰から生まれた紋で、古くは天皇家でも使われた。光線を放射状に出すものを「日足（ひあし）」という。龍造寺氏（肥前）、大村氏（肥前）、草野氏（筑後）など、北九州の武家に多い。

六つ日足

十二日足

旭光

丸に旭光

日足に流水

大村日足

星紋《ほし》

家紋の星が指すのは北極星であり、これを神格化した妙見菩薩への信仰に由来する。なお、七曜は日月火水木金土の7つ、九曜はさらに架空の2星を加えたもの。「曜」は光り輝くものを意味する。

石持ち地抜き三つ星

丸に三つ星

三つ星

渡辺星

三つ星に一つ引き

つなぎ剣三つ星

丸に剣三つ星

剣三つ星

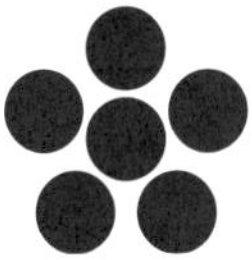
六つ星

五つ星

四つ星

一文字に三つ星

丸に渡辺星

八曜に月

八曜

陰七曜

丸に七曜

七曜

九曜車

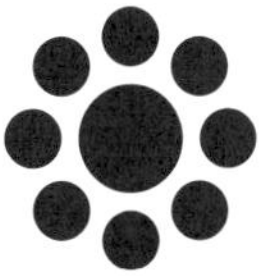
細川九曜

丸に九曜

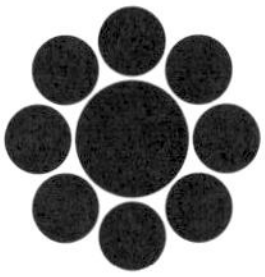
九曜

山紋《やま》

日本人は古来、霊峰富士をはじめ山に畏敬の念を抱いてきた。その想いが紋につながったものか。特定の山を描いてはいないが、頂に峰を3つ作ると富士山になる。裾に霞や雲をかけるのが一般的。

違い山形

富士山に霞

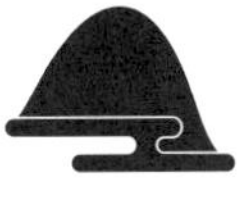
山に霞

三つ寄せ山

出山形

五角山形

雪《ゆき》紋

雪は豊作の瑞兆とされ、神事も行われた。文様としてもみることができるが、当初は雪そのものを描いていた。結晶が描かれるようになったのは江戸時代、オランダから顕微鏡が渡来してからのこと。

春の雪

初雪

雪

矢雪

山吹雪

春風雪

V 器物紋

器物をモチーフにしたものが家紋として定着したのは比較的遅く、江戸時代に誕生したとみられるものも多い。

赤《あか》鳥《とり》紋

赤鳥は当て字。本来は「垢取り」と書き、馬の垢をこそぎ落とす道具のことを指す。今川氏（駿河）の紋として知られているが、これは「赤き鳥とともに軍を進めれば勝ち続ける」という神託に由来する。

赤鳥

赤鳥菱

庵《いおり》紋

草の庵の文様が転化したもの。屋根部分を歪にするなどの変化がみられ、こうして種類が増えていったようだ。単独よりも輪郭として用いられており、屋根の下にほかの紋を描いたものも多い。

庵

盃庵

利休庵

錨《いかり》紋

船を一定の場所に留めておくためのおもりが紋章化した。重い船体をつなぎとめる力強さに尚武的なイメージを持ったものか。古くは石の重り（碇）を用いていたが、時代を経て鉄製の錨になった。

四つ錨

中輪に汽船錨

井桁《いげた》紋

井戸のふちに乗せる井の字型の枠組みのこと。「井筒紋」と混同しやすいが、ひし形の方を「井桁紋」という。中のスペースにほかの紋を配置したものもある。使用家は「井」のつく名字に多い。

陰井桁

丸に井桁

井桁

井桁に木瓜

三角井桁

子持ち組み井桁

組み井桁

太井桁

唐井桁

三つ寄せ井桁

違い井桁

重ね井桁

細輪に
三つ割り井桁

石畳《いしだたみ》・市松《いちまつ》紋

正方形の敷石を図案化したもので、織り模様から家紋になった。石の数は1から9まである。江戸時代の歌舞伎役者・佐野川市松が、この文様を袴につけて人気を呼び「市松模様」の名称が生まれた。

立て三つ石

細輪に三つ石

三つ石

四つ喰い入れ石

丸に四つ石

四つ石

細輪に
隅合わせ三つ石

三つ寄せ石

中輪に五つ寄せ石

丸に四つ割り石

井筒《いづつ》紋

井戸の地中に埋まった円筒形の部分のことを「井筒」というが、家紋では井の字になっているものを指す。中のスペースにほかの紋を配置した例や、辺の数を増やして五角、七角とした例もみられる。

平井筒

丸に平井筒

隅立て井筒

丸に隅立て井筒

丸に隅立て太井筒

隅立て組み井筒

違い井筒

五角井筒に星

七角井筒に左三つ巴

組み合い井筒

団扇《うちわ》紋

涼具として、また祭礼や火消しの印として用いられる団扇。家紋では、紙を貼った一般的な「団扇」と、天狗が持つ「羽団扇」に分けられる。浅間大社（静岡）では羽団扇の神紋がみられる。

団扇桐

変わり羽団扇

米津羽団扇

三つ割り羽団扇

団扇梅

違い団扇

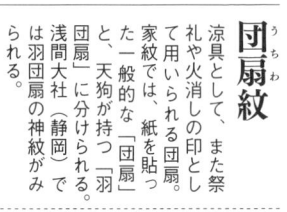

烏帽子紋《えぼし》

奈良時代より成人男子の被り物であり、男子元服式の必需品。種類によって階級や役職を表わした。大きく分けて、まっすぐに立っているものは貴族が、先が折れているものは武家が用いた。

公家烏帽子

大将烏帽子

立ち烏帽子

扇紋《おうぎ》

文様として用いられていたものが家紋に転化した。紙を貼った「扇」と、薄い檜を重ねた「檜扇」がある。扇は古く神霊が宿るとされ、扇を持つことは厄除けでもあった。佐竹氏（常陸）が有名。

五本骨扇に月丸

丸に五本骨扇

五本骨扇

丸に三つ扇

三つ扇

丸に房付き扇

大房扇

丸に日の丸扇

丸に重ね扇

七本骨扇に丸に九曜

七本骨扇

中輪に三本骨扇

陰三つ扇

檜扇

扇蝶

高崎扇

七本骨雁木扇

三つ反り扇

丸に並び扇

並び扇

雁木檜扇

丹波扇

陰檜扇

丸に違い扇

三本扇

三本組み扇

垣《かき》紋

神社の周囲にめぐらされた瑞垣（みずがき）のこと。その内側は神域であることから「玉垣」、「神垣」とも呼ばれた。もとは「鳥居紋」に付随するものだったが、やがて独立した紋となったようだ。

玉垣

細輪に玉垣

丸に唐竹垣

鍵《かぎ》紋

富貴の象徴として、あるいは魔除けの意味をこめて用いられた。「二つ鍵菱」のような稲妻型に折れ曲がっているものが、日本古来の鍵である。「鍵桐」は西洋の鍵を図案化したもので、近世に成立。

鍵桐

二つ鍵菱

笠《かさ》紋

高橋氏の代表家紋。これは高橋氏に神職が多く、神の降臨する高い柱に竹が用いられたことと、「笠」の漢字「竹を立てる」が関係したものとみられる。ほか、将軍家の剣術指南役・柳生氏が有名。

笠

丸に笠

丸に陣笠

中輪に房付き笠

並び笠

糸輪に二階笠

三階笠

三つ寄せ笠

糸輪に編み笠

糸輪に狩場笠

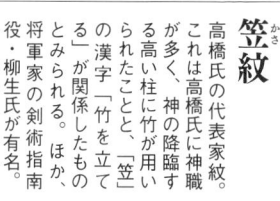

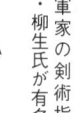

かせぎ紋

紡いだ糸を巻き取る道具を図案化したもの。H形とX形があるが、家紋となったのは前者である。十字架に見えることから、キリスト教弾圧の頃にはキリシタンのカモフラージュに用いられたようだ。

丸かせぎ

角かせぎ

かせぎ

釜《かま》敷《し》き紋

金属の輪を組み合わせて作る、鍋や釜などの下に置く敷物を図案化したもの。わらや藤つるなどを編んだものも。輪の数は真ん中も含めて7つから9つ。遊戯的なもので、使用家ははっきりしない。

桔梗釜敷き

釜敷き七曜

鐶《かん》紋

たんすなどについている金属製の取っ手のこと。鐶の数は3つから8つまでで、4つがもっとも多い。形のおもしろさから紋になったとする説のほか、「木瓜紋」の外側を取り出したとする説がある。

三つ唐鐶

唐鐶木瓜に花菱

唐鐶木瓜

鐶木瓜に
四つ目結菱

鐶木瓜に花菱

外三つ唐鐶

祇《ぎ》園《おん》守《まもり》紋

八坂神社（京都）の例祭「祇園祭」で用いられていた筒状の守が紋章化したもの。祇園崇拝から広まり、信仰者が使用したようだ。筒がクロスしているため、キリシタンのカモフラージュにもなった。

中結び祇園守

祇園守

杵《きね》紋

餅をつく際に使用する杵を紋章化したもの。餅は祝い事の折に供えられるもので、縁起がよいとされる。これを作る際に欠かせない道具であるため、同様に縁起がよいとみなされたのだろうか。

十字杵

月に杵

手杵

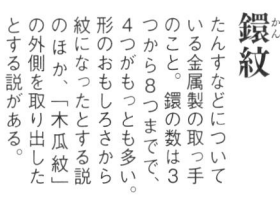

杏《ぎょう》葉《よう》紋

大陸伝来の馬具で、名称は形が杏の葉に似ていることによる。平安時代には馬具のほか、鎧の胴丸にも使われた。家紋としては公家の閑院家、中御門家が最初に使用。武家では大友氏（豊後）が有名。

抱き杏葉

三つ割り杏葉

抱き杏葉菱

丸に花杏葉

太輪に
違い花杏葉

丸に抱き花杏葉

釘《くぎ》抜《ぬ》き紋

鎌倉時代の釘抜きは、◇の形をした座金とてこからなり、座金の穴にてこを入れて釘を抜いた。「九城（くき）を抜く」に通じること、そして単純な形が戦場で見分けやすいことから武将に好まれた。

釘抜き

丸に釘抜き

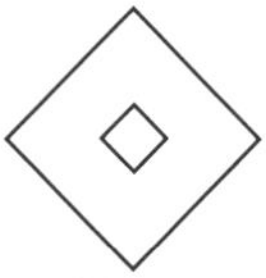

陰釘抜き

釘抜き菱

違い釘抜き

丸に違い釘抜き

陰陽違い釘抜き

一柳釘抜き

丸に重ね釘抜き

三つ盛り
丸に釘抜き

轡《くつわ》紋

手綱をつけるために用いる馬具を紋章化したもの。「口鐶」または「口割」ともいう。ほかの馬具同様、武運を願ったものと考えられる。一方で、キリシタンのカモフラージュにも用いられた。

轡

太轡

丸に出轡

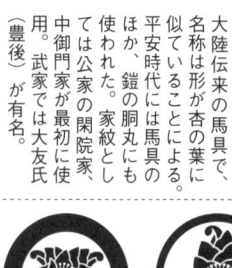

三つ轡菱

轡菱

八角轡

久留子紋《くるす》

十字架をモチーフにした紋。名称はポルトガル語の「クルス（十字架）」に由来する。キリシタン大名などが使用したが、キリスト教の禁止以降、カモフラージュでほかの紋に替えたため激減した。

十字久留子

切り竹久留子

花久留子

角花久留子

変わり久留子菱

中川久留子

鍬形《くわがた》紋

兜の前面に角のように突き出た金属の飾りのことで、武将の象徴として紋章化された。家紋としての使用家は少ないが、紀伊徳川家では替紋としている。これは家康が下賜したことに由来するとか。

星付き鍬形

違い鍬形

三つ鍬形

三つ組み鍬形

丸に蛇の目三つ鍬形

五つ鍬形くずし

軍配《ぐんばい》団扇《うちわ》紋

中国から伝わり、日本では武将が戦場で采配に用いた。尚武的な意味合いから紋章化したもので、家紋としての歴史は平安末期にまで遡ることができる。児玉氏（武蔵）ゆかりの家で用いられている。

軍配団扇

丸に軍配団扇

房丸軍配団扇

中陰軍配団扇

三つ軍配団扇

軍配団扇笹

剣《けん》紋

『古事記』に登場する三種の神器のひとつ「草薙剣」のような、両刃の古式の剣をデザイン化したもの。古代、この剣は男の魂として尊ばれた。単体での使用より、ほかの紋に付随する形が多い。

三つ剣

変わり三つ剣

三つ又剣

丸に五つ剣

丸に六つ剣

丸に八つ剣菱

源《げん》氏《じ》車《ぐるま》紋

平安貴族の大事な足「牛車」の車輪をモチーフにしたもの。文様としては平安期に、家紋としては鎌倉期に成立したとみられ歴史は古い。佐藤氏（伊勢）、榊原氏（伊勢、三河など）の使用紋。

源氏車

陰源氏車

六つ源氏車

七つ源氏車

榊原源氏車

三つ割り
重ね源氏車

五《ご》徳《とく》紋

鉄瓶や釜を火にかける際に、火鉢や炉の中に立てて使う。3本足と4本足があるが、家紋では前者がモチーフになっている。武家では「知信仁勇厳」の五徳に通じるため、家紋として使われた。

据え五徳

真向き五徳

地紙形五徳

琴《こと》柱《じ》紋

琴の弦を支え、音の高低を調節する枕木のようなもの。鎌倉時代には文様として使われており、絵巻物などにも見られる。その風雅さから転用されたようで、家紋としての成立は室町時代のこと。

丸に琴柱

三つ琴柱

糸菱に覗き琴柱

独《こ》楽《ま》紋

独楽は非常に古い玩具で、世界的にみても紀元前のエジプトにまで、その歴史を見ることができるという。日本では、平安時代に男児が遊んでいたようだ。秀吉と縁のある木下氏の紋のひとつ。

丸に独楽

丸に三つ独楽

駒《こま》紋

古代インドのゲームが起源とされる将棋は、伝来の時期に諸説ある。最古の駒は平安時代のもので、室町時代に現代のルールに落ち着いたとされる。シンプルな形が好まれ家紋に採用されたようだ。

駒

丸に並び駒

三つ盛り将棋

算《さん》木《ぎ》紋

古代中国で計算や易に用いられた道具。易に用いる算木は6本だが、家紋では1本から3本となっている。易の神聖さや信仰的な意味で家紋になったという説や、「引両紋」の類似とする説がある。

丸に一つ算木

丸に二つ算木

丸に算木

石持ち
地抜き算木

丸に
十の文字算木

丸に縦横算木

地《じ》紙《がみ》紋

扇から地紙を取り出した家紋。「扇紋」から独立したものとされ、扇紋を用いる家の支流などが扇の一部を取り出したのが発祥の由来ともいわれる。九州地方、とくに福岡県に多く見られる。

中輪に地紙

丸に陰地紙

丸に重ね地紙

三つ重ね地紙

三つ地紙

丸に三つ地紙

七宝《しっぽう》紋

「七宝輪違」という連続文様から取り出され、家紋になった。七宝とは仏教の7つの宝のことだが、家紋では4つの紡錘形が集まって円になった図形を指す。ほかの紋との組み合わせも多い。

七宝

丸に七宝

七宝に花菱

丸に七宝花菱

陰七宝

陰七宝に桔梗

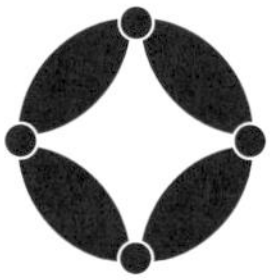

星付き七宝

大岡七宝

蔓付き七宝

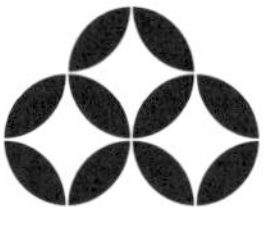

三つ持ち合い
七宝

蛇《じゃ》の目《め》紋

ヘビの目に似ているために「蛇の目」と呼ばれるが、もとは予備の弓弦を巻いておく「弦巻」を象ったものといわれる。そのため「弦巻紋」と呼ばれることも。加藤清正が使用したことで知られる。

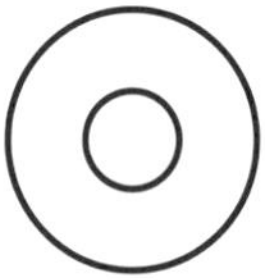

陰蛇の目

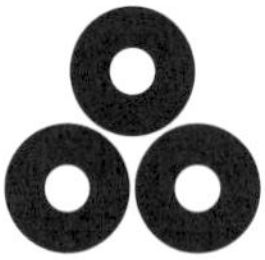

三つ盛り蛇の目

剣三つ蛇の目

蛇の目七曜

蛇の目九曜

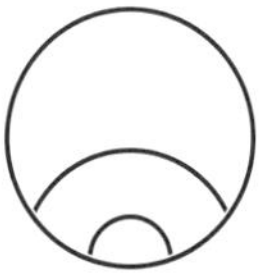

糸輪に
覗き陰蛇の目

鈴《すず》紋

日本での鈴の歴史は、出土した遺跡などから5世紀頃までさかのぼれる。神事、特に神楽で用いられており、家紋はこれを図案化したものだという。鈴木など、名字にちなんで用いている家が多い。

中輪に尻合わせ三つ鈴

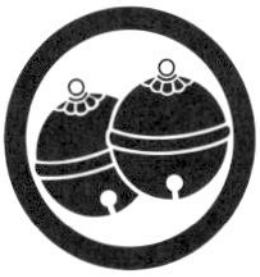
丸に二つ鈴

洲《す》浜《はま》紋

文様としては平安時代から見られる。婚礼の飾りなどに用いられたことから、縁起がよいとされる。その由来は、海岸の洲浜説と、祝賀の席で用いられる調度品の洲浜台説がある。北関東に多い。

中陰洲浜

丸に洲浜

洲浜

丸に剣三つ洲浜

丸に蔓三つ洲浜

石持ち地抜き洲浜

銭《ぜに》紋

銭紋が初めてみられるのは、蒙古襲来の頃の「六文銭」だという。以降、中国から入ってきた「永楽通宝」が広まり、「寛永通宝」「天保通宝」などが作られていった。真田氏（信濃）の使用が有名。

天保銭

地抜き寛永銭

永楽銭

真田六文銭

立て六連永楽銭

四つ重ね銭

浪銭

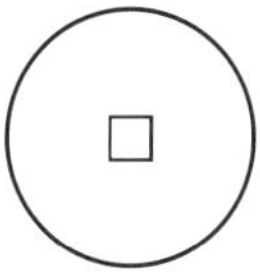
青山銭

長谷部銭

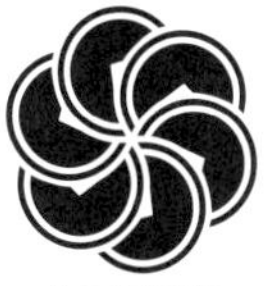
六つ捻じ銭

宝結《たからむす》び紋

ひもの飾り結びのひとつ「宝結び」を図案化したもの。そのかたちは無限を意味し、繁栄や長寿、多幸などを願うという。そうした意味から、瑞祥も含めて紋としたものか。比較的新しい紋である。

角宝結び

陰輪に宝結び

宝結び

丸に
変わり華鬘結び

鍬形宝結び

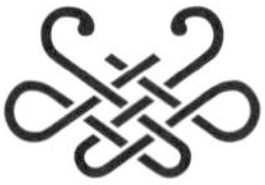

宝結び胡蝶

玉《たま》紋

仏教における「如意宝珠」を図案化したもの。願いを叶えるといわれ、先のとがった玉が、左右から焔を盛らせているのが基本となっている。祈願成就から文様となり、のちに家紋になったものか。

尻合せ三つ宝珠

光琳玉

稲荷玉

団子《だんご》紋

串に刺した団子を象った面白い紋と思わせて、実は敵の首級も意味する、意外に尚武的な紋。黒田氏（筑前）の家臣が、合戦の折に敵の首級を4つとった記念に「四つ串団子紋」を用いたといわれる。

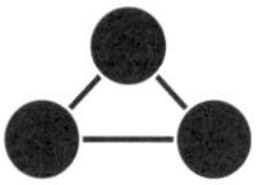

洲浜団子

三つ串団子

丸に二つ串団子

千《ち》切《ぎ》り紋

織り機の部品で、縦糸を巻くもの。平安期にはすでに文様として用いられており、古い歴史を持つ。家紋となったのは室町期のこと。「契り」に通じ、約束や誓いを表わすものと考えられたようだ。

千切り崩し

丸に千切り

千切り

槌《つち》紋

槌には金槌と木槌があるが、家紋では木槌をモチーフにしている。とくに、大黒天の「打ち出の小づち」を模しているとされる。「敵を討つ」「邪悪を討つ」にかけて、縁起のよいものとされた。

三つ組み横槌

木目槌

槌

丸に水に槌車

八つ槌車

六つ槌車

鼓《つづみ》紋

小鼓を図案化したもの。「輪鼓紋」にヒントを得て作られたとも。まずシルエットのみの紋が現れ、後に細かく描写されるようになったと考えられる。あまり普及しなかったようで使用家は少ない。

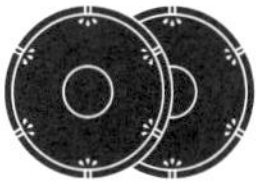
二枚鼓

並び鼓胴

房鼓

鳥《と》居《い》紋

神社の神域を象徴する鳥居を図案化したもの。鳥居の形式は複数あるが、家紋となっているのは一般的に目にする機会の多い「明神鳥居」を模したものだ。神職に関係する家に多くみられる。

糸輪に三組鳥居

丸に神宮鳥居

鳥居

熨《の》斗《し》紋

熨斗は本来、あわびを薄く引き伸ばしたものである。古くから、縁起物として儀式や祝儀の際に用いられてきた。そのめでたさから紋章化したとみられ、戦国時代には紋となっていたようだ。

束ね熨斗

熨斗輪に三つ鱗

抱き結び熨斗

羽《は》子《ご》板《いた》紋

室町時代に公家の子弟に流行したというはねつき。もとは正月行事の呪術具だったともいわれる。江戸時代になると庶民に広まった。家紋としての成立もこの頃とみられ、遊戯的な紋のようだ。

中輪に
違い羽子板

丸に並び羽子板

羽子板

八つ羽子板車

三つ重ね羽子板

三つ羽子板

鋏《はさみ》紋

和裁の際に用いられる「和鋏」を図案化したもの。「握り鋏」「糸切り鋏」とも呼ばれる。比較的新しい紋で、おそらく近世になって遊戯的に作られたものであろう。洋鋏のものは見られない。

丸に鋏

中輪に違い鋏

丸に並び鋏

袋《ふくろ》紋

お守りや金銭など大切なものや貴重品を入れる「宝袋」を図案化している。宝袋の用途から財産を守る、あるいは貯めることにつなげ、縁起を担いだとみられる。大鳥神社（東京都豊島区）の神紋。

袋

三つ袋

舟《ふね》紋

帆掛け船を図案化したもの。名和氏（伯耆）の家紋として知られるが、ほかにも海運業など海に関係する家が用いたという。七福神信仰が起こると、彼らの乗る宝船と関連づけたりもしたようだ。

帆掛舟

丸に
変わり帆掛舟

文《ふみ》紋

和紙に筆で書き、それを折った結び文を紋章化したもの。江戸時代に作られた比較的新しい紋で、使用家は不明。折込んだり結んだりする結び文の見た目の美しさから、遊戯的に作られたようだ。

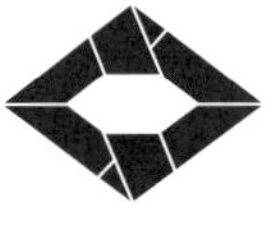
対い文菱

開き文

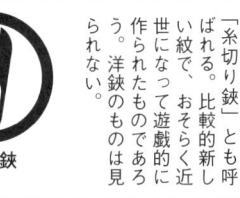

恋文

分《ふん》銅《どう》紋

秤に用いるおもりのことで、天秤の片方に皿をのせ、重さを量る。江戸幕府は1665年に分銅座を設け、分銅の統一を図り、制作・領布・検定を行ったという。松平氏、堀江氏などが使用。

丸に分銅

細輪に三つ分銅

三つ寄せ分銅

幣《へい》紋

神に祈る際に使用する御幣を図案化したもの。お祓いや神へのお供えにも用いられる。神が宿るとされ、信仰を表わし家紋としたか。武将は幣を戦場に奉持して、勝利を祈って兜や鎧につけたという。

丸に幣

御払幣

違い幣

三つ盛り幣

丸に鈴違い幣

鈴違い幣

瓶子《へいし》紋

とっくりなど酒を入れる器を「瓶子」というが、とくに神に供える神酒を入れるための器を指す。信仰や瑞祥の意味合いが含まれ図案化されたものか。用いた家も、神社に縁のある家が多いようだ。

並び瓶子

丸に瓶子

瓶子

石持ち
地抜き瓶子

陰瓶子

丸に並び瓶子

帆《ほ》紋

「舟紋」の帆を抜き出して図案化したと考えられる。文様からの転化とする説のほか、「舟紋」を用いる本家にはばかって分家が用いたとする説もある。海に関わりのある家で用いられる例が多い。

三つ寄せ帆

帆巴

丸に帆

枡《ます》紋

穀物や酒などを量る枡を紋章化したもの。「増す」に通じ縁起のよいものとされる。江戸時代、歌舞伎役者・市川團十郎は「三つ入れ子枡」を用い、これをアレンジした縞文様「三枡繋ぎ」を作った。

丸に二重枡

丸に枡

枡

三階斗枡

三つ寄せ枡

違い枡

餅《もち》紋

餅は古来、慶賀や神事、戦の携行食として用いられ、公家や武家の生活に密着した食べ物であった。「黒餅」は「こくもち」とも読め、石持（武士の俸禄）に通じることから武士に好まれたという。

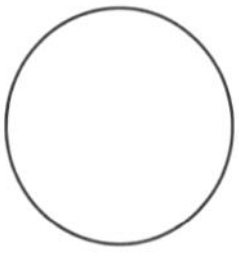
白餅

細輪に重ね餅

黒餅

矢《や》紋

矢は武勇のシンボルであるとともに、各種の儀式に使われてきた。神事の破魔矢、流鏑馬、相撲の弓取り式など長い歴史を経て現在に至っている。家紋としては、尚武的な意味合いから武士が用いた。

陰違い矢

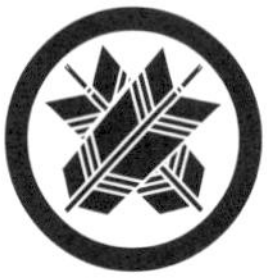
丸に違い矢

並び矢

丸に八つ矢車

六つ矢車

丸に三つ矢

丸に
矢尻付き違い矢

矢尻付き違い矢

三つ剣矢筈

三つ重ね矢筈

丸に違い矢筈

丸に中陰矢筈

矢筈

輪鼓《りゅうご》紋

平安時代からある、鼓に似た形の玩具である。紐などを用いて投げたりまわしたりしたようだ。生まれ故郷の中国の音楽にのせて曲芸が行われたという。内藤氏（丹波）など、多くの家が用いている。

立つ字輪鼓

丸に中陰輪鼓

丸に輪鼓

三つ盛り輪鼓

三つ並び輪鼓

並び輪鼓

輪宝紋《りんぽう》

古代インドの仏具。伝説上の国王・転輪王が所有し、王の行く先を転がり障害を破ったとされる。日本では密教が用いている。家紋の中では比較的書き込みが細かく、異国の雰囲気が残っている。

輪宝

三つ又輪宝

六つ輪宝

大日輪宝

行者輪宝

三宅輪宝

ろうそく紋

和ろうそくを図案化したもの。1本から3本のろうそくを用いて表される。紋としては新しく江戸時代以降のもので、商家が用いたと考えられる。一説には、ろうそく屋が新しく作ったとも。

丸にろうそく

石持ち
地抜きろうそく

丸に
並びろうそく

細輪に
三つろうそく

中輪に三つ盛り
ろうそく

三つ割り
追いろうそく

綿紋《わた》

真綿を重ねて真ん中を紐で結んだ「結綿（ゆいわた）」を基本とする。ゆえに「結綿紋」ともいう。神への供物とされるほか、結婚式などの祝い事にも使われた。江戸歌舞伎の女形・瀬川菊之丞の紋。

結び綿

ひも付き結び綿

Ⅵ 文様・図案紋

単純な菱形や四角、唐風の文様、または異なる紋とのコンビネーションで変化をつけたものもある。

梅《うめ》鉢《ばち》紋

5つの円を梅に見立てた紋。軸のあるもの（剣梅鉢）と、ないもの（星梅鉢）に分けられる。前田氏（加賀）の家紋が有名。北野天満宮（京都）、湯島天神（東京）の神紋。京都や九州に多い。

陰梅鉢

丸に梅鉢

梅鉢

裏梅鉢

光琳梅鉢

丸に剣梅鉢

富山梅鉢

加賀梅鉢

丸に星梅鉢

星梅鉢

鱗《うろこ》紋

古墳の装飾などにも見られる、三角形が連続した文様。そのさまが魚や蛇、あるいは竜の鱗に見立てられたのが名称の由来とみられる。同様の模様は世界各地にあり、魔除けの形だといわれている。

糸輪に
陰陽重ね鱗

陰輪に対い鱗

丸に一つ鱗

北条鱗

石持ち
地抜き三つ鱗

糸輪に豆三つ鱗

丸に三つ鱗

三つ鱗

七つつなぎ鱗

六つ鱗

角紋《かく》

主にほかの家紋の輪郭として用いられる。四隅を丸くしたり切り取ったりするなどの変形が多く、これがほかの家紋のバリエーション増加に一役買っている。角紋同士を組み合わせたものもある。

隅入り角

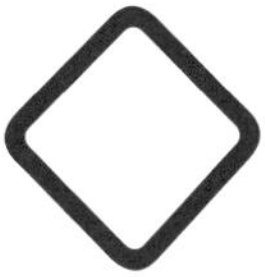
撫で角

隅立て角持ち

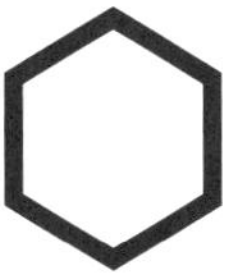
六角

隅切り鉄砲角に
万字

鉄砲角

隅入り角に
四つ目結

隅入り角に
星梅鉢

結び角

隅立てと
垂れ角違い

違い角

雁木角

八角

隅切り角に片喰

隅切り角に
立ち沢瀉

隅切り角に梅鉢

隅切り角に
雁木算木

隅切り角に算木

隅切り角に蔦

隅切り角に橘

隅切り角に
違い鷹の羽

隅切り角に
九枚笹

隅切り角に桐

隅切り反り角に三の文字

隅切り角に違い矢

隅切り角に木瓜

隅切り角に抱き茗荷

隅切り角に三つ引両

蔓隅入り角に星梅鉢

折り入り角に丸に三つ引両

組み合い角に四つ目結

組み合い角に左三つ巴

組み合い角

唐《から》花《ばな》紋

唐から伝来した文様で、奈良期には装束や調度に用いられていた。もとは4弁だが、家紋としては5弁が多くみられる。家紋のシンプルさに反して、伝来当時は描き込みが細かく写実的だったという。

中陰唐花

中輪に唐花

唐花

丸に八重唐花

八重唐花

剣唐花

三つ割り唐花

石持ち地抜き唐花

三つ横見唐花

中陰横見唐花

唐花桐

六つ唐花

割り対い唐花菱

亀《きっ》甲《こう》紋

六角模様が亀の甲羅を連想させることが名称の由来。始まりは亀甲の中に唐花を配した文様だそうで、以来さまざまな紋の輪郭を務めている。この文様は平安期に流行した。出雲大社（島根）の神紋。

亀甲に三つ柏

亀甲に立ち沢瀉

亀甲に唐花

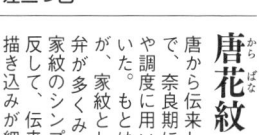

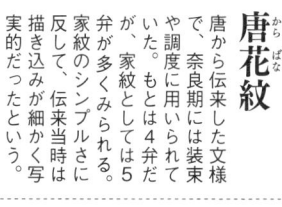

亀甲に橘

亀甲に
違い鷹の羽

亀甲に五三桐

亀甲に桔梗

亀甲に剣片喰

亀甲に剣花菱

亀甲に花菱

亀甲に左三つ巴

亀甲に左二つ巴

亀甲に蔦

三つ盛り
亀甲花菱

亀甲に三つ盛り
亀甲花菱

亀甲に並び矢

亀甲に抱き茗荷

亀甲に下がり藤

反り亀甲

六郷亀甲

相馬亀甲

丸に亀甲花菱

糸輪に三つ盛り
亀甲花角

毘沙門亀甲

三つ組み合い
一重亀甲

長亀甲

組み直違

丸に直違

直違

直《すじ》違《かい》紋

複数の直線を交差させた文様。直線は２本が基本だが３本から９本までみられる。「組み」にすることで立体感を表わしたものも。丹羽長秀が使用したことで知られる。「筋違」「違い棒」ともいう。

三つ組み直違

四つ組み直違

六つ組み直違

巴紋《ともえ》

弓用の武具「鞆」の図案化で、最初は「鞆絵」と呼ばれた。弓を操る八幡大菩薩を祀る神社の神紋となり、武士にも好まれた。水が渦巻く様子に似ているため、火除けとして瓦などにも描かれている。

右一つ巴

丸に右一つ巴

左一つ巴

丸に左一つ巴

右二つ巴

丸に右二つ巴

左二つ巴

丸に左二つ巴

陰左二つ巴

右三つ巴

丸に右三つ巴

左三つ巴

丸に左三つ巴

陰左三つ巴

子持ち左三つ巴

九曜巴

二つ巴菱

まが玉巴

陰陽まが玉巴

三つ巴文字の丸

二葉巴

台巴

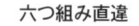

花《はな》菱《びし》紋

「菱紋」の派生で、菱形の文様を分割して4弁の花に見立てている。武田氏（甲斐）は「割り菱（武田菱）」とともに使用していたようだ。角が立って正方形になっているものは「花角紋」という。

糸輪に豆花菱

丸に花菱

花菱

丸に中陰花菱

中陰花菱

陰花菱

中陰菱に花菱

雪輪に花菱

剣花菱

蔓花菱

石持ち
地抜き花菱

糸輪に陰豆花菱

太陰花菱

中陰
三つ割り花菱

丸に
三つ割り花菱

三つ割り花菱

中陰剣花菱

中輪に剣花菱

丸に四つ花菱

四つ花菱

三つ盛り花菱

丸に
三つ寄せ花菱

三つ寄せ花菱

変わり蔓花菱

むくみ花菱

利休花菱

丸に鬼花菱

鬼花菱

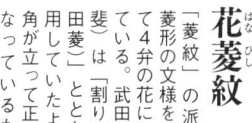

糸輪に蔓花角

中陰花角

丸に花角

花角

変わり
三つ蔓花菱

四つ割り花角

浮線綾花角

丸に剣花角

剣花角

変わり蔓花角

引両紋《ひきりょう》

真一文字に引いた筋のことで、「引き」とも呼ばれる。「両」は「竜」だったともいわれ、竜神にあやかって陣幕や旗幟に用いられた。室町幕府を開いた足利氏とその一門など、多くの家が使用した。

丸の内に
太一つ引両

丸の内に
一つ引両

丸に一つ引両

丸に出二つ引両

七つ割り
二つ引両

丸の内に
太二つ引両

丸の内に
二つ引両

丸に二つ引両

細輪の内に
三つ引両

三浦三つ引両

丸の内に
三つ引両

丸に三つ引両

丸に
弾き二つ引両

丸に縦三つ引両

隅切り角に
二つ引両

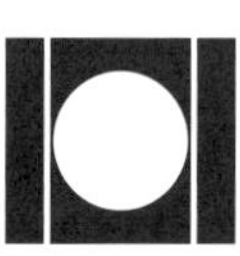
岩城たて引両

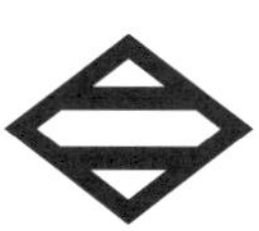
菱に二つ引両

丸の内に
五つ引両

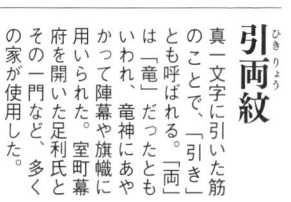

菱《ひし》紋

文様としては非常に古く、奈良時代からみられる。家紋としての成立も平安時代と、かなりの古株である。甲斐源氏・武田氏の正紋としても知られ、一門でアレンジされ広く用いられた。

入れ子菱

子持ち菱

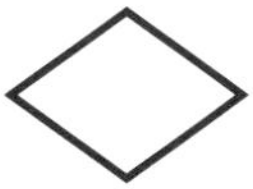
細陰菱

松皮菱

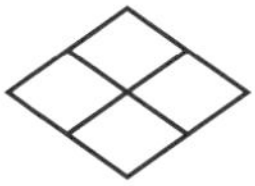
陰割り菱

丸に割り菱

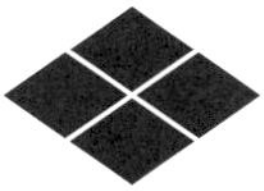
割り菱

違い菱

五つ松皮菱

三つ松皮菱

石持ち
地抜き松皮菱

中陰松皮菱

中輪に松皮菱

丸に三つ菱

丸に重ね菱

溝口菱

丸に三階菱

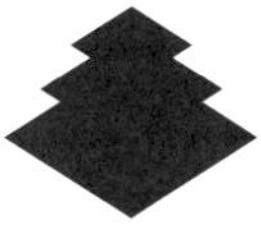
三階菱

幸い菱

イ菱

五つ重ね菱

五つ菱

三つ折り入り菱

大内菱

山口菱

内田菱

卍《まんじ》紋

卍は仏教で吉祥の印であり、現在は寺院を表わす地図記号でもある。もともと、世界各地で太陽の象徴、神聖な印とされており、それが日本に伝わったとみられる。蜂須賀正勝（小六）の使用が有名。

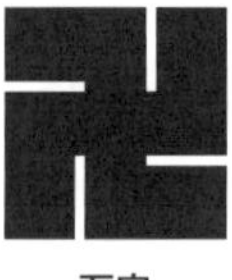
万字

万字菱

村濃《むらご》紋

染め物で、同じ色を使いところどころ濃く染め、その周囲をぼかす手法、いわゆるまだら模様のこと。家紋では、まだら部分は点で表わされている。「斑濃」とも書く。畠山氏（武蔵）が使用した。

村濃

二階堂村濃

目結《めゆい》紋

染め模様の鹿の子紋りの古名、あるいはその技法で染色したものをいう。「結」は結び合うことで、人との結束を意味するとも。宇多源氏に端を発する佐々木氏と、その流れを汲む家々で用いられた。

三つ目結

丸に三つ目結

三つ目結に一つ引両

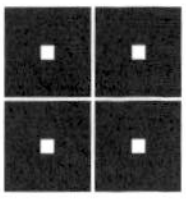
平四つ目結

丸に平四つ目結

丸に七つ割り平四つ目結

隅立て四つ目結

丸に隅立て四つ目結

四つ目結菱

丸に四つ目結菱

糸輪に結び四つ目結

陰捻じ四つ目結

四つ目結車

雪輪に覗き四つ目結車

細輪に割り四つ目結

反り隅立て四つ目結

剣四つ目結

かせ四つ目結

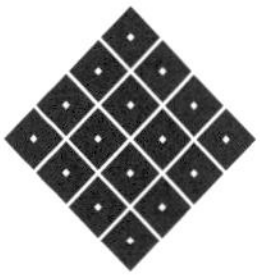
十六目結

堀尾目結

つなぎ六つ目結

丸に
陰陽五つ目結

文《も》字《じ》紋

文字紋は大きく、輪の中に文字を入れたものと、文字をデザイン化したものに分けられる。それぞれに意味があり「一の文字」はトップを願ったもの、「八の文字」は八幡大菩薩や末広がりを表わす。

丸に三の文字

細輪に一の文字

丸に一の文字

丸に中の文字

丸に上の文字

丸に井の文字

丸に十の文字

丸の八の文字

丸に生の文字

丸に木の文字

丸に利の文字

丸に本の文字

細輪に太の文字

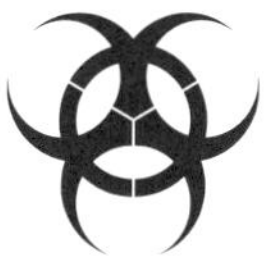
三つ大文字の丸

三つ弓文字の丸

丸に福の角字

丸に本の角字

丸に己の角字

小文字菱

角石文字

林の丸字

品文字丸

山文字丸

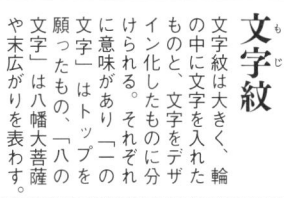

丸に九字

三つ吉文字亀甲

丹文字

木《もっ》瓜《こう》紋

本来は「窠（か）紋」という。「窠」とは地上にある鳥の巣のことで、これを模した文様が装束や車に用いられていた。織田氏（尾張）の家紋として有名。なお最初に家紋としたのは徳大寺家。

石持ち
地抜き木瓜

丸に木瓜

木瓜

木瓜に二つ引両

唐木瓜

丸に剣木瓜

剣木瓜

蔓木瓜

割り木瓜

丸に
三つ盛り木瓜

三つ盛り木瓜

木瓜菱

木瓜に片喰

織田木瓜

中津木瓜

堀田木瓜

剣四方木瓜

三つ割り木瓜

四方木瓜に花角

垂れ角に出木瓜

庵木瓜

糸輪に覗き木瓜

陰木瓜に
左三つ巴

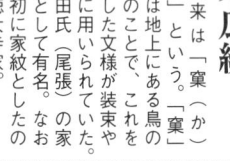

五瓜に三つ鱗

五瓜に梅鉢

陰五瓜に唐花

丸に五瓜に唐花

五瓜に唐花

五瓜に九枚笹

五瓜に剣片喰

五瓜に桐

五瓜に三つ柏

五瓜に立ち沢瀉

三つ盛り五瓜

五瓜に抱き茗荷

五瓜に
丸に二つ引両

五瓜に左三つ巴

五瓜に
違い鷹の羽

輪《わ》紋

単独で用いられる例は少なく、主にほかの家紋の輪郭に使われている。分家が、宗家の家紋と区別するときにまず行うのが輪をつけることではないだろうか。輪は「和」に通じ、丸も縁起がよい。

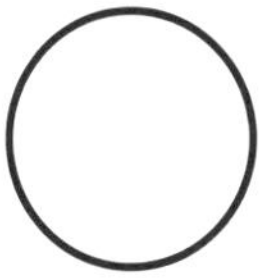
細輪

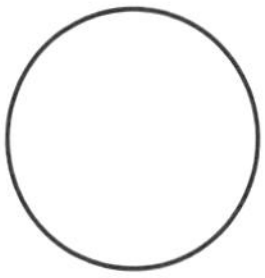
糸輪

毛輪

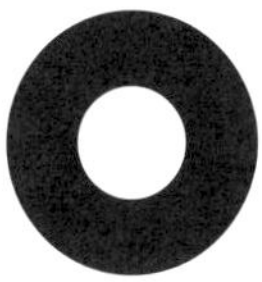
蛇の目輪

太輪

中太輪

丸輪

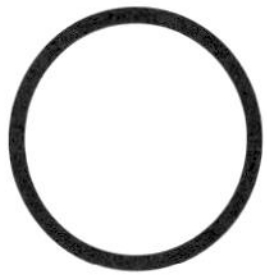
中輪

おぼろ輪

梅輪

子持ち輪

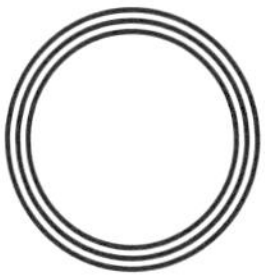
三重輪

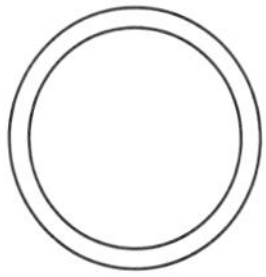
陰輪

三つ車輪

菊輪

竹輪

外雪輪

雪輪

月輪

片藤輪

藤輪

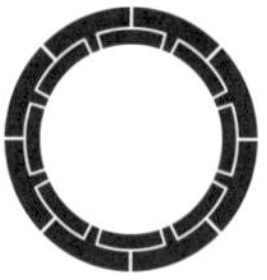

源氏輪

六つ車輪

柊輪

唐草輪

浪輪

輪《わ》違《ちが》い紋

輪同士を組み合わせた紋。文様から転化したもので、平安時代より車紋としてもみられる。変化のバラエティが豊かで、さまざまな形がある。江戸時代には１００家以上の大名・旗本が用いた。

三つ輪違い

丸に輪違い

輪違い

花輪違い

角輪違い

丸に三つ輪違い

家紋索引

◎本書は2018年に小社から刊行された『あなたの起源を読み解く家紋の世界』『あなたの起源を読み解く名字の世界』を再編集、改題、加筆したものです。

主な参考文献

『家紋の事典』真藤建志郎（日本実業出版社）
『家紋で読み解く日本の歴史』鈴木亨（学習研究社）
『家紋の文化史』大枝史郎（講談社）
『日本人の心がみえる家紋』楠戸義昭（毎日新聞社）
『平安紋鑑』京都紋章工芸協同組合
『図示 日本の家紋』（新人物往来社）
『家紋クラブ1200』
『Kamon World』（Web）
『日本の名字読み解き事典』丹羽基二（柏書房）
『名字の歴史学』奥富敬之（角川選書）
『名字の日本史』森岡浩（ビジネス社）
『家紋から日本の歴史をさぐる』インデックス編集部（ごま書房）

インデックス編集部

先祖や家族とのつながりの大切さを重視し、仏事関連書籍の編集・執筆・制作を行う。その過程で蓄積された家紋データをもとに、ルーツ探しをテーマにした書籍を発行している。ほかに、寺院のガイドブックや仏像の写真集など。編著書に『あなたの起源を読み解く 家紋の世界』『あなたの起源を読み解く 名字の世界』『家系図の世界』『武将と家紋』『名家・名門の世界』『仏事まるわかりガイド』（イースト・プレス）、『訪ねてみたい 東京のお寺』『訪ねてみたい 埼玉のお寺』（ごま書房）などがある。http://www.index-net.co.jp/

ビジネス教養《きょうよう》としての
家《か》紋《もん》・名《みょう》字《じ》

2025年3月21日　第1刷発行

著　者　インデックス編集部
発行人　永田和泉
発行所　株式会社イースト・プレス
〒101-0051 東京都千代田区神田神保町2-4-7
久月神田ビル
TEL：03-5213-4700　FAX：03-5213-4701
https://www.eastpress.co.jp
デザイン　森田恭行（キガミッツ）
印刷所　中央精版印刷株式会社

ISBN978-4-7816-2442-6